U0680533

新时期城市管理执法人员培训教材

新时代城市管理精细化执法
——上海虹口模式

全国市长研修学院 （住房和城乡建设部干部学院）
上海市虹口区城市管理行政执法局　　　　　　主编

中国城市出版社

图书在版编目（CIP）数据

新时代城市管理精细化执法：上海虹口模式／全国市长研修学院（住房和城乡建设部干部学院），上海市虹口区城市管理行政执法局主编．—北京：中国城市出版社，2021.9

新时期城市管理执法人员培训教材

ISBN 978-7-5074-3383-8

Ⅰ．①新… Ⅱ．①全… ②上… Ⅲ．①城市管理－行政执法－中国－教材 Ⅳ．①D922.297 ②D922.11

中国版本图书馆CIP数据核字（2021）第163630号

2018年以来，上海市城市管理行政执法局坚持以科学化为统领、以精细化为主线、以智能化为手段，系统性探索了精细化执法目标、路径、方法，涌现出了一批以虹口区城管管理行政执法局为代表的精细化执法实践新模式，对其他城市城管精细化执法具有很强的参考及借鉴价值。本书由全国城市市长研修学院（住房和城乡建设部干部学院）、上海市虹口区城市管理行政执法局共同编写，旨在向全国介绍虹口区城市管理精细化执法工作中先进工作经验和成果，展示现在城市的风貌，供大家相互学习和相互交流经验，为其他城市管理工作提供参考，提高全国城市管理水平。

责任编辑：李　慧
责任校对：姜小莲
版式设计：锋尚设计

新时期城市管理执法人员培训教材

新时代城市管理精细化执法
——上海虹口模式

全国市长研修学院（住房和城乡建设部干部学院）
上海市虹口区城市管理行政执法局　　　主编

＊

中国城市出版社出版、发行（北京海淀三里河路9号）
各地新华书店、建筑书店经销
北京锋尚制版有限公司制版
北京建筑工业印刷厂印刷

＊

开本：787毫米×1092毫米　1/16　印张：15½　字数：284千字
2021年9月第一版　2021年9月第一次印刷
定价：62.00元
ISBN 978-7-5074-3383-8
　　　（904378）

版权所有　翻印必究
如有印装质量问题，可寄本社图书出版中心退换
（邮政编码 100037）

本书编委会

顾　　　问：　陶建明　陈芸华　吴　迪　刘　阳

主　　　编：　朱海春　陈建伟

副　主　编：　李二虎　崔　迪

编写组成员：　石晓洁　邱敏怡　王　怡　苏文伙

　　　　　　　陈　圣　徐姝雯　毛紫微　马春莉

　　　　　　　黄燕昕　王　旭　曾　蕾　陈德华

序

习近平总书记在2017年全国两会期间提出"城市管理应该像绣花一样精细"的总要求，2018年2月，上海市城管执法精细化三年行动计划应运而生，2018年3月，住房和城乡建设部转发了该计划，供全国住建系统参考。在上海这座社会主义国际化大都市，精细化管理与上海精细文化特质高度契合、相得益彰，在城市治理现代化进程中展现出了科学引领力、全面组织力、系统统筹力、高效执行力、旺盛生命力。

精细化管理是具有创新特质的治理理念，在推动城市治理效率变革、质量变革、动力变革上能够发挥重要牵引作用，孕育了分类分级监管、非现场执法等新城市管理执法理念。精细化管理是具有普适价值的科学方法，依托现代信息技术，推动底数全量化、流程标准化、结果透明化，兼顾短期立竿见影和常态长效管控，实现精准治理、系统治理、源头治理。精细化管理是具有开放精神的先进文化，既吸收了西方科学管理、现代管理等企业管理文化精髓，又在中国城市治理实践中得到丰富完善，彰显了精益求精的城市文化内涵。本书全面总结了上海市虹口区城管精细化执法的实践成果，全面阐述了虹口城管的科学化体制、精细化制度、智能化手段和多元化支撑等精细化治理体系内容，以飨读者。

2018年以来，上海城管坚持以科学化为统领、以精细化为主线、以智能化为手段，系统性探索了精细化目标、路径、方法，涌现出了一批以虹口城管为代表的精细化实践新模式。虹口城管率先构建了元素全覆盖、监管全天候、闭环全过程，治理法治化、参与多元化、流程标准化、手段智能化的精细化治理体系，充分发挥政治、法治、德治、自治、智治合力，全面完成市、区三年行动计划任务，美化了美丽街区环境、改善了幸福人居环境，保护了绿色生态环境，优化了国际营商环境，实现了执法模式由被动向主动、由单一向系统、由零星向整体的历史性转变。虹口城管将精细化执法理念贯穿教育培训、业务指导和执法监督等职责的全过程，队伍朝着专业化、正规化、职业化发展方向迈出坚定步伐，面貌焕然一新。

数载励精图治，违法建筑、乱设摊、占道堆物、违法户外广告、破墙开店等城市难题顽症逐步实现了根本性治理，标志着上海进入精细化管理新阶段。面向未来，在推进超大城市治理体系与治理能力现代化进程中，上海城管将秉承"崇法善治、忠诚为民、公正清廉、砥砺奋进"职业精神，以持之以恒的定力践行精细化管理理念，以开拓创新的精神健全精细化管理方法，以兼收并蓄的视野丰富精细化文化内涵，坚持精益求精、追求卓越，为上海顺利开启"十四五"建设新篇章和全面建设社会主义现代化国家贡献智慧力量。

上海市城市管理行政执法局

党组书记、局长

前　言

　　城市，是经济社会发展和人民群众生产生活的重要空间载体，是人类文明进步的见证。截至2020年，中国城镇化率已突破60%，这代表着传统观念中的"乡土中国"正向"城市中国"转变。

　　随着国内城市面貌日新月异，规模不断扩大，人口日趋增多，过去相对粗放的管理方式已不适应当今形势，加强和改善城市管理的需求日益迫切。在此过程中，精细化的城市管理模式脱颖而出。越大的城市，越需要精细化管理。只有精细治理城市，才能发现和解决已出现或潜在的"城市病"，各地政府都在积极探索城市管理精细化的新路子。

　　2018年11月6日，习近平总书记在浦东新区城市运行综合管理中心视察上海城市精细化管理时指出：城市治理是国家治理体系和治理能力现代化的重要内容。一流城市要有一流治理，要注重在科学化、精细化、智能化上下功夫。既要善于运用现代科技手段实现智能化，又要通过绣花般的细心、耐心、巧心提高精细化水平，绣出城市的品质品牌。上海要继续探索，走出一条中国特色超大城市管理新路子，不断提高城市管理水平。

　　近年来，上海市虹口区城市管理行政执法局（以下简称虹口区城管执法局）在区委区政府的正确领导和上海市城市管理行政执法局的精心指导下，认真贯彻落实党中央和上海市委市政府、虹口区委区政府关于城市管理精细化工作的决策部署，结合虹口区经济社会发展实际，努力创新执法理念，改进执法方式，提高城市管理精细化执法水平，打造城市管理法治、智治、共治、精治新常态，为解决特大城市社会治理世界级难题，提高城市运行品质和效率，造福一方百姓，推进城市治理体系和治理能力现代化，进行了可贵的探索和实践，并取得了显著成效。

　　为进一步总结推广虹口区精细化城市管理执法的成功实践，全国市长研修学院（住房和城乡建设部干部学院）与上海市虹口区城市管理行政执法局共同主编了本书。自2020年4月正式启动以来，编写组收集汇总了大量的原始资料和图片，走访了多位历任及现任基层执法中队领导、一线城管队员，采取"忆当初""讲故事""谈个案"等形式，重在总结提炼有效措施、好的做法、成功经验，经多次讨论和修改，形成征求意见稿，利用2020年10月全国市长研修学院在虹口举办"全国地市级城管局长推进城市治理体系和治理能力现代化培训班"的契机，向全体培训班学员广泛征求意见和建议，并组织来自广东、重庆、贵州、福建、河南等部分地市城管局长召开座谈会。大家普遍认为，该书内容丰富、切合实际、案例详实，亮点突出，"上海虹口模式"具有实践性、创新性和推广性，在全国城市管理执法领域有较强的示范引领作用。编写组根据收集到的意见和建议，再次进行了补充完善并最终定稿。

作为新时期城市管理执法人员培训教材，本书在编写过程中得到了住房和城乡建设部城市管理监督局领导的热情指导和支持，上海市城市管理行政执法局党组书记、局长徐志虎同志亲自为本书作序，上海龙进天下信息技术有限公司为本书编制提供技术支持，部分省市城市管理及执法领域的专家、领导提出了许多真知灼见，在此一并表示感谢。由于编者水平有限，本书难免存在疏漏和不足，我们真诚希望各位领导、专家及广大城市管理工作者提出宝贵意见。

目　录

一、虹口区城市管理执法机构历史沿革

虹口区，位于上海市区北部偏东。东与杨浦区接壤，西与静安区毗连，南与浦东新区和黄浦区隔江相望，北与宝山区相接。境内多河道港汊，总面积23.48平方公里。截至2020年12月，虹口区户籍人口79.97万人，下辖8个街道，200个社区居民委员会。

虹口作为上海历史文化底蕴深厚的中心城区，拥有丰富的历史文化资源，是海派文化的发祥地、先进文化的策源地、文化名人的聚集地，见证了上海城市演化的进程，同时也承载着文化创新发展的历史使命。为推动上海建成卓越的全球城市，虹口区秉持着"南建中拓北改"的开发建设总思路，成立了以金融、航运双重承载区功能定位的北外滩功能区，以商旅文体融合发展区功能定位的中部功能区，以科创产业集聚区功能定位的北部功能区，三大功能区的成立将进一步有力推动虹口高水平、高品质发展步伐。

虹口区城市管理执法体制随着上海市及虹口区经济社会的发展不断变革和完善：

1997年，根据《上海市街道办事处条例》，虹口区政府在虹口区各街道办事处设立了街道监察队，对辖区内的违反市容、环卫、环保、市政设施、绿化管理法律法规以及违法建筑、设摊、堆物等行为，实施简易程序的综合执法。

2000年7月，上海市人大常委会通过了《关于同意在本市进行城市管理综合执法试点工作的决定》，授予试点区组建的城市管理监察大队行使该决定规定范围内的行政处罚权，明确试点区的街道监察队不再具有实施行政处罚的主体资格，不再行使《上海市街道办事处条例》授予的行政处罚权，其建制撤销。

2002年1月，虹口区作为第三批试点实施综合执法的区，以街道监察为班底，将区属市容监察、园林监察、市政监察三支专业执法队伍和街道监察队归并，组建虹口区城市管理监察大队，机构性质为事业单位，作为区政府相对独立的行政执法机构，归口区市容管理局管理，人、财、物相对独立。以虹口区城市管理监察大队的名义相对集中行使市容、绿化、园林、市政、工商，规划、环保等方面的行政处罚权。

2004年1月，上海市人民政府发布了政府规章《上海市城市管理领域相对集中行政处罚权暂行办法》和规范性文件《上海市人民政府关于本市开展区县城市管理领域相对集中行政处罚权工作的决定》（沪府发〔2004〕3号）。据此，虹口区城市管理监察大队统一行使市容、规划、园林、市政、环保、工商、公安、交通、房管部门涉及78部法律法规的全部或部分行政处罚权。

2008年，根据《上海市人民政府机构改革方案》，成立虹口区绿化和市容管理局，增挂虹口区城市管理行政执法局牌子，实行"两块牌子、一套班子"管理。虹口区城市管理行政执法局具有独立的行政执法主体资格。受虹口区城市管理行政执法局委托，虹口区城市管理监察大队负责虹口区城市管理相对集中行政处罚权的具体事务。根据全市统一部署，实行参照公务员管理，单位性质不变。

2012年，虹口区城市管理监察大队更名为虹口区城市管理行政执法局执法大队，隶属于虹口区绿化和市容管理局（虹口区城市管理行政执法局）。

2015年5月20日，虹口区城市管理行政执法局与虹口区绿化和市容管理局分设，承担全新职能的虹口区城市管理行政执法局正式独立挂牌，成为区人民政府组成部门。上海市虹口区城市管理行政执法局执法大队是上海市虹口区城市管理行政执法局所属的行政执法机构，机构规格相当于正处级，虹口区城市管理行政执法局（下文简称虹口区城管执法局）执法大队以虹口区城市管理行政执法局名义承担本区城市管理领域相对集中行政处罚权的具体事务。这是贯彻落实上海市委"创新社会治理，加强基层建设"和"推进本市城乡一体化建设"的一项重点工作，也是虹口区全面深化改革、创新社会治理、加强基层建设的一项重要举措。

二、虹口区城市管理精细化执法发展历程

长期以来，虹口区城管执法局以深化落实相对集中行政执法权为抓手，以城市管理规范化执法为重点，在探索建立依法管理、文明执法、疏堵结合、标准化管理和提高社会参与度五个长效管理方面进行了有益的探索，经历了由乱到治、从一般治理到精细化管理的过程，取得了许多精细化管理的成效和经验。

（一）攻克难题顽症，夯实精细化执法实践之基

2011年初，虹口区无序设摊集聚点众多，导致东余杭路、公安街、七浦路、虹镇

老街等50余条中小道路长期处于"脏乱差"的状态，形成一个个热点、难点顽症区域，严重影响市容市貌。2011年10月始，虹口区城管执法局拟定计划、精心组织、有力攻坚，逐个击破辖区"脏乱差"道路上的77个设摊集聚点，经过几年的努力，特别是在2014年、2015年创国家卫生区、创全国文明城区期间深度治理，到2015年底，虹口区街面市容市貌发生显著变化，城市管理执法由粗犷式、规模性集中式整治阶段进入精细化日常管理阶段，标志着上海虹口城市管理精细化执法的实践基础形成。

1. 乱象丛生，脏乱扰民

2010年以前，"五惊""三急"是虹口区面貌的真实写照。

"一惊"：夜排档违法扰民骇目惊心。夜排档对市民日常生活影响很大，虽历经整治，到2010年底各类规模大小的占道夜排挡仍有211处。七浦路商业街因服装批发闻名沪上，平时周末可达20万人次，依傍着超高人流量，无证无照餐饮店，尤其是夜排档在附近的江西北路、塘沽路上逐渐壮大，塘沽路江西北路口每当下午5时一过，陆陆续续几十张简易塑料桌椅就摆满了机动车道和人行道。夜排档十几年如一日，烦人的吵闹声、呛人的油烟味、油光满地的泔脚水、随处可见的餐盒垃圾、食品安全隐患重重的排档小吃……使得周围居民怨声载道，家住塘沽路646弄的严先生大吐苦水："夏天到了，臭气熏天，蚊蝇乱飞，只得窗户紧闭"。

"二惊"：占道设摊乱象步步惊心。2011年底，虹口区设有摊集聚点77处（5个摊位以上称之为设摊集聚点）。虹江路曾是远近闻名的马路旧货集市，一条几百米长，除中间一道仅容公交车战战兢兢开过的狭窄通道外，600多个无证摊位密密匝匝无序摆放，人头攒动，热闹非凡，而周围居民苦不堪言。此外，不法流动摊贩兜售淫秽音像制品及伪劣药品较为猖獗，"撬边模子"（俗称"托儿"）误导过往市民购买，甚至敲诈、强卖，影响社会风气，一度被全国扫黄打非办列为重点监控区域。

全区43个集贸市场中有20余个市场周边存在沿街门面跨门经营、"马路市场"等问题，形成人堵车、车堵人，严重影响社会治安和市民生命财产安全。东余杭路有一家国营菜市场，由菜场门前道路向两端延伸，长约800米、宽不到10米的东余杭路一段，各类摊贩就有800多个，"诸侯割据"整条马路，脏乱不堪，一度被喻为"城市管理的洼地"。住在附近的居民嫁女开不进婚车，除非要打招呼"清道"，救人开不进救护车更让病人家属急得"双脚跳"，居民正常生活受到严重影响。如：2008年下半年，东余杭路某居民家突发大火，呼啸而来的消防车被满街的乱设摊堵在了路口，无法接近火场灭火，眼看着居民的财产被大火吞噬。2010年下半年，东余杭路某居民突发疾病，120急救车因无数乱设摊堵路，错失抢救良机，一条生命因没有得到及时挽救而失去。虹镇老街、公安街等菜场尾巴另有一番"景象"，沿街门面以经营蔬菜、活禽水产、南北货为主，其中75%无证经营，跨门经营，垃圾满地、臭水横流。此外，这些区域平时都有300多个蔬菜、水果流动摊位强占道路设摊，不仅有碍市容，还存在社会治安隐患。

"三惊"：跨门经营泛滥动魄惊心。**"六类"**门店（即铝合金加工店、非机动车销售店、物流快递店、汽修洗车店、水果店和小餐饮店）跨门经营现象非常突出。虹口区创建国家卫生区期间，共排摸辖区内"六类"经营门店743家，其中铝合金加工店200家，非机动车销售店62家，物流快递店28家，汽修洗车店133家，水果店264家，小餐饮店56家。跨门经营不仅占据了供行人来往的上街沿，造成交通安全隐患，另一方面也对市容环境造成严重的负担。

"四惊"：机动车、**"三车"**兜售乱象惊心。**"三车"**兜售主要是指木板车、人力三轮车、助动自行车无证兜售现象。经调查统计，全区原有机动车违章兜售点167处、"三车"占道流动兜售约850辆。安汾路是虹口、宝山、老闸北三区结合部区域，一辆接一辆机动车和非机动车交织一起延绵近千米，不仅占据了人行道，更占据了机动车道，无奈的行人只能以身犯险，与来往的机动车和非机动车争夺通行空间，常形成长时间的交通堵塞，事故频发。

"五惊"：渣土偷乱倒现象猖獗，怵目惊心。建筑渣土偷乱倒现象泛滥，不法商人趁晚上时间在270多条道路上偷乱倒，日偷倒量多达300余吨，用人力三轮车小堆零星偷乱倒更是不计其数，对辖区市容环境和交通安全造成极大的负面影响。

"一急"："源头治理"亟不可待。占道设摊、跨门经营等顽症，表面上看影响市容，深层次看却是人口管理、食品安全、交通安全、社会治安等源头治理问题，"头痛医头脚痛医脚"难以从根本上解决。**"四违"**（即违法居住、违法经营、违法搭建、违法出租）现象就是"源头治理"亟待解决的问题。沿街住房擅自"居改非"。老旧地区群租问题相当突出。虹口区10000余家经营商户超过一半存在违法经营、违法出租问题。如：沪上有名的虹镇老街，周边十几条道路的300余家个体商户中，有证经营的只有50余户，无证无照经营户存在擅自破墙开店、违法出租、改变房屋使用性质等违法行为，几乎所有小店占用道路设摊兜售，散装食品敞开"裸卖"，出售的食品缺乏必要的食品安全许可，就算是有门面经营的也大多属于无证无照经营。各类小餐饮店厨房内的生熟食品随意摆放，卫生状况堪忧，更让人揪心的是这些食品中的一部分就是利用出租屋地下作坊工场加工出来的半成品或成品。

低成本、高效益，使得很多人对这些违章行为趋之若鹜，大部分违章者自身存在较多陋习，守法意识低，甚至暴力抗法。这也是各类违法现象屡禁不止、常整常反复的根源所在。

"二急"：合力难成急如薪火。各管理部门之间各自为战，虽然时有联合执法，但共识未形成，机制不健全，责任落实不到位；城管执法部门权威不够，虽有联合执法但合力不够，形式大于实质，制约了城管执法的效果，总在"整治——反弹——再整治——再反弹"这样一个怪圈中反复，且有越来越复杂化的趋势，城管执法部门使尽浑身解数也难以见到稳定的成效。

"三急"：群众呼声十万火急。群众埋怨，媒体聚焦，领导揪心。仅2010年初至2011年6月，关于乱设摊的各类投诉就有3532件，各类媒体曝光20余次，市、区两级领导批示7件。2009年至2011年初，江湾某公寓百余名居民群体多次到市、区政府信访投诉，公安街及周边道路"乱设摊"泛滥，居民已无法正常生活。市容环境"脏乱差"严重扰民问题牵动着区委区政府领导的心。

2011年上半年，区委区政府主要领导有针对性的提出了"为民、靠民、问民""支持旧改"等工作要求。城管执法局、大队领导班子深感责任重大，同时也感觉到彻底改变虹口市容环境"脏乱差"状况的机遇已经来临。于是"把握机遇，大干一场，攻坚克难、还路于民"的想法摆上了局、大队的议事日程。在进行系统的调查摸底和深入分析研制的基础上，把虹口区市容环境现状和区委区政府提出的工作要求深度融合，制定了以"保重点、破难点、出亮点、促长效"为工作目标的市容环境整治三年行动计划，拟定了以"减量"为抓手、以攻克难点顽症为突破口，借力造势开展综合治理的市容整治实施方案。希望通过三年的不懈努力，破解一批城管执法顽症难点，基本消除无序设摊集聚点，提升中小道路管控水平，逐步改变虹口"脏乱差"形象，不断提升区城市管理水平，为虹口区社会、经济发展作出贡献。

2．综合治理，攻坚克难

（1）强化保障，"四个到位"夯实基础。

一是组织保障到位。在区城管执法部门开展的多次专项整治中，各级领导始终高度关注，在重点区域专项整治中，区委区政府领导亲自上阵，担任整治领导小组组长。如：在东余杭路整治中，东余杭路综合治理领导小组的组长由区委副书记担任，副组长由两位副区长担任，参与部门多达23家。整治中，各部门密切配合、相互协作、凝心聚力，充分发挥各自优势，在职责范围内积极参与，做到无缝衔接、组织齐备、力量充实，为整治顺利进行打下坚实的组织领导基础。

二是法制保障到位。每次综合整治，从整治方案的制定到实施的全过程，事前事中有区法制办专业人员参与把关，事后有预案实现法律救济，为整治行动提供了有力法制支撑；整治中，由区综治办牵头，派出所领导带队，出动大批警力（高峰时130人，日常保持15人左右）确保整治中执法现场及当事人的有效控制，全力保障现场执法人员正常履职。法制支撑到位，整治依法依规，现场保障有力，2011年至2013年开展的综合整治中，各有关部门累计提供法律依据、建议等125余次，未发生因综合整治导致的群体性事件，无行政诉讼败诉案件。

三是力量保障到位。为确保整治队伍强大的战斗力，区城管执法部门抽调精干力量，组建了三支突击队伍，共90人，突击队员作风优良、不怕吃苦、敢于拼搏、训练有素，整治期间每天从6:30时至20:00时，连续作战、攻坚克难，圆满完成了重要突击整治任务，成为综合整治中不可缺少的主力军。

四是财力保障到位。综合整治需要大量经费作保障，包括维稳、解困、善后托底、长效管理等费用，相关街道办事处都予以强有力的支撑。如在东余杭路、宝安路的综合整治中，提篮（现北外滩街道）和川北街道办事处，依据整治方案要求，积极筹措、落实整治经费，充分做好后勤保障，果断大幅调整年度预算，加大城市建、管方面的投入，确保了整治目标的实现，确保了整治工作无后顾之忧，确保了整治成果巩固措施落到实处。据不完全统计，在历次综合整治中，各街道提供专项保障经费总额达上千万元。

（2）借力造势，用好平台形成合力。

一是借力综合治理平台，发动群众营造良好氛围。区城管执法部门在整治前坚持以综合治理为由，通过区综治办的牵头协调，联合相关执法部门，用至少一个月的时间，提前进行广泛的发动群众和法制宣传，努力营造市容环境整治为民、市民群众广泛参与、执法对象主动配合的良好氛围。①通过悬挂横幅标语、张贴和发放告知书、执法人员上门告知等形式，将整治时间、内容和标准做到家喻户晓，争取和谐执法氛围。②通过召开居民座谈会、商户座谈会，争取广大市民的普遍支持。③耐心教育劝导，讲清执法整治的目的、意义和违章行为的危害、后果，争取执法对象主动配合、自行整改。④帮助有困难的执法对象排忧解难。如在2013年7月份开展的池沟路区域市容整治中，区城管执法部门邀请部分流动设摊人员、街道领导、居民代表到城管中队，举行面对面座谈，共商市容管理良策，执法人员自觉捐款或联系菜场找摊位帮执法对象解困，真正做到深入群众、问计于民，为民解忧。时任区委主要领导在整治专报上批示："好！发动群众、依靠群众，为民整治。疏堵结合，完善机制，重在持久。"

二是借力市容联席平台，协调各方形成强大合力。从虹口区城市管理的运行机制来看，区市政市容管理联席会议协调有力、有效。区城管执法部门充分利用这一平台，历次综合整治，皆以区市政市容管理联席会议办公室的名义制定整治方案，经联席会议讨论并作出决定后，由牵头部门组织城管中队、街道办、公安、工商、食药监等部门力量，采取联合执法的手段实施。整治结束后，整治过程、效果以及巩固措施等，用"PPT+书面总结"的形式向联席会议汇报。由于参加整治部门各司其职、各尽其责，整治中解决了大量职能交叉、推诿扯皮、执法真空以及维稳、善后托底、长效管理等问题，化解了整治中的各种矛盾，形成了强大的执法合力。

三是创新联合执法手段，源头治理消除违章隐患。乱设摊集聚点往往发生在老旧小区、集贸市场周边，无证无照经营门面集中的中小道路，依附着违法经营、违法搭建、违法出租等"三违"问题而生存。在开展的虹镇老街、宝安路、安汾路等综合整治中，区城管执法部门与相关部门采取"清道、取缔、封门、拆违"八字整治措施。即：城管执法部门对道路和沿街墙立面障碍物进行清理，如设摊、堆物，户外设施、简易蓬披等。房管、物业等部门对各类破墙开店（"居改非"）行为采取"封门"措施恢复原状；工商部门依法取缔、关闭无证无照经营门面；食药监部门依法取缔违法食品加工窝点；区拆违办对区域内各类违法搭建予以拆除。随后，对整治好的道路实施市政改造或绿化。这些措施最大程度的从源头上消除了各类违章产生的条件，美化了环境，有力地震慑了违法行为，为根除"无序设摊"打下了坚实的基础。如：从2013年3月20日至29日，连续10天对宝安路区域进行市容环境综合整治，共出动人员近1200人次，整治第一天，区城管执法部门牵头对沿街143家跨门营业、230余起占道设摊，91处各类户外广告设施及简易蓬披进行地毯式的清理，仅用了一天时间，使得整治区域路面畅通、整洁。然后，针对69处擅自破墙开店行为，由房管局协调，物业公司组织施工队伍采取"封门"或修复手段（即恢复原状）。对道路两边和弄口，用于经营的1275平方米违法建筑，区拆违办组织力量予以拆除。工商分局牵头关停沿街无照经营商户147家，收缴了大量违法物品，对有证照但存在其他违规行为的37家经营商户，予以处罚和规范。食药监分局在检查中发现宝安路288号旁小弄堂内一违规制作烤鸭窝点，当场采取措施，查缴半成品烤鸭及鸭肉制品共260余公斤，以及部分违法添加剂、原料等。通过10天的"清道、取缔、封门、拆违"综合整治，宝安路区域做到了市容环境从乱到治；做到了占道设摊、占道堆物、跨门营业从有到无；做到了路面环境由脏到洁；做到了交通状况由堵到畅；做到了市民投诉从多到无；做到了周边居民群众由怨到喜，居民们纷纷称赞："你们这个整治整的真好！"

（3）机制突破，立足长远巩固成果。

区城管执法部门认真思考、深入研究以往"攻得下山头，守不住阵地"的普遍性问题，探索建立管理先行、执法托底（保障）的良性循环机制。

一是建立管理对象自律机制。在合法经营门面较集中的道路，引导成立自我管理组织，明确管理标准、措施和责任，自守"规矩"，互相监督。如东余杭路商会，就是由沿街经营户自愿选出代表进行自我监督、自我管理。

二是推动社会组织参与管理。依靠8个街道办事处出资购买、引进有资质的第三方社会组织，宣传、劝阻违章当事人自行改正违章，自觉维护城市市容秩序，对不听劝阻的及时向城管执法部门报告，实行市容管理的社会化模式。

三是严格落实执法责任制度。城市管理具有动态性、反复性、持续性等特点，为巩固扩大公安街、东余杭路、七浦路市场等重点地区市容环境阶段性成果，区城管执法部门全面推行完善行之有效的勤务管理制度，通过在一线执法队员中推行"岗段责任制"，实现"五定"（即定区域、定人员、定时间、定目标、定责任），将压力下沉、责任到人。

各项整治成果均得到长期有效巩固，实现了整治一处巩固一处的常态长效目标，事实证明了新机制的有效性。

（4）强化监督，及时处置履职尽责。

区城管执法部门依托区网格化和12345、12319等热线平台，拓展发现、监督渠道，做到及时受理，及时处置，及时反馈，确保执法不留死角。区局、中队两级均对外公布联系电话，搭好与市民群众直接沟通的桥梁；建立"城管执法微信群"，班长以上干部皆为微信群成员，区局、中队两级巡查人员发现违章行为，立即通过微信将违法照片发至微信群，责任中队和责任人迅速处置，然后再将处置照片反馈至微信群，使违章处于大众监督之下，违章处置效率明显提高。区城管执法部门加强督察力度，调整督查方式及问题采集、整改模式，改变以往以天为时间节点集中汇总统一发送中队、统一时间回复的形式，改为滚动模式，发现一个问题就立即下发，要求各中队必须做到"件件有处理、当天有回复、事事有回复"。处理结果与队员管事率考核挂钩，促进了队员主动依法履职。

（5）规范操作，确保整治顺利开展。

一是明晰目标、制定预案。整治前做到"三个清楚"即：执法对象基本情况及背景要清楚，整治目标要清楚，整治中存在的隐患及难度要清楚。以"情况清楚"为必要条件，制定周密细致的现场行动方案和处置突发事件的应急预案。如：制定下发《大队集中整治操作方案》《大队突发事件应急方案》《综合整治行动方案》等，为整治过程有条不紊、依序而行提供遵循。

二是程序先行、操作规范。在组织开展的各项大规模集中整治行动中，法制科必须提前介入，指导或参与相关基层中队做好前期工作，做到调查取证、责令整改等程序性工作细致到位，整治措施合法合理、有力有效、操作规范，即使面对违章当事人各种阻挠甚至挑衅，能做到冷静有序、妥善处理，杜绝了严重群体性事件的发生。

三是有情操作、众望所归。始终坚持严格执法与有情操作深度结合，执法过程中尽量避免扰民行为，尽量减少执法对象不必要的财产损失，同时积极主动采取便民服务措施，为执法对象提供方便，赢得了执法对象和旁观群众的理解和认可，变不利为有利，变对抗为支持，达到安全、顺利完成整治任务的要求。根据**"721工作法"**要求，即70%的问题用服务手段解决，20%的问题用管理手段解决，10%的问题用执法手段解决。区城管执法部门始终坚持以人民为中心，坚持执法与服务并重。一方面建设街道等有关部门在市民驿站增设用餐服务，有效解决老年人的用餐问题，另一方面科学规划建设标准化菜场，既解决附近居民便捷购买早餐的问题，又合理引导无证设摊经营人员进入标准化菜场内合法开展经营活动，跨前一步，让冷冰冰的执法穿上了暖心的外衣。

3. 减量行动，初战告捷

（1）市容面貌迈上新台阶。

一是50条主干道基本无各类常见市容违章现象。二是中小道路管控标准提升，70余条"脏乱差"路段做到了有序管控。三是设摊聚集点持续减少，至2014年底，由77处减少至1处（剩下1处为甜爱支路小百货疏导点），减量76处。四是机动车占道兜售基本根除。全区总量167处机动车兜售已全部整改完毕，区域内彻底根除机动车占道兜售违章现象。五是"六类"门店经营规范有序。统一"六类"门店门前摆放标准，做到整齐划一。六是违规夜排档得到有效遏制。七是户外广告设施乱象明显改观。强制拆除各类违规指路牌134块，户外违法广告设施753处，净化了立面。八是渣土偷乱倒现象得到控制。全区范围内基本无建筑渣土偷乱倒现象。九是拆违工作始终保持高压态势。"新违建零增长、老违建逐步拆除"的目标基本实现，并形成快速反应处置机制。

（2）市民满意度逐步提升。

通过开展一系列市容环境综合整治，破解了一批城管执法顽症难点，减少和规范了一批日常性的市容环境问题，取得了良好的执法效果和社会效益，老百姓看到了实实在在的变化。2011年信访744件，热线投诉4287件；2012年信访551件，热线投诉3333件（其中12345市民服务热线417件、12319城建热线2916件），分别比上年度下降26%和22%；2013年信访421件，热线投诉2954件（其中12345市民服务热线1496件、12319城建热线1458件），分别比上年度下降24%和26%；2014年信访207件，热线诉求件1343件（其中12345市民服务热线314件、12319城建热线1029件），分别比上年度下降51%和55%。时任区政府主要领导就综合整治工作先后作了4次批示，对一系列为民服务的整治工作给予高度评价。

（3）摸索经验初见雏形。

市容环境综合治理及专项整治过程中，坚定了"为民、问民、靠民"理念，为后来形成的"三步九法"工作法奠定了基础。"清道、取缔、封门、拆违"八字攻坚措施成为常用的高效方法。社会化管理的推广普及，确保了整治效果的长期巩固。以上模式形成了比较完整、有效、顺畅的综合治理、源头治理、长效管理工作机制。

（4）锤炼队伍过硬作风。

通过大小200余次的集中整治，充分发挥城管执法队员"特别能吃苦、特别能战斗、特别能奉献"的精神，形成了"敢打善拼、创先争优、上下齐心、攻坚克难"的良好作风，为执法力量下沉、强化基层社区治理，做好了干部和队伍战斗力方面的准备。

（二）创新执法理念，构建精细化执法系统架构

虹口区城管执法局认真学习贯彻习近平总书记关于城市管理精细化的一系列重要讲话精神，坚持创新引领发展，将精细化管理理念、手段、方法和现代信息技术相融合，初步构建了城市管理精细化执法系统架构。

1. 精细化城管执法目标体系

贯彻落实市委市政府城市管理精细化"一个核心""三全四化"的要求。"一个核

心"即城市管理核心是人，人既是管理第一资源，又是管理服务的最重要对象。"三全"即全覆盖、全过程、全天候，把精细化管理要求覆盖到各个空间、各个领域和所有人群，贯穿城市规划、建设、管理全过程，体现在一年365天、一天24小时的每时每刻。"四化"即用好法治化、社会化、智能化、标准化4种手段。法治化就是有法必依、执法必严，强化依法治理；社会化就是依靠基层、依靠群众，着力解决好群众的操心事、烦心事、揪心事；智能化就是改变依靠人海战术的传统做法，更多运用"互联网+"、物联网、大数据、云计算等信息技术手段提高管理效率和水平；标准化就是要有相应标准来给精细化管理提供标尺和依据。

2．精细化城管执法架构体系

围绕"一个核心""三全四化"的精细化执法目标体系，针对违法行为构建"发现机制、响应机制、依法行政、综合治理"的执法体系；针对城市管理问题构建"及时发现、及时派遣、依法处置和快速见效"的工作机制；整合各执法要素，形成精细化执法架构体系（图1）。

（1）城管执法体制机制体系

完善执法协调机制。充分依托每月两次的区市政市容管理联席会议及街道网格化平台，健全联勤联动及协调机制，加强工作会商与协作，推动解决城市管理领域重点疑难问题。

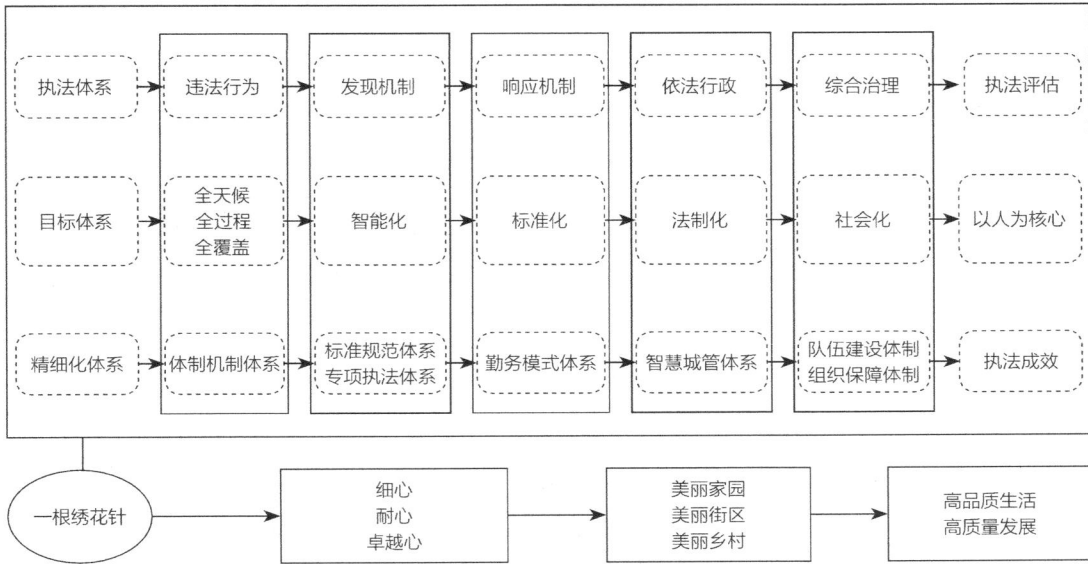

图1　精细化执法架构体系图

完善执法监督机制。一是加强内部监督。完善日常监督制度，推广交叉督察、联合督察模式，强化督察结果运用，严格落实过错责任追究，促进队伍履职尽责、主动作为。二是加强社会监督。2018年下半年起，引入社会第三方专业测评机构，对街面执法实效、队伍形象、为民服务等多方面开展定期测评和监督，促进队伍管理和执法能力提高，进一步提升城管社会形象。

完善社会共治机制。为进一步有效支撑和保障居委会的社区治理工作，虹口区城管执法局在全区范围内共设置200个城管社区工作室，为社区居民提供更高效的执法、管理、服务，使其切实成为违章执法的"第一阵地"、为民服务的"第一窗口"。

（2）标准规范体系

建立城管执法的精细化标准和规范化程序，用标准和程序规范执法行为，实现执法工作的长效科学管理。重点加强《现场执法标准》《城管单兵执法装备标准》《住宅小区"一居一档"城管执法信息管理标准》等推广和应用。

（3）勤务模式体系

建立精细化执法勤务模式，优化勤务机制，做实岗段责任制，强化管控能力。制定出勤前岗位明示、装备检查、街面巡查、勤务报备、收岗总结等各类日常勤务管理制度；认真执行**"一段三点"**（岗段、警示点、必到点、休整点）区域全覆盖及"三班24小时"全天候的勤务制度；严格落实局集中整治、区域联动、突发事件应急处置"三级"执法体系；完善各类重大活动、重要节点、重点区域的保障方案，提高重大保障工作成效。

（4）智慧城管体系

建设智慧城管指挥中心，优化"智慧城管"系统功能，充分发挥以网上勤务、网上办案、网上督察、网上诉处、网上考核、专项执法、基础数据库、GIS地图指挥系统、智能处理等九大模块组成"智慧城管"系统的智能化作用，实现"应用实战化、执法效能化、勤务精细化、管理制度化、创新系统化、治理现代化"。

（5）队伍建设体系

推出"城才工程"，着力提升执法队伍五项核心能力，即执法办案能力、社区服务能力、诉求件处理能力、综合管理能力和团结协作能力；推进队伍建设"五大工程"，即人才干部工程、党的建设工程、宣传文化工程、纪律作风建设工程和能力素养工程；完善规范化创建考核内容、规范队伍形象识别系统管理、完善人员信息数据库、深化分类管理改革、完善人员行为规范管理制度等。

（6）专项执法体系

结合各类专项整治工作重点，有针对性地开展包括街面环境秩序、违法户外广告设施、住宅小区环境、建筑垃圾（渣土）运输、餐厨垃圾、废弃油脂、生活垃圾分类和违法建筑治理等领域在内的"6+1+N"专项执法整治。

（7）组织保障体系

成立精细化工作推进领导小组，组长由局党组书记、局长担任，副组长由局党组成员担任。按照区委区政府以及市局精细化工作总体部署，紧紧围绕阶段目标，坚持"清单制+责任制"，明确分工、明确标准、明确责任，扎实有序推动实施。

3. 精细化执法实践路径

精细化执法实践从三个维度去实现，纵向上来看，通过科学制定体制机制，构建形成"市局—区局—街道中队"三级执法体系的贯通；横向上来看，通过运用信息化的手段将规范执法、公正执法、严格执法实现于每个一线执法队员的日常工作中，将精细化执法触及城市的每一个角落；立体上来看，进一步加强与各管理、执法部门的互联互通，通过综合治理、源头治理与闭环管理实现精细化执法的目标。

（三）创新勤务模式，提供精细化执法制度保障

针对原先执法模式存在的弊端，落实"屯兵街面、及时发现、快速反应、联动联勤、有效处置"的要求，建立**"三制五化"**立体勤务执法模式。"三制"即三班制、轮休制、岗段制。"五化"即减量化、差别化、社会化、高效化和精致化，运用智能化实现执法全过程记录，运用大数据精准派勤、客观评价，通过"三制"来实现"五化"。

1. 三班制

实行三班制是按照市、区领导部门确定的城管执法保障时段的要求，同时确保队员得到充分的休息，缓解了体力和心理上的压力，达到提高工作效率和管理效果的目的。

（1）道路管控时间：全面控制时间为24小时；重点控制时间：冬季7:00～21:00；夏季6:30～22:00（特殊路段和区域除外）。

（2）排班形式及人员安排：以早、中、晚三班的形式合理安排人员，早、中班为主，晚班不得少于2名正式执法队员。每班工作八小时，个别特殊岗位可实行六个半小时制（在岗时间）。

2．轮休制

（1）中队全体队员从星期一至星期日轮流休息，每天上岗人数保持基本平衡，特殊岗位可不参加轮休，每周做五休二。

（2）重要时日、时段和重大活动，人员不足的，可用超勤方式补足，按《大队超勤管理规定》操作。

（3）原则上不能以调休制代替轮休制。

3．岗段制

（1）通过建立岗段责任制，进一步完善队员的考核机制，增强队员的责任意识和成就感。

（2）内容：实行"五定"，即定区域、定人员、定时间、定目标、定责任。

（3）方法：先重点、后一般，逐步推进，全区重点道路和区域全部实行岗段制。

（4）形式：一岗一书一档。

一岗：即以点为中心，向周边延伸至一定范围确定责任区，然后定人、定时、定目标任务、定责任。

一书：即中队与责任人签订岗段责任书，明确岗段执勤的任务、目标和考核、奖惩的方法。

一档：建立岗段档案，将岗段范围内执法基础资料、违章处置情况、岗段责任书及责任区考核情况等材料建立档案、归档保存。

（5）评比竞赛：一是岗段制推进情况纳入大队综合考核；二是大队范围内开展"优秀岗段"评选，设置流动红旗并实行奖励。

4．差别化

（1）严格按市城管执法局严禁、严控、控制三类道路标准执行。执法力量和管控时间向严禁、严控道路的倾斜，高标准、严要求推进违章减量化行动，确保严禁道路全时段基本无违章；严控道路24:00时前基本无违章；控制道路做到有序、规范，可控。

（2）确保交通高峰时段和违章易发时段的执法力量，尽量消除违章行为对市容、交通和民生的影响。

（3）把握好次要工作和主要工作、一般工作和中心工作的关系，注重解决影响全局、领导关注、群众揪心的"急、难、愁"问题。

5．精致化

（1）"天下大事，必做于细。"各项工作要精益求精、力争最佳，做到"7个重"，即：重基础、重具体、重过程、重细节、重落实、重质量、重效果。

（2）做好力所能及的事。突出特点、精选目标、制定方案，做出精品、做出亮点。全年至少能出一个精品，半年内能有一个亮点。

6．高效化

（1）确保最高出勤率。立足现有力量，深入挖潜，通过深化落实"三制"，科学合理的配置执法力量，因地制宜、因时制宜增强街面执法力量，落实责任、落实人员、落实措施，最大限度提高队员一线出勤率。

（2）工作效率最大化。一是提高管事率，改变"一辆车、三五人，辛辛苦苦一日游，回头看看老样子"的现象，探索和采用科学的勤务方式，着力提高执法队员单兵作业能力，充分发挥中队、班组、岗段、队员不同层次的作用，在量化工作目标的基础上，大幅提高管事率。二是提高发现和处理问题的及时率。建立健全机制，合理设置工作流程，按实际需要调整好装备和执法力量，建立以全覆盖、责任明确、方便简捷、快速流畅、机动灵活、处置有效为目标的执勤机制，使各类道路上的违章做到及时发现、及时处理和有效遏制。

7．社会化

（1）社会化管理是实现城市管理长效、常态化和避免矛盾冲突纠纷的需要。城市管理执法多年的实践特别是2010年上海"世博会"期间的实践证明，社会化管理是实现城市管理长效、常态化的重要途径之一。要形成政府、企事业单位、基层群众性自治组织、社会组织、社会团体等多元主体共同承担社会管理职能的大格局，实现政府从全能管理、单一主体强制管理向职能管理、多元主体互动管理的转变，构建政府主导与社会各方良性互动的管理模式。

（2）事前主动防控，强化自律。通过深入社区、单位、学校等渠道，构建城管执法部门与居委会、学校、建筑工地、企事业单位和沿街商户的联系制度，搭建多种形式的市民沟通平台，唤起全社会对城市管理工作的重视、理解和支持，使各单位、广大市民自觉遵守城管法律法规，主动参与城管工作、协助城管工作。

（3）社会组织、群众参与管理（志愿者）。推动城市管理购买社会服务，监督和指导街道购买第三方社会组织做好城市管理服务工作；组建城市管理志愿者队伍，充分发挥他们在宣传、劝导、教育等方面的作用，达到有效维护街面市容秩序、减少违章行为及避免矛盾冲突的目的。

8．减量化

制定执法整治计划，各类现有违章按照时间节点逐步清除。

（1）严禁、严控道路跨门经营、占道设摊、户外设施、灯箱广告等各类违章大幅减少。

（2）存量违法建筑逐年拆除。

（3）难点、热点问题逐步消除。

（4）各类投诉明显下降，市民满意度逐步提升。

总之，城市管理精细化执法就是运用精细化管理的理念和方法，对城市管理执法工作的职责、范围、流程、标准和评价等作出全面详细的规定，为精细化执法提供标准和依据，最终实现城市管理执法活动的全领域、全天候、全覆盖，实现城市更有序、更干净、更安全的目标，让人民生活更美好。虹口区城管执法局经过多年的改革、发展、探索，走出一条符合超大城市特点和规律的城市管理执法精细化之路。城管执法取得显著成效，执法方式逐步实现了末端式被动处置向前端式主动防范转变，粗放型集中整治向精准型管理管控转变，单一化执法整治向多元化共建共治转变，在城市精细化管理和网格化社会服务治理中充分发挥职能作用，初步构建了以人为核心、区域全覆盖、时间全天候、节点全过程，以法治化为底线、社会化为基础、智能化为手段、标准化为依据的城市管理精细化执法模式。

第一章
科学化的体制设计

第一节　局队合一的区级城管综合执法体制

2015年，虹口区城市管理行政执法局的独立挂牌，标志着虹口区的城市管理行政执法工作进入了新的发展阶段。根据《虹口区2015—2017年市容环境卫生责任区管理工作三年行动计划》（虹府办发〔2015〕11号）文件精神，将虹口区绿化和市容管理局的城市管理行政执法职能，以及本区拆除违法建筑工作职能划归虹口区城市管理行政执法局。

依据《国务院关于进一步推进相对集中行政处罚权工作的决定》（国发〔2002〕17号）中要求的"不得将集中行使行政处罚权的行政机关作为政府一个部门的内设机构或者下设机构，也不得将某个行政部门的上级业务主管部门确定为集中行使行政处罚权的行政机关的上级主管部门。集中行使行政处罚权的行政机关应作为本级政府直接领导的一个独立的行政执法部门，依法独立履行规定的职权，并承担相应的法律责任。"城市管理执法机关的性质应当定位为国家行政机关，作为本级政府直接领导的一个独立的行政执法部门展开活动。2015年《中共中央国务院关于深入推进城市执法体制改革改进城市管理工作的指导意见》（中发〔2015〕37号）也指出："统筹解决好机构性质问题，具备条件的应当纳入政府机构序列。"对机构性质的确定提出了较为明确的要求。

机构性质决定机构人员身份，明确机构性质为明确执法人员的法律地位奠定了前提和基础。纳入政府机构序列的城市管理执法机构的工作人员应当具有公务员身份，享受公务员的福利及保障，享有公务员的权利并应当履行公务员的义务。

机构性质决定相应的条件保障。城市管理执法机构纳入政府机构序列意味着城市管理执法工作将得到同级财政的保障。财政应当增加对城市管理执法技术装备、执法工具方面的投入，以改进执法装备落后、技术含量低、难以满足现实需要的状况；增加信息建设的投入，以保证执法机构网络信息平台、管理软件的开发和应用，真正实现信息化、数字化治理；增加对执法人员培训的投入，提高执法人员素质。

作为区人民政府的组成部门，虹口区城市管理行政执法局机构的高规格定位，为开展城市管理行政执法工作奠定了科学的体制基础。

一、机构编制

根据"三定"方案，虹口区城管执法局的主要职能、内设机构、人员编制如下：

（一）主要职能

1. 贯彻执行国家和本市有关城市管理执法工作领域方面的法律、法规、规章和方针、政策，编制本区城市管理行政执法工作的中长期规划和年度计划，并组织实施。

2. 依法集中行使本区城市管理领域的相对集中行政处罚权。

3. 承担本区城市管理行政执法工作，负责对各街道城市管理行政执法工作进行业务指导、统一培训和执法监督。

4. 负责跨区域调动指挥各街道城市管理行政执法队伍，组织开展全区性城市管理重大或专项执法行动。

5. 负责组织指导、统筹协调、监督检查、综合考评本区行政执法工作。

6. 负责本区城市管理行政执法队伍的教育管理和党风廉政建设。

7. 承办区委区政府和上级主管部门交办的其他事项。

（二）内设机构

根据上述主要职责，设5个职能科室，即：

1. 办公室
2. 政工科
3. 法制科
4. 勤务督察科
5. 后勤装备科

（三）人员编制和领导职数

行政编制为10名，其中局长1名，副局长3名，区公安分局分管治安的副局长兼任区城管执法局副局长。正副科级领导职数5名。非领导职数按照《公务员法》有关规定核定。

（四）其他事项

1. 承担虹口区拆除违法建工作领导小组办公室的职责。
2. 所属事业单位的设置、职责和编制事项另行规定。

（五）党组织设置

设立中共虹口区城市管理行政执法局委员会，下设13个支部委员会，其中3个直属支部，8个街道城管中队支部，1个拆违办临时支部，1个机关退休干部临时支部。随着执法力量下沉，8个街道城管中队支部组织关系转移至街道党工委。

2019年3月，中共虹口区城市管理行政执法局委员会改为中共虹口区城市管理行政执法局党组。2019年7月，成立中共虹口区城市管理行政执法局机关党委，隶属于局党组，管理3个直属支部，1个拆违办临时支部，1个机关退休干部临时支部。

二、职责分工

在明确"三定"方案的同时，虹口区城市管理行政执法局执法大队职责作了相应调整。

根据《上海市虹口区机构编制委员会关于印发上海市虹口区城市管理行政执法局执法大队主要职责、机构设置和人员编制规定的通知》（虹编〔2015〕65号）文件，上海市虹口区城市管理行政执法局执法大队相当于正处级机构，以虹口区城市管理行政执法局名义承担本区城市管理领域相对集中行政处罚权的具体事务。实行"局队合一"体制。

（一）主要职责

1. 依据市容环境卫生管理方面法律、法规和规章的规定，对违反市容环境卫生管理的违法行为实施行政处罚。

2. 依据市政工程管理方面法律、法规和规章的规定，对违反非市管城市道路（含城镇范围内的公路）、桥梁及其附属设施管理的违法行为实施行政处罚。

3. 依据绿化管理方面法律、法规和规章的规定，对除绿化建设外的违反绿化管理的违法行为实施行政处罚。

4. 依据水务管理方面法律、法规和规章的规定，对倾倒工业、农业、建筑等废弃物及生活垃圾、粪便，清洗装贮过油类或者有毒有害污染物的车辆、容器，以及擅自搭建房屋、棚舍等建筑物或者构筑物等违反河道管理的违法行为实施行政处罚。

5. 依据环境保护管理方面法律、法规和规章的规定，对在非指定地区焚烧产生有毒有害烟尘和恶臭气体的物质；道路运输、堆场作业等产生扬尘、污染环境；任意倾倒或者在装载、运输过程中散落工业废渣或者其他固体废物；违反安装空调器、冷却设施的有关规定，影响环境和他人生活；未经批准或者未按批准要求从事夜间建筑施工，造成噪声污染；以及在人口集中地区、机场周围、交通干线附近以及当地人民政府划定的区域等规定区域露天焚烧秸秆、落叶等产生烟尘污染的物质等不需要经过仪器测试即可判定的违法行为实施行政处罚。

6. 依据工商管理方面法律、法规和规章的规定，对占用道路无照经营或者非法散发、张贴印刷品广告的违法行为实施行政处罚。

7. 依据建设管理方面法律、法规和规章的规定，对损坏、擅自占用无障碍设施或者改变无障碍设施用途的违法行为实施行政处罚。

8. 依据城乡规划和物业管理方面的法律、法规和规章的规定，按照市人民政府确定的职责分工，对擅自搭建建筑物、构筑物的违法行为和物业管理区域内破坏房屋外貌的违法行为实施行政处罚。

9. 本市地方性法规和市政府规章规定由城管执法部门实施的其他行政处罚。

10. 完成区委区政府及上级部门交办的其他工作。

（二）机构设置

大队下设机动执法中队，机构规格相当于正科级。作为区层面的一支执法队伍，主要承担跨区域执法、重大案件执法、应急处置保障以及执法监督等职责。

8个派驻街道的城管执法中队以区城市管理行政执法局名义执法，具体承担辖区内的城市管理行政执法工作，规格相当于正科级，统一冠名为：上海市虹口区城市管理行政执法局执法大队四川北路街道中队、欧阳路街道中队、嘉兴路街道中队、曲阳路街道中队、提篮桥（现北外滩）街道中队、广中路街道中队、凉城新村街道中队、江湾镇街道中队。

（三）人员编制和领导职数

大队人员编制为400名，为参照公务员管理的事业编制。2017年，作为上海市第二批公务员改革试点部门，其编制改为行政执法类公务员编制。其中机动执法中队编制32名；8个街道执法中队编制共368名。各街道执法中队人员编制由区城市管理行政执法局按照所在街道常住人口数量、区域面积、城市管理需求等情况，自行核定。

大队不再专门核定处级领导职数。区城市管理行政执法局局长、副局长兼任大队大队长、副大队长。

机动执法中队设书记1名（正科级），中队长1名（正科级），副中队长3名（副科级）。

8个街道执法中队各设书记1名（正科级），中队长1名（正科级），副中队长3名（副科级）。

2017年7月，为聚焦北外滩地区的发展需要，加强该地区滨江沿线城市管理行政执法工作，按照区委区政府有关要求，新成立直属滨江中队，编制20名，主要承担北外滩2.5公里沿线地区日常执法、市容管理、重大活动保障以及为民服务等职责。

执法队员全部为行政执法类公务员编制，每年按一定的晋级比例晋升队员职级，解决队员升级"天花板"的后顾之忧。

三、执法事项向住建领域综合化拓宽

紧随城市发展建设的步伐，上海城管执法领域不断根据城市发展需求拓宽。2020年3月1日，上海市住房和城乡建设管理委员会《关于进一步推进本市城市管理相对集中行政处罚权的实施方案》（沪建法规联〔2020〕4号），将房屋管理和文明施工管理等201项执法事项全部划给城管执法部门。到2020年3月，上海市的城管处罚事项共计12大类633项。区城管执法局根据法定职能，依据相关法律法规的规定，按照法无授权不可为原则，认真梳理执法内容，主要包括：

1. 依据市容环境卫生管理方面法律、法规和规章的规定，对违反市容环境卫生管理的违法行为实施行政处罚。

2. 依据市政工程管理方面法律、法规和规章的规定，对违反非市管城市道路（含城镇范围内的公路）、桥梁及其附属设施管理的违法行为实施行政处罚。

3. 依据绿化管理方面法律、法规和规章的规定，对除绿化建设外的违反绿化管理的违法行为实施行政处罚。

4. 依据水务管理方面法律、法规和规章的规定，对倾倒工业、农业、建筑等废弃物及生活垃圾、粪便；清洗装贮过油类或者有毒有害污染物的车辆、容器；擅自搭建房屋、棚舍等建筑物或者构筑物等违反河道管理；在原水引水管渠保护范围内建造建筑物、构筑物，以及在海塘保护范围内擅自搭建建筑物或者构筑物的违法行为实施行政处罚。

5. 依据环境保护管理方面法律、法规和规章的规定，对道路运输、堆场作业、露天仓库等产生扬尘，污染环境；单位未按照规定对裸露土地进行绿化或者铺装；任意倾倒或者在装载、运输过程中散落工业废渣或者其他固体废物；违反安装空调器、冷却设施的有关规定，影响环境和他人生活；未经批准或者未按批准要求从事夜间建筑施工，造成噪声污染；露天焚烧秸秆、枯枝落叶等产生烟尘的物质；露天焚烧沥青、油毡、橡胶、塑料、垃圾、皮革等产生有毒有害、恶臭或强烈异味气体的物质等不需要经过仪器测试即可判定的；作业单位和个人在道路或者公共场所无组织排放粉尘或者废气；经营性的炉灶排放明显可见黑烟；饮食服务业的经营者未按照规定安装油烟净化和异味处理设施，且未取得相关证照，以及在噪声敏感建筑物集中区域内从事金属切割、石材和木材加工等易产生噪声污染的商业经营活动的违法行为实施行政处罚。

6. 依据工商管理方面法律、法规和规章的规定，对占用道路无照经营或者非法散发、张贴印刷品广告的违法行为实施行政处罚。

7. 依据建设管理方面法律、法规和规章的规定，对损坏、擅自占用无障碍设施或者改变无障碍设施用途，以及在市人民政府确定的燃气管道设施安全保护范围内，建造建筑物或者构筑物的违法行为实施行政处罚。

8. 依据城乡规划和物业管理方面的法律、法规和规章的规定，按照市人民政府确定的职责分工，对擅自搭建建筑物、构筑物；对未经批准进行临时建设；临时建筑物、构筑物超过批准期限不拆除；物业管理区域内破坏房屋外貌，损坏房屋承重结构；擅自改建、占用物业共用部分；损坏或者擅自占用、移装共用设施设备；擅自改变物业使用性质，以及物业服务企业对业主、使用人的违法行为未予以劝阻、制止或者未在规定时间内报告有关行政管理部门的违法行为实施行政处罚。

9．依据空调设备安装使用管理方面法律、法规和规章的规定，对在建筑物内的走道、楼梯、出口等共用部位安装空调设备的违法行为实施行政处罚。

10．依据出租汽车管理方面法律、法规和规章的规定，对在中心城区重点区域出租汽车驾驶员违反客运服务管理的违法行为实施行政处罚。

11．依据停车场管理方面法律、法规和规章的规定，对机动车驾驶员在中心城区道路停车场违反停车管理的违法行为实施行政处罚。

12．依据上海市外滩风景区综合管理方面法律、法规和规章的规定，对乱扔、乱倒废弃物，擅自占用绿地或者改变绿地用途等违法行为责令其限期改正，并给予行政处罚。

13．上海市地方性法规和市政府规章规定由城管执法部门实施的其他行政处罚。

第二节 "区属、街管、街用"体制

根据中共上海市委办公厅、上海市人民政府办公厅印发的《关于进一步完善本市城市管理综合执法体制机制的实施意见》（沪委办发〔2014〕36号）通知精神推动城市管理力量下沉、重心下移，全面加强城市的综合管理要求，虹口区努力探索走出一条符合本区实际的城市管理新路子，区城管执法局全面启动改革工作，将执法力量下沉一线，做到"真心放"，街道做到"真心接"，明确区城管执法局、各街道办事处、街道城管中队的职责分工，最终构成合理有效的"区属、街管、街用"的管理体制。

一、区城管执法局职责

（一）贯彻依法行政

贯彻实施国家和上海市有关城管执法工作的法律、法规、规章和方针、政策以及开展相对集中行政处罚权工作的有关规定，负责行使市容环境卫生、市政工程管理、绿化管理、水务管理、环境保护管理、工商管理、建设管理、城乡规划和物业管理等违法行为实施行政处罚。研究制定并组织实施虹口区城管执法工作的中长期规划和年度计划。

（二）负责指导协调

加强对各街道城管执法工作的指导、监督、考核、培训，协调跨区域热点难点问题整治工作，牵头落实市、区布置的专项执法整治工作。负责重大违法事项及专业性较强的违法案件的查处，组织做好区内重大活动、重要节日的市容保障工作。提高中队的应急处置能力，为街道城管执法提供工作支持。

（三）强化执法监督

根据区委、区政府对城市管理重点工作要求，制定虹口区城市管理执法工作标准，科学量化评价考核指标，对街道城管执法中队的年度目标、岗段责任制等工作进行绩效考评。通过日常工作检查、行为规范督察、执法案卷评查等途径，加大对一线队伍依法履职、规范执法情况的检查监督。

（四）规范诉求办理

依托12345市民服务热线、12319城建热线和区网格化管理平台，加大对市民关注的重点、热点、重复诉求件办理力度，不断提升及时率、办结率、市民满意度，改进执法工作和工作作风。定期开展公众满意度测评。

（五）编制财政预算

负责城管执法工作所需经费和人员经费统一编制、申请、下拨；执法车辆、对讲机、执法记录仪等执法装备设备按照相关标准，负责全局的统一配备、更新。

（六）加强队伍建设

加强队伍的思想教育、党风廉政、工作作风等政治建设，强化对队伍建设的统筹协调、指导督促、检查监督。健全制度建设，完善队伍考核、监督、奖惩、激励等制度。健全队伍的业务培训和综合培训体系，组织开展全员培训，每位队员每年集中培训时间不低于40小时。按照"规范化中队"建设标准，促进队伍建设和执法能力不断提高。

（七）统筹队员招录和交流

配合区公务员局在核定编制范围内制定招录计划，统一组织实施城管队员的招录工作。建立街道城管执法中队干部和队员定期定量轮岗交流机制，原则上每5年交流一次。

（八）严格依法办案

严格依法行政、规范执法，负责一般程序案件的初审工作，对办案质量严格审核把关。严格行政执法过错责任追究，建立问责机制。加强队员执法资格管理，严格实行持证上岗制度。

（九）推进信息化建设

建设区城管执法信息化平台，推进网上办案、移动督察、基础数据库等工作的实施，实现勤务模式、案件办理、督察流转、数据报表、资料查阅和更新等信息动态管理，不断提升城管执法工作效率。

（十）承担上级交办的其他事项

二、街道办事处职责

根据本市城市管理执法重心进一步向社区下沉要求，将街道城管中队日常执法指挥协调等权限下放街道，依托网格化综合管理平台，在属地街道的统一协调、指挥下，整合公安、市场监管、房管、综治办等部门，加强联勤联动，更好地增强其在城市管理中的基础职能。

（一）执法指挥协调

街道办事处为本辖区城管执法工作的责任主体，负责派驻街道城管中队的日常管理工作，对街道城管中队的执法活动进行组织、协调和监督，保障和维护辖区环境有序、可控、整洁。区城管执法局与街道办事处建立紧密配合、相互支持、定期沟通的工作机制，街道办事处接受区城管执法局城管执法方面的业务指导和业务监督。

（二）干部配备管理

街道办事处对区城管执法局提出的街道城管中队正（副）中队长、支部书记等干部的人选建议，提出街道办事处的意见；在充分听取街道办事处意见或建议后，区城管执法局按照有关程序和规定，组织民主推荐、测评、公示等事项，符合任用条件的，由区城管执法局任命。

（三）监督检查考评

街道办事处对派驻街道城管执法中队、执法人员工作进行监督检查，定期予以评议，并将评议结果告知区城管执法局。对中队、中队领导半年和年终考核，以及区级以上先进评选，由街道办事处提出意见，区城管执法局充分采纳街道意见后考虑确定。

（四）财物管理使用

街道办事处负责下拨中队执法工作经费的使用、管理；按照城管装备管理相关规定及要求，街道办事处负责街道城管中队装备设备的日常管理、使用、维护和安全，实行"谁使用、谁管理、谁负责"；日常执法工作后勤保障由街道办事处保障落实。

（五）奖惩激励

街道办事处要加强街道城管执法中队队伍管理，建立中队考核及奖惩办法。按照市、区两级相关规定，根据城管执法勤务保障时段、任务需要和季节变化等采取不同的勤务安排，街道办事处必须按照要求安排执法力量，必要时安排超勤加班，街道城管中队超勤所需费用由所在街道办事处负责保障。各街道办事处对街道城管执法中队及队员完成任务情况和效果，可以自行决定奖惩，以充分调动队员的工作积极性。

（六）承担上级交办的其他事项

三、街道城管中队职责

街道城管执法中队主要行使队伍的日常巡查、规范执法、顽症治理、整治固守等工作。

（一）加强辖区执法巡查

根据相关法律法规的规定，街道城管执法中队以区城管执法局的名义具体实施辖区内城市管理相对集中行政处罚权工作，加强对辖区内城区环境的日常执法巡查，确保执法实效。

（二）接受街道办事处指挥监督

接受街道办事处管理、指挥、评价和监督，完成街道办事处布置的有关城市管理市容环境的综合执法和整治任务，参与辖区内突发、应急事件的处置等工作。参加社区管理委员会工作，接受街道办事处对其执法效能与工作业绩进行评议考核。

（三）落实"三班二十四小时""一段三点"勤务模式

按照"三班二十四小时""一段三点"工作要求，执法工作绩效考核到人，队员要及时解决责任区内产生的各类违章问题，努力实现常态管理。街道城管执法中队要加强对队员"三班二十四小时""一段三点"落实情况、投诉热线办理、网格化案件处理等工作的监督，不断提高市民满意度。

（四）抓好队伍规范化建设

认真抓好街道城管执法中队的规范化建设，不断完善街道城管中队的硬件和软件建设，以队务信息公开为抓手，做好街道城管中队人员岗位职责、管理制度、案件处理流程和案件处理情况的公开公示工作，努力提高城管执法工作的透明度，广泛接受居民群众的监督，推动中队执法工作健康发展。

（五）治理市容难点顽症

在街道办事处统一组织协调下，依法加强对辖区内违法建筑、跨门营业、占道设摊、机动车兜售等市容难点顽症进行执法整治，配合街道办事处、相关部门开展综合治理、长效管理等工作。

（六）依法规范、文明执法

严格依法行政，按照相关规定、程序规范执法行为，文明执法，注重学习执法技巧，避免与执法相对人肢体冲突，自觉维护城管队伍形象。

（七）确保执法、管理安全

日常管理及执法过程中牢固树立安全至上观念，严格遵守安全规定，加强驾驶员及车辆安全管理，确保办公、执法安全。

（八）完成重点任务保障

配合做好全区性的执法联合行动，完成区内重点执法保障任务。

（九）完成市、区两级政府，以及区城管执法局和街道办事处下达的其他工作任务。

第三节 街道综合管理执法体制

按照虹口区总体部署，全区8个街道正在探索建立街道（社区）综合管理执法体系，成立街道（社区）综合管理指挥中心，组建以城管为主的街道（社区）综合执法队伍，整合第三方力量的综合管理巡查队和街道（社区）综合执法监督队，形成由行政相对方自律、社区自治、城管执法和多部门综合治理构成的街道（社区）综合管理执法工作机制。发现问题后，先由行政相对方自行整改；限期未整改的由社区或行业协会督促其整改；行政相对方拒不改正的，由基层城管力量进行执法；若违法违章行为情况复杂或涉及其他相关行业，则上报区城管执法局和街道（社区）网格化平台，协调相关部门联合执法，构建"横向到边、纵向到底、条块结合、联勤联动"的街道综合管理执法体系。

一、共建齐抓共管的工作新格局

积极处理好街道城管中队与其他执法队伍的关系，各中队下沉街道（社区）后，切实融入由街道牵头，城管中队、市场监管所、派出所、房地办、市政、市容所、交警、辖区单位等多部门参与的街道（社区）综合管理执法平台，充分发挥社区的组织、协调作用，突出管理先行、执法托底的理念，进一步理顺管理和执法的关系，实现社区管理与城管执法紧密协作与互动，形成上下联动、左右协调、齐抓共管的城管工作新格局，提高城市精细化管理成效。

（一）构建组织架构

按"资源整合，条块联动，重心下移，实时监督"原则，街道办事处设立"一个中心，三支队伍"：一个中心即综合管理指挥中心、整合网格中心、综治中心、应急中心、物业中心的工作职能、人员、场地，实施统一管理调配和数据联通。三支队伍即综合执法队，整合城管中队、派出所、市场监管所、房地办、市容所、安监所等相关力量，实现快速响应处置；综合管理巡查队，整合市容环境、劳动监察、实有人口、综治社保队、安全监察等五支协管队伍，开展街面巡查，同时，由居委会、党员志愿者、第三方力量、各类自治单元组成小区巡查队，开展小区内巡查；综合管理执法监督队，从各片区抽调一名网格巡查员组成，参与综合管理执法的监督，交叉检查并定期更换，同时将两代表一委员、社区代表等监督建议作为重要考核依据。街道城管中队作为执法力量的主力军，积极参与并主动融入融合到组织架构中去，形成管理、执法、监督融洽的局面。

（二）健全工作机制

运用综合管理执法信息平台，形成"精准发现、立案派遣、分层处置、核查结案"的工作闭环。多渠道精确发现：通过整合"物联、数联、智联"各类手段，形成"举报投诉被动发现、物联巡查主动发现、数据研判预警发现"的综合发现机制；全要素精细调度：将被动发现类和主动发现类事项自动比对9大类83小类综合管理执法事部件标准，派遣至责任部门、责任人。数据研判类事项由指挥平台做出相应指令；分层次精心处置：按照小区内、街面上两个方面，分五个层次解决问题。第一层，由物业公司自行解决。第二层，由居民自治组、居委会协调解决。第三层，派遣至相关职能单位处置。第四层，复杂问题按照主要问题事项派至职能单位处置，无法确认主体的由指挥平台制定综合处置方案。第五层，突发事项由指挥平台按照应急预案通知相关单位紧急处置。街道城管中队充分利用组织赋予的相对集中执法处置权，对第三、第四、第五层次的事项进行集中处置。

（三）完善保障措施

制度保障上，制定《综合管理执法工作规范》《综合管理执法手册》《综合管理执法事部件标准》等文件。队伍保障上，从街道各管理执法部门抽调骨干力量，组建临时党支部，以党建引领综合管理执法工作的开展；整合成立党员志愿者问题巡查发现队伍。智能保障上，建成32项3000个物联网感应设备，指挥平台、执法队、巡查队分别配备了智能化设备。财力保障上，将综合管理执法工作经费纳入街道办事处年度预算管理，制定《综合管理执法应急经费使用办法》。考核保障上，成立由办事处主任为组长，综合管理执法中心办公室、街道纪工委等组成的综合管理执法考核领导小组，制定与年度考核、评优相挂钩的考核办法。街道城管中队纳入街道整体保障，中队主要领导接受街道的考核，考核结果报区城管执法部门，按一定分值比例核算，进行评优评奖。

📖 **扩展阅读** ┄┄

广中城管中队：人工智能助力执法+云数据创新城市管理

根据大数据技术特点，尤其是对终端数据的采集、清晰、归类、整理、分析、研报，借助人工智能，应用城市大脑和电子政务云资源，形成大数据库，进行大量云计算和云分析，辅助现场执法和事前事后的监管。

二、城管执法社区工作室实现"小空间、大作为"

建立城管执法社区工作室是市城管执法局的工作要求，也是落实虹口区委区政府"实施社区综合执法"部署的具体举措。近年来，虹口区城管执法局在全区建立了200个居委会城管执法社区工作室，实现了虹口区城管执法社区工作室全覆盖。同时，根据区情、社情实际，积极探索创新工作机制和手段，突出"小空间、大作为"，注重执法和服务实效，城管执法社区工作室建设取得了良好成效。

（一）机制创新"1+1"，激活城市最小细胞

作为上海市人口密度最大、区域面积最小、老旧住宅小区最集中的中心城区之一，虹口区在基层社会治理方面面临更多的挑战。近年来，为及时回应市民关切，及时解决群众关注的小区违法搭建、破坏房屋承重结构等问题，虹口城管执法局通过不断实践摸索，在硬件设施先天不足的前提下，着力在探索体制机制创新和提升执法实

效等软实力上下功夫，致力于将城管执法社区工作室打造成为违章执法的"第一阵地"和为民服务的"第一窗口"，逐步形成了城管执法社区工作室的**"1+1"**工作模式，打通了城管执法服务的"最后一公里"。

1. 纵横推进"两条线"。虹口区现有200个居委会，已实现"一居委会一工作室"服务网络体系的全覆盖。社区作为城市治理最小的细胞，是实现城市精细化管理的关键所在。作为社区综合执法机制的重要组成部分，城管执法社区工作室是打通城市治理"最后一公里"的神经末梢。虹口的城管执法社区工作以"两条线"的形式同步推进：一条线是区城管执法局→街道城管中队→网格片区→城管执法社区工作室→城管队员形成城管日常开展执法工作的工作体系；另一条线是街道办事处→社区管理办→网格片区→居委会→城管执法社区工作室→城管队员，这是在社区综合执法机制探索中形成的新工作体系，该体系有助于加强街道层面各职能部门之间的协调合作、整合资源，形成工作合力，有效开展社区综合治理。"1+1"工作模式以城管执法社区工作室为关键节点，不仅纵向上实现了执法任务处置的高效和规范，更强化了城管中队、派出所、居委会、业委会及物业公司"五位一体"社区治理力量的合作与互动。

2. 标准配置"六个一"。虽然虹口区老旧小区集中，很多社区居委会的办公条件都很有限，但为了给基层社会治理注入新的活力，让城管进一步深度融入社区，为社区的安定有序提供执法保障，充分激活城市管理的最小细胞，街道及居委会都在现有办公条件的基础上，竭尽全力为城管执法社区工作室提供一名执法队员、一张办公桌、一个工作台卡、一个标识牌、一块联系牌匾、一份公示表的**"六个一"**标准配置，让城管执法社区工作室在居民区里定点安家。

（二）执法服务"心贴心"，当好社区最全管家

"城管执法进社区"是当前上海社会治理专业化最有效的途径之一。虹口区城管执法局积极引导各街道中队深入社区、直面民意，通过提供城管执法保障支撑，积极引导居委会、物业公司参与社区治理，多网协同、多方联动，通过从源头预防、化解隐患和矛盾，形式多样、内容丰富，为片区居民提供普法宣传服务，实现执法、服务两不误，做解民忧、通民情、连民心的"最全管家"。

1. 直面难题顽症，诉求件处置解民忧。小区内违法搭建、破坏房屋承重结构、占绿毁绿都是群众反映强烈的难点问题，城管执法社区工作室的成立扭转了以往一线

队员碰到社区里那些"鸡毛蒜皮"的小事就头大的困局。一方面作为联络员的城管队员与居民接触的多了，群众基础好了，处理投诉纠纷时多了很多理解与配合，少了许多隔阂与白眼；另一方面随着城管执法社区工作室为居民解决的急难愁问题越来越多，居民们对城管队员的认可度也逐步提升。凉城城管中队在工作中针对各类事件问题采取**"一笔一本二十条"**工作法，第一时间记录居民诉求，并将社区工作中常用的二十条城管执法政策放在工作记录本中，以便及时详尽地向居民进行政策法规解读；对居民各类问题及时处理、及时反馈。通过这样的工作方法让居民们感受到城管执法社区工作室工作效率高，进一步拉近执法队员与居民们的距离，使城市管理问题可以被更早发现和解决。

2．强化联勤联动，巡查到位通民情。城管执法社区工作室作为虹口区社区综合执法机制"大联动、小联勤"的组成细胞，一方面发挥协调沟通作用，协调各相关职能部门形成执法合力，快速高效开展综合执法整治，优化居住小区环境；另一方面延伸执法触角，通过社区内全天候巡查，建立起高效信息反馈制度，快速发现、快速处置新增违建，对居民区问题做到"可预防、早发现、多联动、速解决"，使城管执法社区工作室真正成为城管中队下沉执法力量的重要载体，进一步提升城市管理工作效率，减少城市管理问题的发生与执法成本。川北城管中队在城管执法社区工作室中落实**"3+1+1"**推进法，"会诊"居住小区内出现的疑难杂症，由城管队员、居委会干部、职能部门人员各1人组成3人调查小组，实地了解情况后进行"会诊"，在1周内形成详细处理情况，1个月内开展随访反馈，确保疑难杂症得以根治。

3．紧贴实际需求，服务普法连民心。虹口区城管执法局一线队员走进社区成为社区城管人，开展执法整治解决群众合法诉求，同时开展城管法律法规宣传，面对面听取群众意见建议，通过向群众发放便民服务卡、建立微信公众平台、公布24小时城管服务热线等方式，全天候受理市民群众诉求，及时受理、解决、反馈社区群众关注的问题，旨在为群众提供更全面、更优质的服务。金杯银杯，不如群众的口碑。仅2020年，全区城管社区工作室开展法制宣讲270余场（次），覆盖5600余人（次），其中生活垃圾分类宣讲2100余人（次）。各类投诉件明显减少，小区居民的满意度不断提升。广中路街道的广灵居委会是典型的"老破小"居住区，城管联络员主动与居民沟通，充分解答居民经常遇到的切身利益问题，引导居民依法维护合法权益，并搭建了线上微信热线及针对老年人的电话平台，提供普法宣传服务。

（三）智慧城管"实打实"，发挥执法最大效能

虹口城管社区工作室依托智慧城管系统，一方面充分运用网上勤务、网上办案、网上诉处等功能模块实现了社区工作、勤务执法、投诉管理等24小时的全天候痕迹化管理，在城管社区工作室设置签到点，通过智慧城管系统开展投诉处置及执法办案等工作，有效提升城管执法的规范性与合法性，也提升了百姓对城管执法工作的了解度与信赖度；另一方面通过构建全区200个居委会"一居一档"数据库，全面排摸居住小区内存在的各类违法行为，为城管执法社区工作室进一步发挥社区治理效能，综合提升小区治理能力，实现住宅小区的精细化管理提供基础数据支撑。

（四）精细治理"点对点"，展现城区最佳面貌

虹口区城管执法局扎实推进城管社区工作室（图1-1）建设，在发挥其"宣传教育、管理协调、防违控违、便民服务"四大功能等方面取得了良好的工作成效。2020年，通过城管社区工作室平台累计发现并处理居住小区内"居改非"、占绿毁绿、占用物业公共空间和五乱等各类违章问题3100余个，特别是群众反映突出的乱张贴750余处、擅自占用公共

图1-1 城管队员在城管社区工作室办公

空间堆物340余处，协助居委会清理僵尸车1700余辆，居住小区环境面貌明显改善，市民群众的满意度和获得感也明显提升。2020年，虹口区城管执法局小区治理成效在市级第三方测评中，上半年位列市区第一，下半年位列市区第二；在市城管执法局组织的城管执法社会满意度第三方测评中已连续三年蝉联市区第一。近年来，市民群众的来电来访数量逐年下降，市民满意率、实际解决率由原来长期处于30%左右，提升至65%以上。凉城中队梦湖苑居委会城管执法社区工作室、广中中队广灵居委会城管执法社区工作室荣获2019年度"全市首批50佳城管执法社区工作室"称号。

第二章
精细化的机制构建

　　为了进一步深化城市管理体制机制改革，强化提高城管执法工作效能，提升城市法治化、智能化、标准化、社会化管理能力，虹口区城管执法局以习近平新时代中国特色社会主义思想为指导，全面贯彻党的十九大精神，坚持以人民为中心的发展思想，牢固树立创新、协调、绿色、开放、共享的发展理念，以不断满足人民群众对美好生活的需要为目标，以"城市管理要像绣花一样精细"为导向，强化顶层设计，创新体制机制，加快补齐短板，推动高质量发展，构建权责明晰、服务为先、管理优化、执法规范、安全有序的城市管理体系，形成具有虹口特色的城市精细化执法体系。

第一节　执法目标精细化

虹口区城管执法局在摸清情况、明确任务的前提下，将执法任务实施目标化管理，根据不同阶段的不同任务和工作要求，分阶段、有计划、有步骤的制定行动方案和工作计划，通过各阶段不同目标任务的完成，解决各类难题顽症，不断提高城管执法精细化能力和城市管理水平。

一、阶段性目标立在市容顽症的综合治理上

（一）"分层分类"实现市容顽症"减量化"

2011年以来，紧紧围绕区委区政府中心工作，结合虹口区实际，以创建国家卫生区和服务旧区改造为载体，根据经济社会发展进程和人民群众对美好生活的不断追求，适时制定执法阶段性目标，实施"挂图作战"（图2-1、图2-2），并将之逐步细化。按照差别化管理的要求，以破解顽症为突破口，从七浦路、公安街、东余杭路、虹镇老街等50条中小道路和77处设摊集聚地（100米内有10个以上摊位）入手，以占

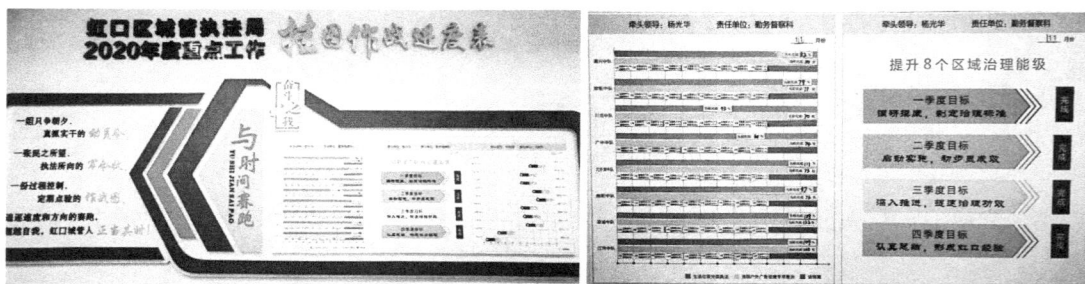

图2-1　虹口区城管执法局2020年度重点工作挂图作战进度表

北外滩街道城管中队2019年重点工作挂图作战

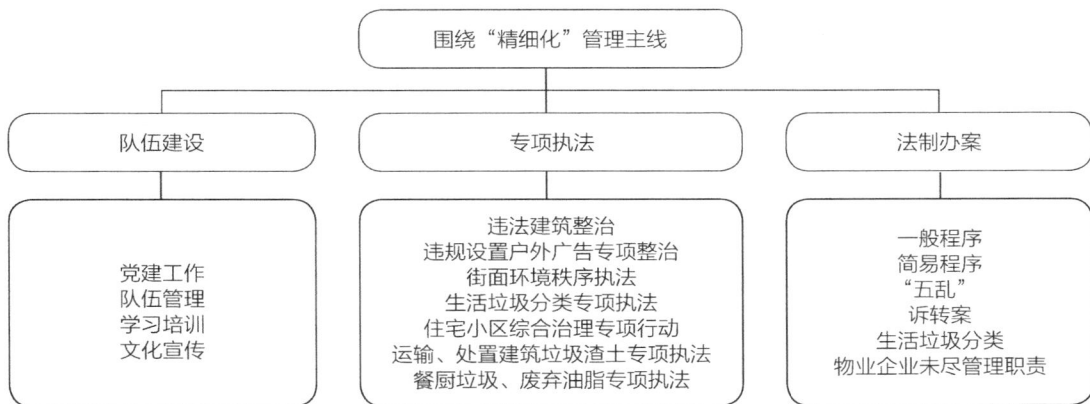

围绕"精细化"管理主线

| 队伍建设 | 专项执法 | 法制办案 |

党建工作
队伍管理
学习培训
文化宣传

违法建筑整治
违规设置户外广告专项整治
街面环境秩序执法
生活垃圾分类专项执法
住宅小区综合治理专项行动
运输、处置建筑垃圾渣土专项执法
餐厨垃圾、废弃油脂专项执法

一般程序
简易程序
"五乱"
诉转案
生活垃圾分类
物业企业未尽管理职责

图2-2　北外滩街道城管中队2019年挂图作战分解图

道设摊、跨门经营、占道亭棚为重点，制定市容顽症治理三年行动计划，实施目标化管理。一是摸清底数。对各类违章种类、数量、分布状况、危害程度、当事人基本情况等登记造册并拍照建档。二是分层分类。按危害大小、难易程度、区域等分类。三是制定治理的质量标准和时间节点。四是精心组织。着眼长远，健全协调机制，合理调配力量。五是分步实施。按先难后易和市民关注度从高到低的顺序，安排整治时间和力度，总体上以第一年50%、第二年30%、第三年20%的速度逐步完成全部目标任务。六是考核验收。通过三年集中治理与长效管控，到2014年底，全区"脏乱差"现象明显好转，基本实现各类道路违章"减量化"目标。

📖 扩展阅读

凉城中队：挂图作战，一户一案

拆违到最后的点位必然是"难啃的骨头""难攻的山头"，为此，结合数据库和前期走访情况，该中队对每一个点位都建立了"一户一案"。其中包括违建基本信息、推进情况、拆除或整改可行性方案等。经过会议讨论，明确了第一批、第二批点位拆除计划表。明确目标后，实施挂图作战，协同配合，有序推进。如图2-3所示。

图2-3　凉城中队队员正在更新挂图作战的进度

（二）"分工分责"提升街面秩序"优质化"

虹口区城管执法局作为区拆除违法建筑联席会议办公室主任单位，认真贯彻落实市政府关于进一步加强本市违法违规经营综合治理的工作部署，制定《上海市虹口区街面环境秩序执法整治三年行动方案（2017—2019）》（虹城管执〔2017〕5号），聚焦市民群众反映强烈的"违法设置户外广告、违法搭建及破墙开店、违规设置摊亭棚、占绿毁绿、损坏占用无障碍设施、违规安装空调设备"六类街面突出违法违规行为，联合区政府相关职能部门，按照职责分工不同，开展市容环境街面秩序整治，三年内完成全区243条城市道路执法整治任务，实现街面突出违法行为基本消除、街面环境秩序明显改善、城市环境面貌明显优化、市民群众满意度明显提升，为虹口区实施高标准管理、实现高水平发展、打造高品质生活的目标，提供良好的市容环境保障。

1. 组织领导到位

由区城管执法局牵头，成立整治领导小组，组长由城管执法局主要领导担任，副组长由城管执法局分管领导和成员单位的分管领导担任，成员单位主要包括：区规土局、区房管局、区建管委、区市监局、区城管执法局、区财政局、区公安分局、区绿化市容局以及8个各街道办事处等。

2. 方针政策到位

（1）依法行政，严格执法。严格按照法定职责、法定程序，及时有效查处街面环境秩序违法违规行为。对存在威胁公共安全、破坏环境资源、危害人体健康的违法违规行为，坚持依法从严惩处，维护法律的权威性。

（2）聚焦重点，全面推进。2017年，聚焦主要道路、商业街区、景观区域、交通枢纽等重点区域，加大执法整治力度。2018年，执法整治范围拓展到全区一般城市道路。2019年底，完成全区243条城市道路执法整治任务。

（3）属地负责，部门联动。各街道办事处是执法整治工作的具体实施单位，区相关管理和执法部门加强协同配合，合力做好执法整治工作。

3. 任务目标到位

重点整治"六类"街面突出的违法违规行为：

（1）违法设置户外广告设施、店招店牌、非法小广告（乱张贴、乱涂写、乱刻画、乱悬挂、乱散发）、乱设摊、跨门经营、占道堆物、占道洗车等市容管理方面违法行为。

（2）擅自搭建建筑物、构筑物，以及破墙开店等破坏房屋外貌、擅自改变物业使用性质等规划和物业管理方面违法行为。

（3）擅自占道设置彩票亭、书报亭、售货亭、饮水机，擅自设置道路指示牌等方面违法行为。

（4）擅自迁移、砍伐树木，擅自占用、调整公共绿地，以及损坏绿化设施等绿化管理方面违法行为。

（5）损坏、擅自占用无障碍设施或者改变无障碍设施用途等建设管理方面违法行为。

（6）违反规定安装空调设备、冷凝水排放不符合规定等环境保护方面违法行为。

4．部门职责到位

区市政市容管理联席会议办公室：牵头组织协调、指导推进、检查考核全区街面环境秩序执法整治工作。具体工作由联席会议办公室负责落实。整治联络办公室设在区城管执法局勤务督察科。

各街道办事处：作为街面环境秩序执法整治工作的具体实施单位，负责组织协调、指导推进、督促检查本辖区开展街面环境秩序执法整治工作。

区城管执法局：牵头组织开展占道经营、非法小广告、违法搭建、违法设置户外广告等违法行为的执法整治行动。

区房管局：负责组织做好破坏房屋外貌、破坏占用无障碍设施等违法行为的协助认定。

区建管委：负责组织做好违法占用道路等违法行为的协助认定。

区市监局：负责组织做好街面门店无证无照经营及涉及食品安全类违法行为的整治工作。

区规土局：负责组织做好违法建筑的协助认定；指导不动产登记机构将附有违法建筑、损坏房屋承重结构的房屋记录于不动产登记簿，并不予办理转让、抵押等登记。

区财政局：按照相应职责做好街面环境秩序执法整治经费保障等工作。

区公安分局：负责组织做好执法整治警力保障、查处暴力抗法等工作。

区绿化市容局：负责组织做好市容、绿化和门责管理工作，做好违法设置户外广告设施、店招店牌以及毁绿占绿等违法行为的情况排摸、案件移送和联合执法等工作。

5. 工作措施到位

（1）坚持"八字"措施，严查违法搭建。要从源头入手，充分运用"清道、取缔、封门、拆违"的八字措施，逐步推进，扩大战果。在街道的领导下，牵头房管、物业等部门对各类破墙（门）开店（居改非）采取拆除违法广告设施、清理违法占道、封门措施恢复原状；市场监管部门依法取缔各类无证无照经营门面；拆违办牵头相关职能部门对区域内各类违法搭建予以拆除，彻底消除此类违章孳生的土壤。

（2）依托街道平台，体现整体优势。在街道牵头组织下，进一步健全完善已有工作机制，善于借势借力，集成各种力量，五指并拢合成拳，切实体现出综合治理的优势，实现社会共治、双赢局面。

（3）按照**"三步九法"**，推进综合治理。"三步"，即摸底数，明实情；细方案，出实招；重联动，求实效。"九法"，即：清房屋、清人员、清证照；一店一案、一人一策、一情一议；联手谈、联手整、联手守。

（4）落实管理责任，切实履行职能。强化领导责任，参与环境整治的相关部门要明确主要责任人，落实领导责任和管理责任。加强网格化管理，确保整治力量部署到位、各项整治措施落实到位，明确每个网格单元的负责人和责任人，并建立日常检查、考评制度，全面促进城市管理的精细化。

（5）全程督导考评，提高工作效能。建立日常督导考评机制，对市容环境秩序整治工作采取明察暗访等形式，开展持续不断的督导检查，做到随发现、随通报、随督办、随整改，特别是对重点任务、重点区域、突出问题，明确责任、明确时限、明确标准，提出要求，重点督导；反复查、回头查、跟踪问效，促进环境秩序综合整治深入开展。

二、短期目标立在住宅小区的专项治理上

虹口区城管执法局在抓阶段性目标实施的同时，通过阶段性目标的分解，将阶段性目标分解成短期目标，多年行动计划分解成年度计划，综合方案分解成专项方案，按计划有目标的组织实施。

（一）2017年"四违（危）一乱"环境综合整治

按照"建立示范、逐步推进、完善制度、注重实效"的工作原则，结合"四违

（危）一乱"（即违法建筑、违法经营、违法排污、违法居住，环境脏乱）综合整治，积极开展2017年住宅小区环境秩序专项执法整治，依法查处住宅小区内破坏环境秩序的违法行为，实现市民群众居住环境明显改善、满意度明显提升，住宅小区环境治理长效机制基本形成的目标。

1. 整治有依据。依据《上海市住宅物业管理规定》《上海市市容环境管理条例》《上海市绿化条例》等法律法规，对住宅小区以下违法行为进行查处：

（1）依法查处违法建筑、损坏房屋承重结构、破坏房屋外貌等违法行为。

（2）依法查处无序设摊等违规经营行为。

（3）依法查处占道堆物、擅自改建、占用物业共用部分，损坏或者擅自占用、移装公用设施设备等违法行为。

（4）依法查处乱张贴、乱涂写、乱散发、乱悬挂等违法行为。

（5）依法查处占绿、毁绿等违法行为。

（6）依据《上海市住宅物业管理规定》，依法查处物业服务企业对业主、使用人的违法行为未予以劝阻、制止或者未在规定时间内向有关行政管理部门报告的行为。

2. 行动有步骤。整个行动按照时间划分成不同的阶段，即准备筹划阶段，宣传告知、自查自纠阶段，专项整治阶段，检查考核阶段。准备筹划阶段：各街道中队对辖区内住宅小区违法行为进行调查梳理，摸清底数，制定本区域专项执法整治具体实施方案，结合城管社区工作室的工作，确定整治和创建"无违示范小区"的具体措施。宣传告知、自查自纠阶段：各中队会同街道及其他相关部门通过发放告知单、责令限期整改、张贴通告等形式，向执法对象、市民群众进行宣传告知和动员，营造良好舆情氛围，督促违章当事人自我整改，推动治理工作的顺利开展和深入进行。专项整治阶段：根据难易程度分"三个层面"开展整治，即各城管中队对职责范围内一般违法行为进行整治；对于城管中队难以进行整治和清除的违法行为，由中队向辖区街道及时汇报和沟通，积极协调各条线派驻街道机构，开展联合整治行动；对于热点和疑难问题，以及需要其他区级职能部门协同解决的各类难点阻力问题，由区城管执法局或区级协调平台牵头区相关职能部门，在充分做好前期工作的基础上，采取"清道、取缔、封门、拆违"八字措施开展联合整治行动。检查考核阶段：城管执法局勤务督察科按照工作目标和时间节点要求，对各街道中队专项整治情况进行现场检查和评价，纳入中队月度和年度考核。

（二）2018年无违建居村（街镇）创建、"六无"街道（居委）创建

虹口区城管执法局以"三全四化"为总目标，结合市委市政府开展无违建居村（街镇）创建和虹口区**"六无"**（即：无违法搭建、无楼道堆物、无跨门营业、无违法经营、无违法居住、无违法排污）街道（居委）创建工作要求，积极开展违法行为专项整治行动。

1. 依法依规，突出重点

依据《上海市住宅物业管理规定》《上海市市容环境管理条例》《上海市绿化条例》等法律法规，从严查处各类违法违规行为，重点聚焦以下几个方面：

（1）依法查处擅自搭建建筑物、构筑物，损坏房屋承重结构、破坏房屋外貌、"居改非"等违法违规行为。

（2）依法查处擅自改建、占用物业共用部分，损坏或者擅自占用、移装共用设施设备等违法违规行为。

（3）依法查处擅自迁移、砍伐、损毁、占用绿地等违法违规行为。

（4）依法查处乱张贴、乱涂写、乱散发、乱悬挂、乱刻画等违法违规行为。

（5）依法查处流动设摊、占道堆物等违法违规行为。

（6）依法查处未按照规定设置生活垃圾分类收容器、投放生活垃圾、分类驳运生活垃圾等违法违规行为。

2. 多管齐下，综合治理

（1）强化依法治理，规范文明执法。

各中队坚持依法履职，紧密结合市无违建居村创建工作与虹口区"六无"街道（居委）创建工作要求，加强对小区的执法巡查，注重运用法治思维、法治方式治理小区环境问题；坚持宣传教育与严厉处罚相结合，坚持文明执法，特别是对已纳入"六无"街道（居委会）创建整治的点位，以及利用"居改非"从事违法经营活动的行为，发现一起查处一起。

（2）强化执法服务，坚持执法为民。

在全区200个城管执法社区工作室，各中队切实落实"定人、定点、定时"工作制度，向公众公开城管队员信息、投诉处理承诺及执法服务内容，畅通与居委会、居民的沟通联系渠道；针对市民投诉、网格转交的小区内城市管理违法行为，严格落实20分钟移送或派单、2小时内到达现场进行处置、24小时内沟通联系投诉人的快速处置措施，及时有效查处住宅小区内的各类城市管理问题。

（3）强化联勤联动，推进综合治理。

各中队依托街道综合管理联席会议和网格化平台，一方面健全城管执法部门与公安、市场监管、房地办、规土等部门的"大联勤"机制，各部门协同配合，通过联合查处、纳入征信、实施注记等手段，形成整治合力。另一方面健全街道城管中队与物业公司、居委会、业委会等单位以及住宅小区志愿者的"小联勤"机制，发动各方力量组建联合巡查督导队，发现和劝阻小区内城市管理违法行为，实现住宅小区共治和自治。特别是对物业公司管理失责，对违法违规行为不劝阻、不制止、不报告的，加大对物业公司的执法处罚力度。

扩展阅读

虹口区"六无"居委会（街道）创建工作

为贯彻落实市委、市政府工作要求，结合虹口区工作实际，在全面推进"无违建"创建工作的同时，积极推进"无楼道堆物""无跨门营业""无违法经营""无违法居住""无违法排污"居委会（街道）创建。

（三）2019年"住宅小区环境秩序执法整治示范小区"创建

为巩固前期住宅小区环境秩序专项执法整治成效，虹口区城管执法局将执法、创建和解决诉求"三结合"。即加强执法：进一步加大住宅小区执法整治力度，优化小区环境，做到"有力消减存量、有效遏制增量、显著提高质量"，使居民群众有更直接的获得感、幸福感、安全感。开展创建：完成8个环境整治示范小区和12个优秀小区的创建，各街道中队按市城管执法局提出的标准，完成本辖区内10%优秀城管社区工作室的创建。解决诉求：及时回应有关住宅小区的各类诉求件，做到先行联系率和办结率均达到100%，"诉转案"率提高到10%，群众满意率达到70%。

1. 重点区域

存在安全隐患的小区；群众投诉集中诉求强烈的小区；建成年代较早的老旧小区、二级旧里小区；无物业公司管理或物业公司履职不到位的小区；环境秩序"脏乱差"的小区。

2. 重点类别

（1）安全隐患类：重点整治小区内居民擅自搭建建筑物、构筑物；装修时擅自损毁破坏房屋承重结构；占用消防通道乱堆物；"破墙开店"破坏房屋外貌；"居改非"改变物业使用性质等违法违规行为。

（2）卫生秩序类：重点整治小区内居民和物业公司未按照规定设置生活垃圾分类收集容器；不按要求投放生活垃圾和分类搬运生活垃圾；未设置专门的装修垃圾堆放场所；未遵守装修垃圾具体投放要求；饲养鸡、鸭、鹅、兔等家禽家畜和食用鸽，违规饲养信鸽等违法违规行为。

（3）小区绿化类：重点整治小区内居民和物业公司擅自将绿地改建为停车场，擅自迁移、砍伐树木，毁绿圈地种菜、蚕食侵蚀花草树木等侵占破坏绿地的违法违规行为。

（4）管理秩序类：重点整治小区内"六乱"，即：占用小区道路乱摆摊、乱晾晒衣物、乱设广告灯箱、乱悬挂横幅标语、乱散发张贴非法小广告、侵占楼道等物业共用部位乱堆物。

（5）新增领域类：根据市政府调整城管执法部门执法权限，对新划转城管执法部门、涉及住宅小区的执法事项进行交接，开展专项执法整治。

3. 重点措施

（1）广泛宣传发动，动员各方参与。

围绕市城管执法局、区政府有关住宅小区执法整治工作的决策部署，宣传城管执法新举措、新动态、新成效，普及城管法律知识、提高居民守法意识，树立城管队伍形象，营造守法氛围。充分利用住宅小区"一居一档"数据库，做好数据维护和动态更新，及时在"智慧城管APP"内录入发现的问题、举报受理、执法查处等信息。

（2）坚持拔点销项，有序推进整治。

各中队对照"一居一档"数据库内的问题点位清单，采取拔点销项等方式全力清除环境秩序乱象；结合"无违建街镇（居村）"创建、"文明小区"创建等活动和老旧小区改造，充分发挥社区综合执法力量，综合治理小区内环境秩序问题。

（3）加强挂牌督办，提升执法实效。

区城管执法局在领导小组的带领下，建立监督考核和跟踪问效的工作制度，健全完善督察巡视和挂牌督办等经常性督察机制和销项管理制度，对发现的问题及时督促整改，对重点难点问题实行挂牌督办，并逐项跟踪问效。梳理一批居民群众反复投诉、多次信访、社会反响强烈的小区环境秩序问题，建立小区难点问题督办清单。对照问题点位清单，具体分析诉求件情况，对每个问题点位量身定制具体执法整治措施，明确责任单位、责任人员和完成时限。

（4）创建示范和优秀小区，树立执法标杆。

各中队按照市城管执法局示范小区创建标准和创建方案，对拟创建小区开展执法整治行动，全面消除小区环境秩序问题，提升小区居住品质，健全完善常态长效执法管控机制。区城管执法局对创建小区开展两次实地检查和综合测评，对创建工作完成情况进行评价。市城管执法局同时也委托社会第三方社会力量对小区执法整治情况进行实地检查和测评。通过创建工作对全区住宅小区整治形成示范效应。

（5）创建优秀工作室，落实为民服务。

进一步加强城管社区工作室纽带作用，落实社区联系制度，保证每个城管社区工作室每周联系不少于1次，每次不少于2个小时，全面提升住宅小区管事率，有效回应群众诉求，以最高标准完成优秀工作室的创建工作。

（6）重视诉求件处置，回应市民诉求。

积极响应市民群众有关住宅小区内违法行为的热线投诉，严格按照热线诉求件"一门式受理"办理流程，对符合立案查处条件的诉求件应当主动立案查处，并通过"一门式受理系统"进行登记，"诉转案"率不低于10%。

（7）强化检查监督，确保整治达标。

虹口区城管执法局每月至少开展1次住宅小区执法整治工作情况专项督察，督促街道中队切实提高住宅小区专项整治执法实效。对发现的问题实施专项督办，对办理情况全程跟进，将办理结果纳入绩效考核，每月通报全局专项整治推进情况。

创建"住宅小区环境秩序执法整治示范小区"遴选和评定标准

（一）创建"住宅小区环境秩序执法整治示范小区"遴选标准

组织开展创建"示范小区"工作时，所遴选的住宅小区需达到以下条件：

1. 2006年以前建成的住宅小区；

2. 住宅小区内居民户数不低于500户；

3. 住宅小区内破坏房屋外貌、违法搭建、毁绿占绿等违法行为总数量不少于15起；

4. 小区所在的居委会、业委会和物业公司能够配合和支持开展整治行动。

（二）"住宅小区环境秩序执法整治示范小区"评定标准

符合以下条件，可评定为"住宅小区环境秩序执法整治示范小区"：

1. 小区所在居委会设有城管执法社区工作室；

2. 小区投诉举报受理处置工作机制健全完善、高效顺畅；

3. 小区内无违法搭建、无破坏房屋外貌、无占绿毁绿、无乱堆物、无非法小广告，环境秩序整洁有序；

4. 小区居民对城管执法工作满意率达到80%。

三、远期目标立在常态长效制度建设上

为认真贯彻落实《关于加强本市城市管理精细化工作的实施意见》（沪委发〔2017〕25号），《贯彻落实〈中共虹口区委、虹口区人民政府关于加强本区城市管理精细化工作的实施意见〉三年行动计划（2018—2020年）的通知》（虹委办〔2018〕13号）和市城管执法局《关于加强本市城管执法精细化工作三年行动计划（2018—2020）》（沪城管执〔2018〕21号）的总体部署，虹口区城管执法局制定本区《城管执法精细化三年行动计划（2018—2020）》，将阶段性目标、短期目标整治取得的成效加以巩固，并将工作的着眼点放在精细化管理常态长效的制度化建设上来，把精细化管理的理念、手段和要求，贯彻到城管执法各项工作的全过程，努力提升虹口城管执法精细化水平，努力提升市民群众对城管执法工作的满意度，为实现区委提出的"实施高标准管理、实现高水平发展、打造高品质生活"目标作出贡献。

（一）目标路径

以"三全四化"（全覆盖、全过程、全天候、法制化、社会化、智能化、标准化）为目标，以智慧城管为手段，力争至2020年：进一步完善城管执法机制，实施社区综合管理执法，社会协同共治能力明显增强；进一步优化城管执法工作流程和标准，依法行政能力明显提升；进一步推进"智慧城管"信息化建设，强化信息整合共享，现场执法、队伍管理的智能化水平明显提高；进一步构建规范、高效的执法勤务模式，突出问题导向，及时、有效解决市民诉求的能力明显提升；进一步推进城管执法方式的"四个转变"，即变被动处置为主动治理，有序组织实施重点领域存量问题的专项执法整治；变零星执法为整体治理，实施连片整治，整体取得突破；变单一执法为系统治理，注重借势借力、联合惩戒，提升执法效能；变末端执法为源头治理，理顺执法和管理的关系，健全机制，管执联动，把问题消灭在萌芽状态，逐步消除违法行为产生的环境。经过不懈努力，使城管执法职责范围内的城市管理难题顽症得到有效化解，市民群众获得感明显增强，对城管执法的满意度明显提高。

（二）任务路径

1. 建设和完善执法管理制度和标准

（1）完善城管执法工作体制机制。

充分依托区市政市容管理联席会议及街道网格化平台，健全联勤联动及协调机制，加强工作会商与协作，推动解决城市管理领域重点疑难问题。积极开展违法行为认定和先行管理等工作，加强与各职能部门的执法合作，建立健全管执联动机制，落实信息共享、案件移送、双向告知及联合惩戒等工作制度。一是建立和加强执法局与各街道、相关委办局资源共享、联勤联巡的多部门常态共治框架和机制，推动街道城管队伍与其他下沉机构的综合执法、联合执法。二是建立和加强交叉联络员制度，定期召开联络员会议，实现执法局和街道、各委办局之间的信息互通、情况互明。三是建立和加强重大活动、节假日以及大型专项整治行动的联动机制，整合多部门执法要素，最大程度的发挥倍增效应。

（2）完善勤务制度体系。

补充制订出勤前岗位明示、装备检查、街面巡查、勤务报备、收岗总结等各类日常勤务管理制度，认真执行"一段三点"区域全覆盖及"三班24小时"时段全覆盖的勤务制度；严格落实城管执法局集中整治、区域联动、突发事件应急处置等"三级"执法整治体系；完善各类重大活动、重要节点、重点区域的保障计划，提高重大保障效益。

（3）完善执法监督机制。

一是加强内部监督。完善日常监督制度，推广本局中队之间、本局与外区城管执法局之间交叉督察、联合督察模式，强化督察结果运用，严格落实过错责任追究，促进队伍履职尽责，主动作为。二是加强社会监督。2018年下半年，引入社会第三方专业测评机构，对街面执法实效、队伍形象、为民服务等多方面开展定期测评和监督，促进城管队伍管理和执法能力的提升。

（4）完善社会协同共治机制。

进一步做实全区200个城管执法社区工作室，为社区居民提供更高效的执法管理服务。充分发动居委会、物业等力量，推动形式多样的社区自治组织建设，更加有力地推动"美丽家园"建设及"六无"创建工作的开展。充分发挥街道购买社会管理服务力量的作用，积极参与社区日常管理和为民服务，形成多元共治、良性互动的社会治理模式。

（5）优化城管执法工作流程和标准规范。

一是优化执法工作规范流程。大力推广虹口区"三步九法"整治街面秩序、欧阳中队"五式组合拳"实施小区拆违，以及整治违规经营、违法广告、建筑渣土等成功的工作经验，突出难题破解路径和方案，围绕市、区统一部署的重点执法类型，全面梳理任务清单，优化执法工作流程，创新执法方式方法，提高执法效率。同时，按照执法全过程记录的要求，从发现违章行为到案件处理完毕，全部在"智慧城管APP"上操作，通过痕迹化管理有效提升执法队员规范办案的意识和能力。二是推广现有执法标准应用。2018年重点对《现场执法标准》《城管单兵执法装备标准》《执法车辆装备配置标准》进行推广和应用，进一步明确城管现场执法的含义界定、工作规范、行为准则，以及单兵和执法车辆的技术配置、硬件装备标准，为打造严格执法、规范执法的上海城管队伍提供"虹口模式"。三是探索执法新课题研究。按照城管执法规范化、标准化、精准化要求，贴合虹口区实际，探索更多执法标准新课题的研究，为城管执法精细化运作提供精准标尺和依据。

2. 创新和优化执法勤务模式

（1）建立精细化执法勤务模式，优化勤务机制。

一是完善"一门式"投诉处置流程设置和应用，对12345市民热线、12319城建热线等诉求问题，以提高问题解决率、提高群众满意度为导向，健全市民诉求件有效解决的跟踪、评价、考核机制，提升执法队员的办案数量和质量；二是完善区城管执法局与中队执法勤务标准和勤务指挥体系；三是充分发挥智慧城管系统，不断完善的执法数据库分析功能，依托数据分析，为强化源头治理提供数据支撑。

（2）做实岗段责任制，强化管控能力。

以道路为中心，把全区道路划分成若干个岗段责任区，与一线执法队员一一对应。岗段责任区就是队员的"责任田"，每个执法队员都是"全勤通"，应用"智慧城管APP"系统，通过巡查签到、问题处理和任务处理，强化对岗段区域的全覆盖、多频次的动态巡查和实时管控，最大程度"屯兵街面"，实现及时发现、快速处置和有效解决违章问题的目标。

（3）实施社区综合管理执法，提高执法效果。

按照"区属、街管、街用"原则，街道城管中队充分依托街道平台，融入街道牵头，城管中队、派出所、市场监管所、房地办、市容所等辖区基本职能部门和单位参与的社区综合执法体系，形成街道综合协调、职能部门联动、社会力量参与、共治共管的城管工作新局面。

3. 以智慧城管建设促进城市管理精细化

（1）建设智慧城管指挥中心。

一是完善城管执法局智慧城管勤务指挥中心建设，充分发挥指挥调度、投诉处置、数据处理三个分中心执法指挥和执行、部门沟通和协调、决策参谋辅助、信息收集和分析、信息化设计和推进、诉求件办理和汇总的职能作用，对城管执法的全过程、全流程、全步骤进行精细化管理和监控。二是完善街道城管中队指挥分中心建设，实现局勤务指挥中心与中队指挥分中心之间指挥畅通、信息互通，以扁平化促进执法管理高效化。

（2）优化智慧城管系统功能。

充分依托互联网、云计算、信息融合、掌上APP等现代信息技术手段，进一步优化智慧城管执法综合信息系统，2018年12月前，建成了执法全过程记录管理平台、诉求件处置管理子系统，全面升级网上办案子系统、勤务指挥子系统及督察管理子系统，完成执法案件评价子系统、专项管理子系统、进社区管理子系统、投诉管理子系统、分析研判子系统、实训管理子系统、绩效考核子系统、组织人事管理子系统、后勤保障子系统、简讯子系统、地图应用子系统、指挥工作台的建设验收。在试运行的基础上，全面落地中队、个人数字绩效考核制度。2019年，又开发建设了执法全过程管理子系统、双随机一公开管理子系统、自由裁量智能化管理子系统、暂扣物品仓库管理子系统、视频智能分析子系统、执法服饰管理子系统、政府采购管理子系统、财务管理子系统，进一步提升虹口城管业务数字化、精细化、智能化水平。

（3）提升"五个网上"功能标准。

按照市城管执法局要求，提升网上勤务、网上办案、网上督察、网上诉处、网上考核"五个网上"及数据库的应用，实现日常管理网格化、工作程序标准化、执法管控常态化、信息处置自动化、考核激励制度化，通过和市城管执法局系统互联互通，依托区科委数据互联门户，形成信息化数据流，统计、汇总、分析、研判区域道路实时情况，及时掌握全区域市容实效动态变化，为执法精细化工作和领导决策提供数据支持和依托，使智慧城管助力虹口城管成为一支更专业、更规范的执法队伍。

4. 坚持"补短板"，推进重点领域专项执法

（1）推进"六无"居委（街道）创建、违法建筑专项整治。

按照违法建筑"零增减存"、楼道堆物全面消除、跨门营业不再返潮、无证经营依法取缔、违法居住全面清理、违法排污逐步消除的要求，开展"六无"创建执法

整治工作。2018年，完成180个居委会"六无"创建验收工作，创建完成率达到80%；配合完成四川北路街道、欧阳路街道、曲阳路街道、北外滩街道创建市级"无违建先进街道"和"六无"街道。2019年，完成剩余居委会创建工作，创建完成率达到100%；2020年，完成突出存量违法行为的整治。

（2）推进违法户外广告执法整治。

2018年，完成景观区域及中小道路200块存量违法户外广告的整治拆除任务；2019年底前，有效遏制违法户外广告设施私设乱装态势，违规户外广告及时处置率达到90%；2020年，基本完成一店多招、屋顶招牌和大型侧招整治工作。

（3）推进街面环境秩序执法整治。

紧密结合"美丽街区"创建，重点聚焦"五乱"（乱设摊、乱张贴、乱涂写、乱刻画、乱悬挂）、擅自破墙开店、违法搭建、违规占道亭棚、占绿毁绿等"六类"街面突出的违法违规问题，在2017年工作的基础上，2018年完成125条（段）道路的街面环境秩序整治任务；2019年完成剩余94条（段）道路的整治；至2020年底，基本实现街面突出违法行为基本消除、街面环境秩序明显改善、环境面貌明显优化、市民群众满意度和获得感明显提升的目标。

（4）推进住宅小区环境专项执法整治。

结合"美丽家园"建设工作部署，从严查处住宅小区内以违法搭建、损坏房屋承重结构、"居改非"、占绿毁绿等为典型代表的违法行为。按照市城管执法局工作安排，在2016—2017已先后完成16个无违示范小区创建的基础上，2018年成功创建8个"住宅小区环境秩序执法整治示范小区"。2018年，稳步推开生活垃圾分类执法工作，积极探索行之有效执法模式，及时总结经验，为全面铺开该专项执法打好基础。2020年底前，实现住宅小区内存量违法建设、破墙开门窗等违法现象整治基本完成。

（5）建筑垃圾专项执法整治。

坚持"四个必查"：一是对路面及小区内暴露垃圾必查；二是对过往的每一辆渣土运输车必查；三是对每一个出土工地必查；四是对门面装修现场必查。在与区建管委、公安、交通、绿化和市容管理等部门的信息联通基础上，进一步加强与上述部门的联勤联动，加大重点时段、路段和区域的监管，定期、不定期开展专项联合执法行动，推进建立建筑垃圾"闭环管理"模式，形成管理前端和执法后端的无缝衔接。2018年底前，实现违规建筑垃圾案件及时处置率达到95%，区域中环线内基本消除建筑垃圾偷乱倒的目标，至2020年底前，实现违规收运处置建筑垃圾案件及时处置率

100%，全区范围内基本消除建筑垃圾偷乱倒的现象。

（6）食品安全专项执法整治。

结合"双随机一公开"执法抽查，按照"四个最严"标准，聚焦餐厨垃圾、废弃油脂"产生、运输、处置"三个环节，以及占道销售活禽等行为，以食品加工小作坊、小餐饮店为重点对象，以学校、菜场、小区、商业综合体为重点区域，联合市场监管、绿化和市容管理等部门，严查重处食品安全领域违法违规行为。2018年，各中队执法检查餐厨垃圾、废弃油脂产生单位每月不少于20家；2019年，完成对区域内1429家餐饮企业的两轮专项检查；2020年，形成常态监管机制，以城管执法保障市民群众"舌尖上的安全"。

（三）组织路径

1. 加强组织领导

虹口区城管执法局成立精细化工作推进领导小组，组长由局长担任，副组长由分管副局长担任。按照区委区政府以及市城管执法局精细化工作总体部署，紧紧围绕阶段目标，坚持"清单制+责任制"原则，明确分工、明确标准、明确责任，扎实有序推动实施。

2. 加强宣传引导

通过"普法进社区、送法进单位"等法制宣传教育活动，增强广大市民群众参与城市管理的意识，引导其自觉履行城市管理方面的法定义务，营造良好的舆论氛围。同时，将精细化管理纳入全员培训，不断提升全体执法队员的精细化管理理念和责任意识。

3. 加强监督考核

强化对精细化工作落实情况的检查指导和跟踪评估，实施分级考核，对城管执法精细化工作推进情况加强考核监督，定期通报情况和动态，强化考核结果运用，提升在干部绩效考核中的比重，发挥监督考核对精细化工作的推动和监督作用，对工作推动不力甚至不作为、慢作为、乱作为的，予以诫勉谈话并严肃问责。

4. 加强协调配合

城市管理精细化工作涉及多部门、多领域、多事项，虹口区城管执法局充分借助区、街道、局三级平台，进一步加强与有关职能部门的沟通、协调及配合，共谋、共建、共管，奏响"大合唱"，谱写"同心曲"，齐心协力、多措并举，全面提升辖区精细化管理水平。

第二节　执法标准精细化

行政执法规范化建设任重道远，严格执法、规范执法是社会主义法治理念对行政执法工作的基本要求，是执法公信力的重要保证，需要新时代城管人抓紧、抓实，而前提就是执法标准精细化。通过制定现场执法标准、单兵执法装备标准、住宅小区"一居一档"城管执法信息管理标准等一系列标准性文件，提高执法效能，让行政执法工作逐步迈上更加规范化的轨道。

一、《虹口城管现场执法标准》

根据队员日常巡查、执法工作的实际需要，依据城市管理相关法律法规，制定《虹口城管现场执法标准》（2017年9月实施），共五章60条，规定了城管现场执法工作的标准规范，包括总则、基本行为规范、日常巡查现场执法规范、集中整治现场执法规范、突发事件处置现场执法规范等。

《虹口城管现场执法标准》作为上海市城管执法局指定的研究课题，是上海市城市管理现场执法建设的重要一环，着力解决全市城管现场执法标准不统一等问题，建立了一套科学、全面的城管现场执法工作标准，进一步提升城管现场执法工作的精细化、规范化、科学化水平。

（一）城管现场执法的总则

1. 目的：为适应上海城市管理执法形势发展要求，切实加强城管执法队伍正规化建设，聚焦城管现场执法工作，通过研究建立富有基础性、全局性、系统性特征的城管现场执法标准，进一步明确城管现场执法的含义界定、工作规范、配套软硬件等，建立城管现场执法的规范化程序和精细化标准，推广城管现场执法新模式，更好地促进城管执法工作的规范性、权威性，更好地维护城市市容的整洁、有序。

2. 原则：城管现场执法工作遵循依法、公正、文明、高效和确保安全的原则。

3. 适应范围：本标准适用于虹口区城市管理行政执法局管辖区域范围内的城管现场执法工作。

（二）基本行为规范

1. 现场执法准备

（1）着装：城管执法队员在执法执勤时，应当按《上海市城管执法人员着装规定》的要求着装。

（2）携带装备：城管执法队员现场执法时，应当按规定携带相关执法文书、移动执法终端，佩戴执法记录仪、对讲机、多功能执法腰带及现场检查勘验必备工具等装备。

（3）法定要素：除简易程序行政处罚可由1名城管执法队员单独实施外，进行一般程序现场调查及检查、法律文书制作、实施行政强制措施等，城管执法队员不得少于2名。

（4）全过程记录：所有现场执法工作进行时，应当确保执法记录仪开启并对执法全过程进行录音录像。

2. 现场执法站位

（1）一般执法站位：2名以上执法队员进行现场执法时，应由1名主办队员正面面对当事人，负责与当事人进行沟通，另1名执法队员应当站立于侧面、能够完整记录对话过程的位置。

（2）暂扣物品站位：执法队员实施暂扣前，应当先确认暂扣物品的摆放位置、当事人位置、现场是否有危险物品等现场情况。1名执法队员应当站立于当事人与暂扣物品（或危险物品）之间，避免当事人干扰暂扣。另1名执法队员选取能够保护同伴，并能完整记录暂扣过程的位置站立。在执法力量充足的情况下，应当尽可能多的选取角度取证，相互保护，并采用手持摄像机进行记录。

（3）集中整治站位：开展集中整治时，位于核心现场的执行组应当按照预案，参照一般执法站位及暂扣物品站位，分若干小组进行现场执法，各组位置平均分布，既能独立执法记录，又能相互协作保护。

在核心执法现场外侧安排执法队员对整个执法过程进行记录。安保（控制）组在核心执法现场外围布置警戒线，划定警戒区域，按照能够随时保护身边同伴、便于观察警戒的原则，采取1人面向执法现场、1人背向执法现场沿警戒线交错站立的方式。警戒队员遇有突发事件时，左右两侧执法队员迅速支援，警戒线内安排机动力量随时支援外侧警戒队员。

（4）应急处突站位：现场处置突发事件时，执法队员个人的站姿为侧身站立，双脚前后开立，稍比肩宽，重心位于双脚之间；与当事人保持1.5米至2米距离，确保执法队员要害部位不易被攻击；眼光注视当事人行为，并用余光观察周围可快速取得的用于防身之物。

现场执法队员为2名的，采用策应站位，1人正对当事人，1人位于当事人身侧；现场有3名以上执法队员的，采用以当事人为圆心，圆弧形站位，确保当事人暴力攻击时有利于第一时间制止违法行为，控制当事人，保护同伴。

执法队员应当全程开启执法记录仪多角度记录现场情况，在增援力量到达时迅速布置警戒区域。

（三）日常巡查现场执法规范

执法队员在日常巡查执法中依照法定程序忠实履职，在现场执法中言行举止要符合行为规范。通过教育与处罚相结合的手段，最终达到消除违法行为，恢复公共秩序的根本目的。在现场执法时可视实际情况在不违背法律原则的基础上变通使用规范用语。

1. 启动现场执法

（1）执法队员通过日常巡查、移动执法终端接受任务指令或接到举报、投诉等方式到达现场，发现现场存在涉嫌违法行为的情况，启动现场执法程序。

（2）执法程序启动后，执法队员首先应当打开执法记录仪，描述工作事项，报告实施执法工作的执法队员情况，进入现场开始行政检查程序。

开启设备后描述事项的用语："现在是（日期及时间），执法人员（执法人员姓名），现在对（地点）（情况）开始进行现场拍摄。"

（3）执法队员到场后应当使用移动执法终端（或其他设备）对涉嫌违法的行为、现场进行拍照、摄像取证，固定证据并通过移动执法终端上传。

（4）向当事人出示执法证件，表明身份，说明来意，要求当事人予以配合。

向当事人表明执法开始的规范用语："你好，我们是虹口区城市管理行政执法局执法人员（出示证件），你的（列举检查发现行为）行为涉嫌违反了（列举法律条文）相关规定，现依法进行调查，为保护你的合法权益，监督我的执法行为，本次执法全程录音录像，请你配合。"

（5）执法队员经过现场初查，根据发现的违法行为的性质、严重程度判断，分别进入下列程序：

1）违法行为确属初次违法，情节轻微，能够及时纠正且不至造成危害后果的，进入责令改正流程。

2）认为违法事实确凿并有法定依据，对个人处以50元以下，对法人或其他组织处以1000元以下罚款或者警告的行政处罚，进入简易程序当场处罚流程。

3）认为需要立案调查或进一步取证的，进入一般程序现场执法流程。

2．责令改正

（1）执法队员根据现场调查情况，违法行为简单清晰的，可口头告知当事人违法行为及相关法律依据，要求当事人现场整改，并全程录音录像。对整改前置或现场较为复杂的，执法队员应当按规定制作《责令改正通知书》，有具体法律条款的应当写明，没有具体条款的，可依据《中华人民共和国行政处罚法》第二十三条的规定，整改要求应当明确具体，不能笼统填写"改正违法行为"。

要求当事人整改的规范用语："你好，根据我们现场调查，你的（列举具体违法行为）行为违反了（列举具体法律条文）的规定，请你停止该行为，并出示身份证件。"

（2）执法队员现场监督当事人进行整改。

（3）视当事人是否配合整改进入如下流程：

1）当事人按要求完成整改，不予行政处罚的，执法队员将整改情况拍照固定，并通过移动执法终端上传执法信息，登记备案，流程终结。

责令改正流程终结规范用语："谢谢你的配合，今后请遵守法律法规。"

2）当事人拒不改正的，或可直接并处罚款的，转入简易程序当场处罚流程或一般程序现场执法流程。

3．简易程序当场处罚

（1）执法队员根据现场调查和证据情况，按照相关法律规定，要求当事人当场立即改正违法行为。

要求当事人立即改正的规范用语："你好，你的（列举具体违法行为）行为违反了（列举具体法律条文）的规定，请立即予以整改。"

（2）拟作出当场处罚决定，向当事人说明做出行政处罚的事实、理由、依据及其依法享有的权利，并听取当事人陈述、申辩。

做出当场处罚决定时的规范用语："根据我们现场调查，你的（列举具体违法行为）行为违反了（列举具体法律条文）的规定，依据（列举具体法律责任条文）的规定，拟对你当场处以（具体金额）元的罚款。你有权就行政处罚决定依法申请行政复议或提起行政诉讼（告知救济途径）。现在你有权进行陈述、申辩。"

（3）执法队员现场听取当事人陈述申辩，并决定是否采纳：

1）采纳当事人陈述、申辩的：转入责令改正流程，监督当事人完成整改后，通过移动执法终端上传执法信息，流程终结。

2）不予采纳当事人陈述、申辩的：

①现场填写制作格式文本的《当场处罚决定书》，当场交付当事人签名（盖章）。当事人拒绝签收的，执法队员应当在当场处罚决定书上注明。

制作送达《当场处罚决定书》的规范用语："请你认真阅读法律文书上的内容，确认无误后在签名处签名。"（当事人拒绝签收时的规范用语："依据法律规定，你拒绝签字或者拒收，法律文书同样视为送达并生效"。）

②执法队员告知当事人履行方式及不履行的法律后果，或依据《行政处罚法》第四十七至五十条规定当场收缴罚款并上交。

当事人选择自行缴纳罚款时，执法人员的规范用语："你应当自收到行政处罚决定书之日起十五日内，到指定的银行缴纳罚款。逾期不缴纳的，我们将申请人民法院强制执行。谢谢你的配合。"

当场收缴罚款时的规范用语："根据《当场处罚决定书》（文书编号：××）作出的行政处罚决定，请你现在缴纳罚款××元，谢谢合作。"

③执法队员将现场整改情况及《当场处罚决定书》拍照后通过移动执法终端上传执法信息后，流程终结。

4. 一般程序现场执法

（1）执法队员应当根据现场情况，如实记录制作《现场检查笔录》，《现场检查笔录》应当包括首部、正文、尾部三部分。

首部应包括城管执法部门的名称、检查的时间、地点、被检查人、被检查场所的基本情况，以及城管执法部门实施检查的人员和记录人的姓名。

正文应包括告知情况、检查内容、检查方式、检查步骤、检查现场的客观状况、检查人员发现的情况等。

尾部应由检查人员、记录人、当事人、在场人签字确认。当事人拒绝签名或不能签名的，应当由无利害关系的见证人签名或盖章；无见证人的，执法队员应当在笔录中注明。

《现场检查笔录》制作完成后，请当事人核对确认时的规范用语："这是现场检查笔录，请你仔细核对笔录内容，如果你认为笔录不全或者有错误，可以要求补正。如果没有异议，请你逐页签名，并在最后一页签署'以上情况属实'，并注明时间（当事人无书写能力的，可捺印）。"

（2）执法队员在现场调查中，发现证据可能灭失或者以后难以取得时，经行政机关负责人批准，可以对证据先行登记保存，并出具《证据先行保存登记决定书》。

（3）执法队员根据现场检查情况，依法可以确认存在违法事实的，应当开具《责令改正通知书》，责令当事人限期改正违法行为。

开具《责令改正通知书》要求当事人限期改正时的规范用语："根据我们现场调查，你的（列举具体违法行为）行为违反了（列举具体法律条文）的规定，现依法开具《责令改正通知书》，请按要求限期改正违法行为，我们按期将进行复查。"

（4）需要询问当事人的，执法队员应当视现场环境是否适合现场询问进入如下流程：

1）现场状况适合询问当事人的，执法队员可以在现场就案件事实询问当事人，并制作《询问笔录》，由执法队员和当事人签名。当事人拒绝签名或不能签名的，应当由无利害关系的见证人签名或盖章；无见证人的，执法队员应当在笔录中注明。

2）现场状况不适合询问当事人的，或执法队员认为需要进一步调查核实相关案情的，应当开具《谈话通知书》，告知当事人进一步配合调查。

向当事人开具《谈话通知书》时的规范用语："为进一步调查核实有关案情，现依法开具《谈话通知书》，请你于（注明的时间）至（注明的地点）配合调查。如无法按期配合请提早告知执法人员。"

完成现场调查后，转入一般程序案件办理流程。

5. 现场行政强制措施（暂扣涉案物品）

（1）适用暂扣强制措施的情形：

1）根据《上海市市容环境卫生管理条例》第二十五条第二款规定，对占用道路、桥梁、人行天桥、地下通道及其他公共场所设摊经营、兜售物品，影响市容环境卫生的，可以暂扣当事人经营兜售的物品和与违法行为有关的工具。

2）根据《上海市市容环境卫生管理条例》第二十八条第二款规定，对装运垃圾乱倒的，可以暂扣违法当事人运输工具。

3）根据《上海市市容环境卫生管理条例》第四十三条规定，对违反规定未将装修垃圾运至指定场所的，可以暂扣违法当事人的运输工具。

4）根据《上海市市容环境卫生管理条例》第四十四条第六款规定，对违反建筑垃圾、工程渣土运输处置管理规定的，可以暂扣违法当事人的运输工具。

5）根据《上海市拆除违法建筑若干规定》第十一条规定，对正在搭建违法建筑的，可以暂扣施工工具和材料。

6）根据《无证无照经营查处办法》第十一条第二款规定，对涉嫌用于无照经营的工具、设备、原材料、产品（商品）等物品，可以予以查封、扣押。

（2）实施暂扣强制措施的程序：

实施暂扣措施前，应按要求填写《行政强制措施审批表》，报城管执法部门负责人批准，情况紧急的，24小时内补办审批手续。

1）执法队员在现场执法检查中，为制止违法行为，需要依法暂扣涉案物品的，应当实施暂扣物品程序。实施物品暂扣适用于简易程序及一般程序，但必须由2名以上执法人员进行。

2）实施暂扣前应当通知当事人到场，当事人不到场的，应当邀请见证人到场。见证人应当是与本案无利害关系的人员。

3）当事人到场的，当场告知当事人采取行政强制措施的理由、依据以及当事人依法享有的权利、救济途径。

4）当场听取当事人的陈述和申辩。

5）实施暂扣时，执法队员应当先确认暂扣物品的摆放位置、当事人位置、现场是否有危险物品等现场情况。在执法力量充足的情况下，执法队员应当将当事人与暂扣物品（或危险物品）隔离，确保暂扣能够安全进行。在具体实施过程中应当尽可能取多角度对现场进行拍摄取证。

6）执法队员应当在当事人在场情况下，现场清点、登记涉案物品（在整治聚集性设摊、联合执法等涉案物品较多、难以现场清点时，可以采取打包登记，区分当事人，现场加贴密封标签方式集中暂扣），制作《暂扣物品清单》列明所扣物品名称、数量、状态，并制作《暂扣物品决定书》由执法队员及当事人签字确认，一式两份，一份交由当事人，一份存卷。

7）当事人拒绝签名、脱离现场或不能签名的，执法人员口头告知当事人接受处理的时间、地点等事项，在文书或封条上写明情况，并用执法记录仪等设备进行现场视音频同步记录。

实施暂扣时的规范用语："根据（具体法律条文）的规定，本机关决定对你（单位）的与违法行为有关的物品实施暂扣措施，暂扣期限（告知暂扣期限），（告知当事人依法所享有的权利及救济途径），请你见证并予以配合。你有什么需要陈述申辩的吗？"

8）执法队员告知当事人暂扣物品去向，告知其配合案件调查，依法取回被扣物品。

告知当事人配合调查时的规范用语："请你（单位）在上述规定的期限内，携带身份证明和《暂扣物品决定书》，至（指定的地点）接受行政处理。如你（单位）逾期不到指定地点接受处理，本机关将依法处理相关暂扣物品。"

完成暂扣并交付《暂扣物品决定书》及《暂扣物品清单》时的规范用语："这是《暂扣物品决定书》和《暂扣物品清单》，请认真阅读法律文书的内容，请在此处（文书指定位置）签名（或盖章），并注明日期。"

9）在现场执法中，同时实施暂扣的，应当在《现场检查笔录》中一并将暂扣情况记录。

暂扣程序完成后，继续进行简易程序或一般程序案件办理。若当事人在暂扣过程中有阻碍执法行为的，进入应急处置程序。

6. 禁止性规定

在执法过程中应使用文明用语，尊重对方的人格，使其内心感受到尊重，弱化其抵触情绪，不得使用攻击性用语。

城管执法人员实施行政执法时，不得使用下列语言：

（1）日常巡查时，使用轻蔑、粗俗类的招呼词语。例如：喂，开车的，下车接受检查！喂，快把证件拿出来！

（2）发现有违法时，使用讥讽性、歧视性类语言。例如：你胆子不小，钱多了，欠罚！你是外地的，还敢到我们这儿耍威风！

（3）纠正违法行为，对方辩解或者没反应、动作慢时，使用侮辱性、训斥性语言。例如：少啰嗦，是你说了算还是我说了算！吵什么，你有毛病！听你的，还是听我的？你再狡辩，罚你更多！喂，你聋了吗？

（4）当对方要求解释执法依据时，使用拒绝性、羞辱性语言。例如：我没功夫听你啰嗦，你还有完没完，我不是已经答复你了吗？不知道，你问我，我问谁？有什么规定，你自己没长眼睛，不会看吗？

（5）现场实施罚款，对方不服时，使用粗暴性、威胁性语言。例如：你老实点，不交钱就扣你东西！再啰嗦就罚多些！

（6）暂扣违法工具和物品，对方不服时，使用训斥性、挑衅性语言。例如：我就是要扣你的，你还能怎么样？

（7）要求对方在有关文书上签字时，使用拒绝性、欺骗性语言。例如：不用看了！都是按照你说的写的，快签名吧！

（8）群众说自己执法态度不好时，使用挑衅性语言。例如：我就这态度，你能怎样？有意见，你去找我们领导反映好了！有能耐你告去，随便告到哪里我都不怕！

（9）向对方说服教育时，使用推脱、不负责任的语言。例如：我们也不想多事呀，是上面要我们这样做，没办法啊！

（四）集中整治现场执法规范

组织开展综合性、较大规模集中整治，应科学制定整治方案预案，做到"一整治一方案"。调配全局各执法中队力量参与行动，合理划分现场执行组、安保（控制）组、法制（后勤）保障组、救助（通信联络）组、便衣（稳控）组等专业小组，明确人员组成、负责人及任务分工。集中整治依照参与部门分为单独整治及联合整治。

由城管执法部门单独组织实施的集中整治：按照执法局集中整治预案进行部署，根据整治级别确定参加人数及物资装备，进行任务分配。

与其他部门共同参与实施的联合整治：城管执法部门作为成员单位，参与多部门联合整治的，城管执法部门根据指挥机构工作方案落实具体分工。城管执法部门实施本部门职责范围内的执法工作，并协助引导疏散围观群众，依法设置警示标志，做好现场秩序维持工作。在现场实施中与其他参加部门保持沟通，服从指挥机构现场调度。

1. 现场准备

（1）现场风险评估

在执法现场应根据现场实际情况进行风险评估，拟定风险等级，提前做好有效应对。

1）一般风险现场。指当事人及其亲友对执法部门长期存在抵触情绪，易产生对执法结果不理解，存在风险苗头，承办中队、承办队员通过及时介入释法说理、教育疏导能够化解的。

2）较大风险现场。指案情相对复杂、矛盾持续时间较长、处理有一定难度，有可能引发小规模冲突等突发问题。

3）重大风险现场。指执法现场区域较大、易引起社会公众和媒体高度关注、涉及当事人较多，现场有可能出现当事人及其亲友自杀、自残、暴力抗法等极端行为，容易引发群体性事件，或者存在其他重大不稳定因素，需要多个部门共同处置的。

对现场风险较低的，正常开展执法工作；对一般风险的，中队领导现场评估并及时调整整治预案后，按计划开展整治；对现场存在较大及重大风险的，中队领导现场评估后，应先将具体情况上报上级城管执法部门，上级城管部门主要领导集体讨论审议后，决定实施或暂停执法行为。

（2）队伍集结

1）各执法中队参与力量到达指定区域后，应向现场指挥员报告，报告词为："指挥员同志，××中队参加集中整治应到×人、实到×人，请指示！"。

2）以划分的4个应急小组为单位集合，小组负责人明确成员具体分工后，向现场指挥报告准备情况。报告词为："指挥员同志，××小组准备完毕！"。

3）现场指挥员整理队伍向现场总指挥报告，报告词为："总指挥同志，参加集中整治应到×人、实到×人，现准备完毕，请指示！"。

4）现场总指挥简短介绍情况，命令队伍进入现场开展执法。

2．现场实施

（1）安保人员先行进入现场。清理现场无关人员，拉好警戒线形成安全（隔离）区；及时制止当事人妨碍执法的行为；保护现场指挥及摄像等易被攻击人员的安全；看管好暂扣物品；引导、指挥执法车辆行驶。

（2）法制保障组按计划行动。摄像取证人员（应不少于4人）跟随安保人员一起进入现场，迅速选择最佳位置开始全方位拍摄；对发生的市容违章问题，开具限期整改书、谈话笔录制作，摄像、录音、拍照等取证工作；执法中，清点暂扣物品，法律文书的制作、送达及后续法律纠纷处理等。

（3）现场执行（控制）组按计划实施。对发生的市容违法问题，具体实施现场执法行为，教育、劝阻、纠正轻微违法行为；执行强制措施时，搬运暂扣物品或清除违法现象；劝阻、控制突发事件中的相关人员，防止过激行为发生，努力避免事态进一步扩大。

（4）救助（通信联络）组按需要开展工作。负责现场身体受伤、突发身体不适等各种需医疗救助的情况处理，根据现场指挥指示及事态发展，及时拨打120急救电话；对存在撬边起哄、聚众挑衅、有暴力倾向以及阻碍扰乱执法，突发事件造成交通堵塞等情况，根据现场指挥指示及事态发展，及时拨打110报警电话，寻求警方支援。

（5）便衣（稳控）组，根据现场实际情况，在外围对围观群众游说，引导现场舆论，为集中整治执法现场创造稳定的外围气氛。

（6）处置过程，及时报告。各小组自进入现场，应及时通过对讲机向现场指挥报告到位情况和应急处置工作开展情况，原则上5分钟报告一次，出现非正常情况及时报告。报告词为："指挥员，××组已到位（或处置完毕），情况正常（或报出现的非正常情况）。"

3. 现场执法效果评估

（1）评估目的：完成现场执法各项工作后，应就执法效果和社会效果进行自评，采集执法样本，分析工作得失，改进工作方式。

（2）评估人员：集中整治指挥员或其指派的验收人员。

（3）评估方式：现场直观评估。

（4）评估内容：

1）违法（违章）行为是否全部或者部分整改。

参考标准：全部整改；部分整改；没有变化。

2）当事人是否认识到自身行为的违法性，是否愿意积极配合执法。

参考标准：积极配合；被动接受；消极抵抗。

3）现场执法后是否需要进一步采取后续措施。

参考标准：加强日常巡查；需要再次集中整治；需要移送或协调其他部门增加物化技防措施。

4）执法人员、装备撤离现场后，执法现场是否存在妨碍通行及影响居民日常生活的现象。

参考标准：不存在，现场整洁有序；存在，需要进一步清理。

5）执法中的程序、行为是否规范。

参考标准：符合规范；存在瑕疵。

6）执法工作是否有社会效益，是否有值得推广的经验。

参考标准：根据实际情况进行总结。

（5）评估结论

评估结论一般可分为：现场执法任务圆满完成；需要进一步开展执法工作；需要进一步移送案件或联合执法的；需要管理部门采取物化技防措施巩固的。以上结论可单独或并列得出。

4. 现场撤离

集中整治行动达到预定目标，由现场总指挥向现场指挥下达"整治结束、撤离现场"的指令，现场指挥员用对讲机向各小组下达"撤出现场，到×地点集合"的口令，各小组负责人回答"×小组收到或明白"。场内人员安全撤离后，外围人员撤离，最后拍摄取证人员撤离。全体人员撤离到达指定区域后，由现场指挥整理队伍向现场总指挥报告，现场总指挥简要作整治行动讲评；全体人员乘车返回。

5. 装备使用

（1）单人装备。参加人员须携带好执法记录仪、多功能腰带、对讲机、执法终端、法律文书等个人装备，要确保执法记录仪全程处于开启状态，其他各类装备性能完好，能正常使用。

（2）执法车辆。按预案要求出动相应执法车辆，并确保车载视频录像系统完好、能正常使用。

（五）突发事件现场处置规范

城管执法现场常会遇到各类阻挠执法甚至暴力抗法的情况，容易引发群体性事件及社会不稳定因素。面对上述情况，城管执法队员应当始终保持沉着冷静，注意言行举止符合规范，并确保执法记录仪全程开启，对突发情况进行记录，确保事件有图、有真相。

执法队员在面对现场突发事件时，应注意执法队员行使公权力的身份，面对无理阻挠及危险攻击等突发事件时，应在确保自身人身安全的前提下，视危险级别可以选择中止现场执法，安全撤离现场，但不得做出有损执法威信及执法队员形象的行为。

1. 执法对象阻碍执法

（1）实施暂扣物品流程时，当事人及其亲友拒不配合，抢夺被扣物品的。（处置

级别Ⅲ级）

执法队员在实施暂扣物品前，应当根据现场情况，主动将当事人与涉案物品隔开一定安全距离，确保进行暂扣时当事人的位置可以见证暂扣流程，但无法支配被暂扣物品。同时应当注意观察现场有无致伤性、杀伤性危险物品，主动将其与当事人隔离。

实施暂扣时，当事人强行抢夺被扣物品的，执法队员应当在执法记录仪全程开启的情况下，正面面对当事人，口头告知其行为已涉嫌妨碍执法人员执行公务，责令其立即停止妨碍行为。周围的执法队员应当从其他角度对现场进行摄像取证。

被暂扣物品属于易破碎、易损坏或抢夺中容易造成当事人受伤的，执法人员应停止与其争夺，视情再作处理。

劝阻当事人的规范用语："请停止抢夺暂扣物品，你的行为已涉嫌妨碍执行公务，请配合执法工作，否则将承担法律责任。"

（2）执法对象及其亲友拒不听从劝诫，持续无理阻碍执法的。（处置级别Ⅱ级）

执法队员在向当事人明确指出其涉嫌妨碍公务后，当事人仍继续无理阻碍执法的，执法队员应当及时呼叫指挥中心，请求增援，并拨打110报警电话，等待公安民警到场。完成呼叫增援后，执法队员应当尽量维持现场现状，稳定当事人情绪，保持安全距离，防止事态扩大。

增援到达后，应当立即布置警戒线划定警戒区域，隔离围观群众与执法现场，向围观群众表明正在进行执法，简要说明违法事实，视情况安排便衣组在围观群众中游说，争取群众配合支持。现场执法队员继续开展正常执法工作。

劝阻违法当事人的规范用语："我们正在执行公务，请你保持冷静。对阻碍城管执法人员依法执行公务的行为，公安机关将依据《治安管理处罚法》《刑法》的相关规定，追究行政或者刑事责任。请你控制情绪，执法过程已经全程记录，我们已经报警，请等待公安民警处理。"

引导围观群众的用语：

"请不要妨碍城管执法人员执行公务。"

"请退到警戒线以外，不要妨碍执法人员勘验现场。"

"我们是××（单位）城管执法人员，正在依法执行公务，请大家支持我们的工作！"

"请不要围观，避免拥挤、注意安全，感谢你的配合支持！"

"我们正在依法执行公务，一定会客观公正处理，请理解支持!"

"请不要在现场逗留，保证交通顺畅，谢谢配合!"

（3）执法对象及其亲友实施威胁执法队员人身安全行为的。（处置级别I级）

执法队员应当保持冷静，避免与当事人发生直接肢体冲突，注意保护自己，适当做出退让，并对其攻击行为进行取证，并依照Ⅱ级应急处置呼叫增援。当事人不再做出攻击性行为时，等待公安民警到场处置。若当事人持续做出攻击动作，对执法队员人身安全造成现实紧迫危险时，执法队员在现场执法力量处于优势时可以依照正当防卫原则制止违法行为，控制当事人，继续等待公安民警到场处置。若现场执法力量现场有限，则应当以保护个人安全为主，与当事人保持安全距离，等待增援力量及公安民警到场处置。

（4）执法对象及其亲友采取其他手段干扰执法的。（视危险程度确定处置级别）

1）当事人采取下跪、抱大腿等方式阻碍执法的

面对当事人下跪的，执法队员应当避免站立于当事人正前方，造成群众误解和反感。执法队员应当绕至当事人身侧，弯腰或下蹲劝说、搀扶起当事人。如遇老弱病残，视情况可暂停执法行为，缓解现场情势后再酌情处理。如遇劝说无效且属于恶意为之的，应当告知其行为涉嫌妨碍公务，并继续劝说稳定其情绪，在其他执法队员配合下仍无法摆脱纠缠的，可拨打110报警电话，由公安民警到场依法处置。

2）女性当事人撒泼耍赖、脱衣服等方式阻碍执法的

执法队员应当告知其行为涉嫌妨碍公务，责令其立即停止妨碍行为，要求其穿上衣服，避免与其发生身体接触，对其行为做好取证工作，同时对其做好隐私保护。尽量由女性执法队员与其沟通、劝诫。对诬陷执法队员行为不检的要及时澄清，保证执法队员合法权益。

3）执法对象以跳上执法车辆或钻入执法车底等方式阻碍执法的

执法队员在现场执法时，应当注意观察，隔离当事人与执法车辆及装备，避免其借机通过干扰执法车辆正常行驶牵制执法队员，制造负面舆论。若当事人仍借机跳上执法车辆或钻入执法车底干扰执法的，执法队员应当立即告知其行为涉嫌妨碍公务，劝说其立即停止，并对其行为进行取证，及时向周边群众说明真相，避免舆情升级。劝说无效时执法队员应当立即拨打110报警电话，由公安民警到场依法处置。

4）执法对象或其亲属以自伤、自残等极端方式阻挠执法的

执法人员应停止执法活动，执法记录仪要全程记录现场经过；尽力稳定当事人的

情绪，防止其情绪升级或失控，呼叫局指挥中心的同时拨打110报警电话，必要时拨打120急救电话。

2. 围观人员干扰执法

（1）群众围观拍摄

执法队员应当习惯面对群众监督，习惯在镜头下执法，注意规范执法行为，依法履职，注意言行，不强行干涉群众拍照。进行现场执法时应当及时果断依法处置，避免群众长时间围观。

面对拍摄时，执法队员应保持良好姿态，礼貌应对："我们正在进行正常执法，你可以拍摄，但干扰正常执法或者对拍摄视频进行恶意剪辑、断章取义的将承担法律责任。"

（2）围观群众起哄、煽动，诬蔑执法队员现场执法

面对不明真相围观群众的议论，执法队员应当及时向群众讲明实际情况及执法依据，安抚群众的情绪，态度温和诚恳，争取群众理解。面对不听劝阻持续起哄污蔑执法队员、干扰执法的，执法队员应当告知其行为将可能涉嫌妨碍公务，要求其立即停止起哄行为，并对其行为进行取证。劝阻起哄、闹事人群时的规范用语："我们正在正常执行公务，请停止起哄、煽动，干扰正常执法的行为，否则将涉嫌妨碍执行公务，将承担法律后果。"必要时可拨打110报警电话，由公安民警到场依法处置。

3. 现场遇到记者采访

（1）执法队员在现场执法中遇到记者采访时，应当有礼有节，避免与记者发生言语或肢体冲突，防止产生误解或矛盾。

（2）记者进入警戒区域时，执法队员应当劝请记者配合维持执法现场秩序、保障群众安全和记者自身安全，礼貌请其离开危险区域或接受安全措施。

（3）面对记者的拍摄，执法队员应当保持良好仪态，举止规范文明。

（4）面对记者提出现场采访的要求，执法队员应当场告知记者本单位有专人接待采访，随后礼貌询问并记录记者相关身份信息、采访方式、内容，留下联系方式，迅速上报，快速回应。

（5）接待采访时，要坦诚、客观面对，表达准确、适当，快讲事实，慎说原因；不卑不亢，自觉维护执法人员的良好形象。

4. 当事人突发疾病

（1）在执法现场，执法对象可能因个人身体原因突发疾病，执法队员因遵循生命

权高于其他一切权利的原则，中止现场执法，以保障当事人生命为优先，及时拨打120急救电话，随时查看当事人状况，等待医护人员到场，待救护车辆到达后，协助指挥过往交通，方便救护车辆通行。

（2）如遇执法队员发生中风、心绞痛等紧急症状，严禁搬动患者身体防止加重患者病情，如有必要，根据病症或患者提供的健康信息，协助患者服用急救药品。如有急救医生在现场，协助医生展开对伤病患者进行急救。

（3）执法队员应当全面记录现场情况，保存证据，及时向围观群众说明情况，避免造成误解；最好记下一至两位围观群众的联系方式，必要时作为在场证人，帮助澄清事实真相。同时，执法队员应将事故相关情况在1小时内上报，可先通过电话报告，简要说明执法对象突发疾病发生的时间、地点、人员情况、已采取的处理措施和需要救助的内容，待时间救援完毕后再以书面形式补报。

二、《虹口城管单兵执法装备标准》

为适应上海城市管理综合执法形势发展要求，切实加强城管队伍正规化建设，进一步规范城管执法队伍组织管理、教育训练、内务管理、执勤执法、监督制约和勤务保障，努力实现队伍正规化、执法规范化、勤务信息化、保障标准化，依据《城市管理执法办法》，结合上海市实际情况，制定《虹口城管单兵执法装备标准》（2017年9月实施）。

（一）术语定义与缩略语

1. 城管单兵执法装备：用于本市专司城市管理行政执法职能的行政机关，依照授权职责，开展行政执法职能活动需要的设备。

2. 执法终端：一种基于无线通信网络作为信息交换手段的城市管理移动行政执法设备。

3. 执法记录仪：一种集摄像、照相、录音、对讲送话器功能于一身，能够对执法过程中进行动态、静态的现场情况进行数字化记录的现场取证设备。

4. GPS：全球卫星定位系统（Global Positioning System）。

5. SD卡：安全数码卡（Secure Digital Memory Card）。

（二）单兵执法装备标准总则

1. 配备原则

功能性：根据城市管理行政执法部门的工作职责和任务要求配备相应功能的装备。

统一性：按照标准化、系统化的要求，实现执法装备统一配备。

方便性：装备的配备应相互配套、操作简便、易于携带。

适应性：装备的配备应满足低碳、高效、节约的要求，积极采用信息化技术，并为新技术的发展预留空间。

2. 配备对象

本标准配备对象为虹口城管执法部门的单个城管执法队员。

3. 装备分类

现场执法、督察取证类；执法服装类；执法车辆类；防护用具类。

（三）配备标准

1. 现场执法、督察取证类配备标准

此类装备（表2-1）用于日常巡查、行政执法、督察取证和现场分析鉴定等工作。

现场执法、督察取证类配备装备　　　　　　　表2-1

序号	装备名称	装备要求	技术性能要求
1	多功能腰带	必配	用于挂带对讲机、执法终端、强光手电等装备
2	对讲机	必配	具有分组数字通信功能，通话范围应覆盖所辖区域，实现互联互通、快速指挥
3	执法终端	必配	具有现场拍照、查询、信息共享、案件办理、GPS定位等功能
4	执法记录仪	必配	具有视频摄像、音频录制、照相等功能，像素应不小于1000万，一次充满电池正常使用时间不少于8小时，支持SD卡不小于32GB
5	强光手电	选配	具有良好的防水性能，聚光、导电、绝缘性等要求符合《手电筒》QB/T 2198的规定
6	数码摄像机	选配	具有照相、红外摄影功能，拍摄像素不低于1000万
7	数码照相机	选配	拍摄像素不低于1000万，光学变焦5倍以上，影像质量、安全性等要求符合《数字（码）照相机通用规范》GB/T 29298规定

续表

序号	装备名称	装备要求	技术性能要求
8	录音笔	选配	录音应清晰、无杂音，单次录音时间不低于24小时
9	手持喊话器	选配	具有喊话和播音功能，电声参数、环境试验等要求应符合《便携式喊话器通用技术条件》SJ/T 10600的规定
10	便携式打印机	选配	能够与执法终端互联，现场打印文书，技术要求应符合《台式激光打印机通用规范》GB/T 17540的规定

2. 执法服装类配备标准

此类装备（表2-2）用于现场行政执法工作时统一着装。

执法服装类配备装配　　　　　　　表2-2

序号	装备名称	装备要求	技术性能要求
1	四季工作服	必配	各项技术指标及标识应符合《城市管理执法制式服装和标志标识式样标准》
2	四季工作帽	必配	
3	四季工作鞋	必配	
4	连帽雨衣	必配	
5	雨鞋	必配	

3. 执法车辆类配备标准

此类装备（表2-3）应满足城市管理日常巡查、行政执法等工作要求。

执法车辆类配备装备　　　　　　　表2-3

序号	装备名称	装备要求	技术性能要求
1	执法巡查自行车	选配	进行统一编号，采用统一识别标志，并在醒目位置标识；自行车技术条件符合《自行车通用技术条件》GB/T 19994的要求
2	执法巡查电动自行车	选配	进行统一编号，采用统一识别标志，并在醒目位置标识；电动自行车技术条件符合《电动自行车安全技术规范》GB/T 17761的要求

4. 防护用具类配备标准

此类装备（表2-4）用于日常巡查、行政执法、现场取证等人员的防护。

防护用具类配备装备 表2-4

序号	装备名称	装备要求	技术性能要求
1	反光背心	必配	各项技术指标及标识应符合《城市管理执法制式服装和标志标识式样标准》
2	防护手套	选配	耐磨性、防割性等要求应符合《防割手套》GA 614的规定
3	肩用双闪警示灯	选配	应具备防水功能，可识别距离不低于500米，正常使用时间不低于100000小时

（四）使用规范

1. 城管队员在日常工作中应按要求着装并配备相关设备；在使用设备的过程中，遇到故障时应立刻停止使用，由装备管理人员排除；不能排除故障的，要联系技术部门进行维修；执法装备的管理与使用，严格按照具体操作流程进行。违反规定，造成执法装备损坏、遗失或贻误工作、发生事故的，追究责任人的责任，按规定进行赔偿。

2. 执法终端作为执法办公设备之一，用于案件输入、数码录入、文档制作、资料保存、信息查询等工作；禁止在执法终端上从事其他与工作无关的事情；不得随意安装与工作无关的软件和游戏，也不得随意删除程序。

3. 各类照相机、数码摄像机等取证设备的使用严格按照其操作手册、使用指南的规定操作。

4. 城管队员外出执勤执法、处理任务时，应当佩戴、使用执法记录仪，可以佩戴在执法队员左肩部或者左胸部等有利于取得最佳声像效果的位置；在上岗执勤前，应当对执法记录仪的电池容量、内存空间、系统日期和时间等进行检查，保证执法记录仪能够正常使用；在进行执法时应当使用执法记录仪进行全程录音录像，对当事人实施现场处罚或者采取强制措施时应当注意记录违法事实、证据。

5. 城管队员在执法过程中，应当事先告知当事人使用执法记录仪记录，告知的规范用语是：为保护您的合法权益，监督我的执法行为，本次执法全程录音录像。

6. 遵守行车交通条例，严禁酒后驾驶执法车辆。因酒后驾驶车辆造成车辆损坏的由当事人承担一切经济责任，并按相关规定作出相应的处理；严禁公车私用，为此而造成的车辆损失由当事人承担一切经济责任，并按相关规定作出相应的处理。

（五）管理与维护

1. 上海市城管执法局在执法装备管理工作中的主要职责：

负责了解和掌握国内外执法装备发展趋势，加强信息交流，为全市城管执法部门提供先进的装备器材信息；负责拟定全市城管执法部门装备配置标准；督促和指导全市城管执法装备管理部门建立和健全各种装备器材管理制度，保证各种装备在执法业务中充分发挥作用。

2. 各区城管执法局在执法装备管理工作中的主要职责：

依据装备配置标准，负责对本单位购置装备计划的编报；制定各种装备器材管理制度，监督各街镇城管执法中队执法装备的日常管理工作；督促和指导各街镇城管执法中队做好执法装备的购置、维修保养、年审、报废等管理工作。

3. 各街镇城管执法中队在执法装备管理工作中的主要职责：

负责执法装备的维修保养和日常管理工作；负责装备器材的年审和报废装备的呈批。

4. 装备实行分级分类管理，市城管执法局归口管理，各级城管执法部门具体落实。

5. 各级城管执法部门应建立装备购置、使用、管理制定，明确专人管理。

6. 执法人员应熟悉装备性能、技术指标及相关标准，并接受相应的培训，遵守操作规程。

7. 所有执法装备使用应符合《城市管理执法办法》的规定。

8. 所有执法人员着装管理应符合《城市管理执法制式服装和标志标识样式标准》的规定。

9. 凡依法需要计量检定的装备，应进行定期计量检定，以保证装备的可靠性。

10. 装备应进行日常维护和保养，保持完好完整性，满足使用要求，经检测不能达到国际或行业标准规定的安全性、环保性能等要求时，应及时更换。

三、"一居一档"城管执法信息管理标准

住宅小区"一居一档"信息管理是虹口区智慧城管城市管理信息系统业务流程的重要环节。为促进虹口区"智慧城管"系统建设，加强行政执法和城市管理公共服务

职能，实现信息采集、维护和更新的规范化、标准化、智能化，进一步提升数字化城市管理模式的运行实效，以"三全四化"为工作目标，助力城市管理精细化工作的深入推进。

（一）"一居一档"执法信息管理标准总则

1. 目的和依据

（1）目的

为进一步推进住宅小区综合治理及社区精细化管理工作，不断改善市民居住环境，巩固"五违四必"的整治成果，攻克城市管理顽疾，通过不断转变工作方式，形成动态长效管理机制，将综合治理与专项执法相结合，坚决遏制新增违章，逐步消除存量违章，让所有工作环节有迹可循，真正实现对住宅小区"全覆盖、全天候、全过程"的动态管控。

为了实现这一目标必须先做到"情况清、底数明"，城管执法的一个重要薄弱环节正在于基础管理对象数据库的匮乏，随着城管执法体制的改革，城管执法部门作为一个集中行使了相当一部分原先由行政管理部门承担的行政执法职能而作为相对独立的工作部门，相关原始管理基础数据库则没有一并转移，这不利于执法工作的高效开展。特别是在住宅小区的管控方面，由于人口规模和住宅体量十分庞大，情况复杂，若不能全面掌握小区情况，只针对表面现象就事论事难以有效解决根本问题。建立住宅小区"一居一档"数据库就是为了形成住宅小区管理大数据平台，为源头治理、系统治理、综合治理提供有力保障，做到"知己知彼百战不殆"。

1）掌握住宅小区总体情况，因情施策。

上海作为近代中国对外开放的代表城市，城市规模不断扩大、城市更新速度不断加快。城市的高速新陈代谢是城市活力的强力脉搏，也是上海迈向卓越城市的有力保障，这也造就了跨越各个时代风格迥异的住宅小区并存的独特局面。以虹口为例，辖区内就有20世纪初期建成的老式石库门里弄、抗日战争、解放战争和中华人民共和国成立初期形成的棚户区、改革开放初建成的老式公房、20世纪90年代后建成的普通商品住宅、21世纪后建成的高档商品住宅等。历史造就了这些类别风格各不相同的住宅小区，随着社会的不断发展，其整体规划、住户人员构成、房屋性质、产权结构、房屋过往的修缮改建等情况也在不断地变化。对于情况各异的住宅小区的执法监管应当根据其人口规模、房屋规模、建成时间、存量违章比重、人员构成、物业管理等小区的总体概况，进行差别化、精细化管理，为之后根据"一居一情"进行针对性的分析和工作部署打下基础。

2）锁定存量违章底数，动态把控严控增量。

在把握小区整体背景情况的基础上，以城管执法队员、居委会干部、网格化巡查员等力量为发现主体，以"居委会—小区"为单元，对辖区内每一个住宅小区内的城管执法类存量违章进行按类别逐一排摸登记，做到应登尽登。

"一居一档"第一轮信息采集工作自2017年年底启动，虹口区城管执法局通过两级信息采集和区拆违办违建信息数据库的共享，初步形成区城管执法系统住宅小区"一居一档"信息数据库。截至2020年，数据库涵盖了城管执法10大类违章事项共20573条数据信息，其中违法建筑数据信息13276条，擅自改变物业使用性质数据信息1374条，擅自改建、占用物业公用部位（包括地锁）数据信息616条，占绿毁绿、违规安装空调器冷却设施等其他类违章数据信息5307条。

对存量违章底数的排摸是"一居一档"的核心环节，通过对违章底数的前期集中登记和定期动态更新，能够帮助执法和管理者准确掌握小区内的违章趋势和主要风险点，再结合小区总体情况，从宏观和微观上都能做到心中有数，为如何具体实施治理、进行销项减量提供数据支撑。

通过主动排摸发现，锁定存量违章底数后，在下一步对小区的执法巡查和接处投诉中，执法队员和巡查员能够通过智慧城管系统终端迅速比对辨识正在发生的新增违章，予以及时处置。

3）不断完善信息系统平台，形成常态化监管模式。

"一居一档"动态监管模式并不是一个单纯依靠静态数据建立的封闭系统，它应该是一项在实践中不断自我完善、自我丰富的动态信息系统。"一居一档"要通过建立标准和规范的信息录入和更新机制，确保其所涵盖的数据能最真实、最及时的反应住宅小区的实际现状。通过集中数据积累和常态化的维护更新，形成常态化的工作机制，把执法队员个人的工作经验有形化，形成可反复利用和随时分享的"执法战略分析工具"，以便多部门、多人员开展协作，即便是第一次接触相关区域的执法队员也能快速地掌握辖区内的情况，形成有利的工作局面。

（2）依据

1）文件精神：

全面贯彻落实习近平总书记关于"上海城市管理应该像绣花一样精细"的重要指

示，以及党的十九大和中央城市工作会议精神，坚持以**"三全四化"**为目标（"三全"即全覆盖、全过程、全天候；"四化"即法治化、社会化、智能化、标准化），根据《中共上海市委上海市人民政府关于加强本市城市管理精细化工作的实施意见》和上海市城管执法局《关于加强本市城管执法精细化三年行动计划（2018—2020）》（沪城管执〔2018〕21号）的工作要求，结合虹口区委"高标准管理，高水平发展，高品质生活"的工作目标，以全面运用"智慧城管"系统，常态长效实现"城市更有序、更安全、更干净"为目标，深入推进虹口城市管理精细化。

2）规范性引用文件：

《城市市政综合监管信息系统技术规范》CJJ/T 106—2010；

《数字化城市管理信息系统 第2部分：管理部件和事件》GB/T 30428.2—2013；

《数字化城市管理信息系统 第3部分：地理编码》GB/T 30428.3—2016；

《数字化城市管理信息系统 第4部分：绩效评价》GB/T 30428.4—2016。

2. 适用范围

（1）本规定适用于本区行政区划范围内住宅小区的服务和管理。

（2）本规定所称住宅小区，是指本区行政区划范围内具有一定的人口和用地规模，并集中布置居住建筑、公共建筑、绿地、道路以及其他各种工程设施，被城市街道所包围的相对独立地区。

3. 术语与定义

（1）一居一档

"一居一档"是指为每个居委会对应的住宅小区建立一个专属的数据档案，具体内容为城管执法范畴的违章问题，包括跨门营业、违章建筑、占绿毁绿、违规安装空调器冷却设施、破坏房屋承重结构、擅自改变物业使用性质、擅自改建、占用物业公共部位（包括地锁）、破坏房屋外貌、生活垃圾强制分类等。此外该数据档案可供日常执法工作查询使用，其特点是类别全、覆盖广、常更新，为实现住宅小区精细化管理提供扎实的数据基础。

（2）城管执法社区工作室

城管执法社区工作室，是指市城管执法系统为服务社区居民而搭建的平台，是城管执法工作的延伸和补充。

（3）智慧城管

智慧城管是指借助大数据、互联网、物联网等信息技术，实现全面透彻感知、智能融合应用，充分发挥"网上办案""网上勤务""网上督察""网上考核""网上诉处""GIS地图指挥平台""智能处理"共七大板块组成的勤务通系统的智能化作用，实现城市管理执法行为的规范和执法过程的高效。

（4）现场信息采集

现场信息采集，是指执法队员在责任区块内的住宅小区，按照法定职责执行巡查、核查、专项检查指令，按标准对管理部件和相关信息进行收集、整理、核对并上传到数据库的过程。

（5）12345政务服务便民热线

12345政务服务便民热线，主要受理关于政府部门及工作人员职责、办事程序，行政审批、行政受理、招商引资等政策规定方面的咨询；对本地区改革开放、经济建设、城市建设与管理方面的意见和建议；对社会生活发生的劳动保障、医疗服务、教育、安全等需要政府解决的诉求；对企业生产经营、发展环境等方面需要政府协调解决的诉求；对政府部门及其工作人员的批评意见、投诉等。

（6）12319城建服务热线

12319城建服务热线，主要受理城市供水、供气、公共交通、市政设施、市容环卫、风景名胜及园林绿化、城市规划、房地产及物业管理及建筑业管理、环境保护等城市管理和建设方面咨询与投诉等。

（7）公众举报

公众举报，是指通过其他途径反映管理部件、事件问题信息的方式，包括12345、12319公共服务热线电话、网络、媒体曝光、领导批示、信访等。

（二）"一居一档"数据库信息采集标准

1. 现场采集流程（图2-4）

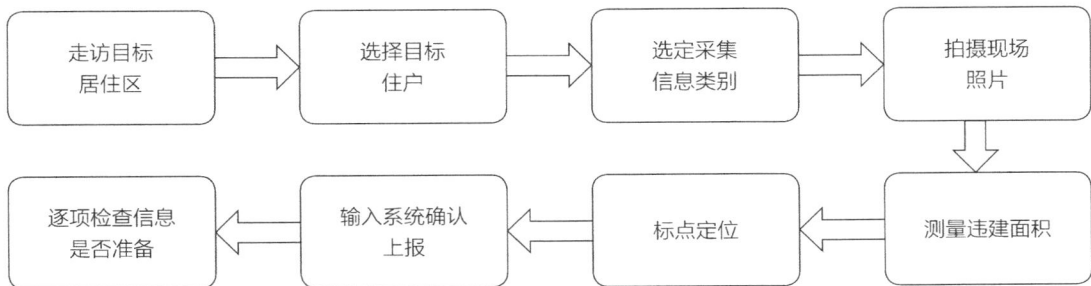

图2-4　现场采集信息流程图

2. 照片拍摄要求

（1）照片拍摄要包括违章事项的全貌、局部和特写照片。

（2）全貌照片应完整展示违章产生点广角全景和违章产生点较为固定的背景参照物，及可能为违章产生原因的相关场景和线索，如店铺招牌、路牌、行道树、建筑物等。

（3）局部照片应清楚显示违章特征，如破损大小、堆物体量、影响范围等。

（4）特写照片应清晰显示违章细部，如井盖标识、小纸条文字内容等。

（5）为确保夜间拍摄照片的清晰度，宜视情况增加辅助光源。

（6）照片像素宜控制在30万～100万之间。

3. 面积测量要求

（1）面积测量是指水平面积测量。

（2）量具应使用经检定合格的卷尺或其他能达到相应精度的仪器和工具。

（3）面积以平方米为单位，取至0.01平方米。

（4）面积测量必须独立测量两次，其较差应在规定的限差以内，取中数作为最后结果。

4. 文字描述要求

（1）文字描述内容包括所在居委会、具体地址、业主信息、违章行为发生及处置情况等虹口区智慧城管系统所要求输入的信息。

（2）文字描述用语规范、表述清晰、意思表达完整。

5. 其他渠道信息采集（图2-5）

通过政府网络交流平台、各类媒体、领导批示、人员巡查、网格化巡逻以及12345、12319公共服务热线等其他渠道获取违章信息。

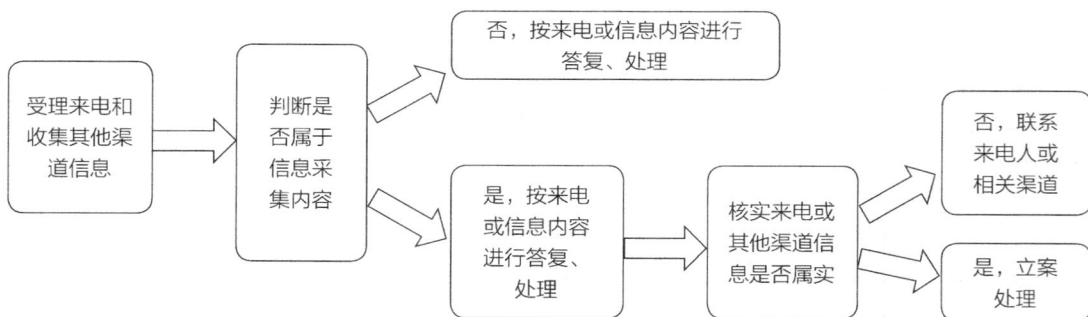

图2-5　热线和其他渠道采集信息流程图

6. 信息录入

一线执法队员主动巡查发现、居委物业反映、各类热线诉求件、媒体曝光和领导批示等渠道获取的数据信息，由执法队员核实后输入智慧城管系统。

7. 信息采集人员

（1）信息采集人员，包括城管一线执法队员、12319等公共服务热线受理员及其他相关行政管理部门信息采集人员，其中以城管一线执法队员为主。

（2）信息采集人员应接受相关业务培训，熟悉城市建设和管理相关法律法规、相关专业部门的职能和业务范围，掌握信息采集有关标准、规范、业务流程和操作规定。

（3）信息采集人员在工作中应忠于职守、客观公正、实事求是，不得弄虚作假或利用工作之便获取不当利益。

8. 信息采集设备

（1）信息采集统一通过虹口区智慧城管系统移动终端操作完成。

（2）信息采集员使用的移动终端实行定人、定机、定区域的"三定"制度。

（3）信息采集员应经常检查、维护智慧城管系统移动终端的使用功能，如发现异常，应及时送指定部门检测、维修，不得私自拆解、修改功能设置或挪作他用。

9. 考核标准（表2-5）

考核标准　　　　　　　　　　　　　　　　表2-5

考核类别	考核事项	计算单位	计分方式	说明	分值
勤务管理	居委签到	每周	扣分	每周应不少于1次	具体分值参照《虹口区城市管理行政执法局基层队员个人绩效考核方案（试行）》
	"一居一档"更新	每次	加分	队员应定期对住宅小区进行检查并记录工作动态，已出现跨门营业、违章建筑、占绿毁绿等十类违章行为的，在依法处置的同时，应及时在智慧城管系统上进行数据更新。同一住宅小区同一事项每天只计分一次	

（三）"一居一档"数据库信息维护与更新标准

1. 信息维护

（1）责任科室是信息日常维护的责任主体，责任科室及时对执法队员采集及更新的信息进行维护整理，同时通过对中队开展督查和抽查，确保信息的真实性、完整性和实时性。

（2）信息维护主要包括虹口区行政区划范围内住宅小区"一居一档"所要求的居委、中队、照片、地址和违章类型等类别的信息。

（3）责任科室指导机动中队不定期开展督察工作，对住宅小区"一居一档"数据库信息的真实性、完整性和实时性进行信息核查。

2. 信息更新

（1）岗段队员及联系本小区的责任队员为信息日常更新的第一责任人，及时记录有关住宅小区"一居一档"数据库的更新信息，中队领导负有检查督促责任。

（2）数据库信息更新涉及虹口区行政区划分范围内的所有住宅小区。

（3）信息更新主要以照片和文字描述等形式记录住宅小区内违章事项的发生与处置情况，违章事项主要包括跨门营业、违章建筑、占绿毁绿、违规安装空调器冷却设施、破坏房屋承重结构、擅自改变物业使用性质、擅自改建、占用物业公共部位（包括地锁）、破坏房屋外貌、生活垃圾强制分类等。

3. 信息更新方式

（1）对于小区内业主自行纠正的违章行为，从而变更违章信息的，执法队员需要提供违章行为的前后对比照片，并备注更改时间。

（2）对于通过执法行为纠正违章行为，从而变更违章信息的，执法队员需要提供开具法律文书的照片及编号、违章行为的前后对比照片，并备注更改时间。

（3）对于业态改变和自然状态变更，从而变更违章信息的，执法队员需要提供违章行为的前后对比照片，并备注更改时间。

（4）执法队员在各自责任区块内开展日常巡查和执法办案工作时，将涉及住宅小区"一居一档"数据库的更新信息录入智慧城管系统移动终端。

（5）执法队员应定期对责任区块内的住宅小区进行巡查并记录工作动态，已出现跨门营业、违章建筑、占绿毁绿、违规安装空调器冷却设施、破坏房屋承重结构、擅自改变物业使用性质、擅自改建、占用物业公共部位（包括地锁）、破坏房屋外貌、生活垃圾强制分类等情况变更的，在依法处置的同时应及时在智慧城管系统移动终端进行数据更新。

四、不同道路不同区域分类分区治理标准

（一）"严禁、严控、控制"分类治理

虹口区城管执法局根据《上海市人民政府办公厅转发市绿化市容局等七部门关于本市进一步加强城市无序设摊综合治理工作实施意见的通知》（沪府办发〔2014〕34号）精神，制定《关于进一步加强本区无序设摊综合治理工作的实施方案》（虹府办发〔2014〕41号），按照"堵疏结合、分类管理"要求，结合本区实际，通过三年时间的综合治理，使虹口区的无序设摊聚集点逐步消除，设摊控制点管理工作进一步规范，设摊疏导点管理工作进一步提升，形成"严禁、严控、控制"分类治理的标准规范，坚决遏制无序设摊蔓延势头，不断提升城市管理水平。

1. 机制有保障

（1）加强组织领导。依托虹口区市政市容管理联席会议平台，设立区城市无序设摊综合治理专项工作推进小组，负责区城市无序设摊综合治理工作的统筹协调和督促推进。工作推进小组由区绿化市容局（区城管执法局）牵头，成员包括区商务委、区建管委、区公安分局、区市场管理监督局、区房管局、区拆违办、各街道办的工作人员。

（2）落实责任分工

区政府办负责推进无序设摊综合治理工作，统筹落实此项工作的具体部署、组织保障和政策支持。

区绿化市容局（区城管执法局）负责区无序设摊综合治理工作的方案拟订、组织实施，加强监督管理，开展城市无序设摊执法整治。

各街道负责加强基层力量整合，落实属地管理责任，组织实施区域内无序设摊综合治理的各项具体工作。

区商务委负责推进标准化菜场布局建设和规范化集市商业模式形成，牵头制定设摊疏导的指导意见。

区建管委负责加强交通站点、枢纽功能配套的综合协调和已移交区管设施的管理，以及占道无序设摊治理中路政领域的协同管理和整修。

区公安分局负责加强执法保障，对妨碍公务、抗拒执法的行为及时予以处置，对使用交通工具占道设摊、影响交通安全的违法行为加大执法力度。

区市场监督管理局负责配合相关部门加强城市无序设摊经营行为执法整治工作，以及对划定允许设摊区域内的食品摊贩遵守食品安全管理规定的指导和监督管理。

（3）建立考核机制。本市将城市无序设摊综合治理工作纳入市对区（县）的考核和文明城区创建指标体系，进一步加大综合治理工作在市市容环境综合管理示范街道创建、市市政市容管理综合考评中的权重。本区将城市无序设摊综合治理工作纳入区政府部门和街道办事处目标管理考核。建立检查督查、通报及评价制度，推动各部门、街道认真开展城市无序设摊综合治理工作。

2. 行动有计划

（1）严禁区域无序设摊整治。2014年10月1日前，对全区范围内的无序设摊进行"再回头"专项整治行动，确保区22条段主要道路以及1个景观区域范围内坚决取缔无序设摊，并落实长效管理机制。

（2）设摊聚集点消项整治。2014年12月31日前，完成3处设摊聚集点的整治、取缔工作，分别为：①虹镇老街新港路设摊聚集点。②四平路新港路设摊聚集点。③密云路（赤峰路至玉田路）设摊聚集点。2015年6月1日前，完成2处设摊聚集点的整治、取缔工作。④天宝路天镇路设摊聚集点。⑤河南北路（天潼路至海宁路）设摊聚集点。2015年12月31日前，完成1处设摊聚集点的整治、取缔工作。⑥四川北路（四川北路多伦路口）设摊聚集点。

（3）设摊疏导点、控制点管控整治。各相关街道对现存的5个设摊疏导点和6个设摊控制点加大管控力度，严格控制设摊规模和设摊时间，降低设摊对周边市容环境的影响。在条件允许情况下，逐步对设摊疏导点、控制点进行压缩、取缔。

3. 工作有要求

（1）总体要求

严禁区域坚决取缔无序设摊；严控区域禁止设置摊贩临时销售点，对居民日常生活确需的小型修理摊进行有序规范疏导；对控制区域，根据市民诉求和商业服务网点配套情况，可"拾遗补缺、因地制宜"设置符合规范管理要求的摊贩临时集中疏导点。

（2）整治要求

一是进一步延续和发挥创建国家卫生区工作中已建立的有效机制，加强多部门的联合、协同治理，从多角度对乱设摊（复合型）违章问题进行综合整治，处置各街道辖区内靠单一部门无法解决的事件。

二是推进专项整治行动。各街道根据辖区内实际情况牵头组织多部门开展专项整治行动，开展对占道设摊、非机动车流动兜售、机动车占路兜售、夜排档等各类型无序设摊专项整治工作，对乱设摊违章行为和现象加强监管。

三是实行"拆""建""管"并举，加强设摊源头治理。区拆违办要持续开展违章搭建专项整治行动，从总量上逐步减少各类依托违章建筑而衍生出的街面市容环境违章问题，以及租借各类违章搭建从事流动兜售等违章行为的外来人员数量和密度，从根本上阻断市容环境违章问题的源头。区房管局要加大"群租"整治力度，对从事"马路经济"的外来人员从"源头"上进行控制和治理。市场监管部门要加强"无证无照"经营的整治力度，从源头上压缩一些无序设摊的依附空间。

（二）"八类区域"分区治理

为加强和创新城区治理，构建城区治理新格局、新标准，虹口区城管执法局围绕市、区各项中心工作，紧盯城区环境短板，结合辖区实际，制订了北外滩功能区域、区政府行政中心区域、历史文化区域、夜间经济区域、商业区域、旧改区域、居民住宅区域、顽疾顽症区域等"八类区域"治理标准，并于2019年4月全面启动实施，不断推动城管精细化执法水平再上新台阶。

1. 北外滩功能区域：打造"最美会客厅"

整治屋顶违建，美化"第五立面"。北外滩中队围绕市委市政府、区委区政府对北外滩黄金三角和"最美会客厅"的定位，紧盯城市管理的难点、痛点和乱点，以"三面一墙一线"为治理要素，开展日常巡查和不定期专项整治。建筑"第五立面"即建筑屋顶面，"第五立面"的整洁、安全、生态和美观已成为影响城市形象的重要方面，中队重点对天际线、楼顶大型违规广告进行治理，进一步净化"天际线"。

2. 区政府行政中心区域：打造最整洁安全有序区域

精细化管理净化立面助力进口博览会。嘉兴中队聚焦"八类区域"治理"立面"要素，坚持"安全第一、预防为主、综合治理"方针，对辖区内易产生安全问题的屋顶广告、店铺招牌、户外设施集中的路段进行突击排查，及时拆除违规设置及存在安全隐患的设施，切实杜绝各类安全隐患，保障区政府周边拥有干净、整洁、有序的环境。

3. 历史文化区域：助力打造文化"三地"

虹口是海派文化的发祥地、先进文化的策源地、文化名人的聚集地。区城管执法局部门积极整治历史文化区域违建，川北中队"快查处"方法遏制新增违建，针对市民投诉的山阴路×弄正在天井搭建的违建，立即启动快速拆除在建违法建筑程序，通过发挥违法行为前端管控的作用，将新增违建消除在萌芽状态；川北中队依托城管工作室，及时掌握了解小区内情况，第一时间发现并制止违建，共拆除5处约35平方米的新增违建，让名人旧居永葆历史风貌。滨江中队"多方法"整治历史违建，针对金山大楼底层历史违建，中队多次约谈当事人，并与相关部门开展紧密协作，先联系设计公司为居民优化户内厨卫设施改建方案，力争最大限度减少对居民日常生活影响，后带着改建方案上门主动听取居民意见，增进沟通交流，相继拆除了5处违建，助"百岁"建筑重焕历史容颜，最终金山大楼的修缮工程顺利启动。

4. 商业区域：主动出击保卫舌尖上的安全

机动中队从提升餐厨垃圾及废弃油脂处置规范等角度入手，主动与相关收运单位、市容管理所废管科等多方沟通后，针对辖区内已签订废弃油脂收集处置协议但不符合规范的单位逐一进行走访排摸，重点检查餐饮店铺废弃油脂收集容器使用情况和台账登记情况，对存在问题的商铺及时责令整改，最大限度消除食品安全隐患，切实保障市民餐饮质量与食品安全。各中队也结合"双随机一公开"工作，加强对白玉兰广场、凯德龙之梦、月亮湾、七浦路市场等商区的普法宣教与执法检查力度。

5. 夜间经济区域：助力夜间经济健康发展

全力保障HOST七夕甜爱节。由长远集团和区商务委联合举办的首届HOST七夕甜爱节在甜爱坊举行，此次活动以甜爱支路38号甜爱坊为中心，从虹口足球场地铁站、四川北路鲁迅公园一直延伸到甜爱路整个区域，作为辖区内最重要的商业地块，自然也是欧阳城管中队日常监管的重点区域。中队扎实做好活动期间执法保障工作，提前部署，合理安排执法力量。队员每天晚上以车巡加步巡固守相结合的方式，对区域内市容环境开展全方位巡查监管，制止跨门经营、占道堆物、无证设摊与流动兜售行为，并对在公园、足球场内活动商户的生活垃圾分类和废弃油脂收运等情况监督检查，避免出现垃圾混投、乱扔垃圾等行为。类似七夕甜爱节的商业活动对扩大内需、激发市场主体活力、培育消费热点具有积极的意义，欧阳城管中队将"八类区域"治理的执法管理工作与服务市场主体相结合，助力虹口夜间经济健康发展。

6. 旧城区改造区域：力保城市更新换代

联合执法助力推进旧改工作。嘉兴中队加强旧改区域环境卫生、无证经营及违章建筑整治，主动联手街道平安办、社管办、嘉兴市场所、派出所、旧改等部门对旧改区域的沿路店铺实施整治。川北中队联合街道社管办、应急管理办公室及第三方服务机构，共同对宝安支路79弄2号开展联合整治，旨在以"回头看"形式，进一步巩固执法成效，推动旧改区域治理常态管控机制在川北"落地生根"。北外滩中队开展东余杭路（一期）旧改地块综合整治，针对房产中介乱张贴、乱散发小广告的行为，中队采取"先普法后执法"方式：（1）宣传告知合法合规经营，不得随意组织散发房产信息宣传品；（2）加大执法检查力度，共查处个人违规散发小广告行为41起，有组织的违规散发小广告行为4起，责令整改30起，行政处罚15起，其中东余杭路（一期）旧改地块周边盘踞多名中介公司房产销售人员向来往居民散发小广告，中队根据《上海市查处乱张贴乱涂写乱刻画乱悬挂乱散发规定》对销售人员所属的房产中介公司处以3万元的行政处罚。

7. 居民住宅区域：齐心共建美丽家园

持续发力推进"美丽家园"建设。嘉兴中队继续深入推进大连路975弄大连小区"美丽家园"创建工作，摸清小区内历史存量违建底数，各类违建160户已成功累计拆除126户，因故拟注记处理的130户；欧阳中队继续重点整治大西小区内的违建"吊脚楼"，共拆除各类违法搭建19处约80平方米；北外滩中队拆除唐山路上九联小区3处历史存量违法搭建约70平方米，并在街道平安办的牵头下联合市场监管所、派出所、消防队等部门对塘沽路309号东泰大厦存在"居改非"以及群租回潮等情况进行联合整治；广中中队对广中三村小区的部分存量违建进行了集中整治；曲阳中队拆除玉田路400弄东侧边搭建的4处约120平方米的历史存量违建；凉城中队顺利拆除广粤路517弄小区顶楼公共露天平台近百平方米"钉子户"违建；江湾中队集中整治彩虹湾二期金枫里群租13户，使得居民生活品质得到进一步提升，助力打造安全有序的"美丽家园"。

8. 顽疾顽症区域：确保固成效、不反弹

通过"回头看"抓整改、保长效。嘉兴中队加强对保定路、岳州路、虹镇老街等市容违章行为易发多发的中小路段的治理，力争早发现、早制止、早整改；欧阳中队加强对祥德路沿线的治理，确保该路段市容环境整洁有序可控；江湾中队依托街道社区综合执法平台，联合多部门对公安街、保宁路等跨门营业现象突出的路段开展联合整治，对"创文"迎检期间的治理成果进行"回头看"，防止"整治，反弹，再整治，再反弹"现象发生，充分发挥和利用街道网格中心和第三方社区服务人员的巡查发现机制，多方借力实现街面立体全方位监控，确保固成效、不反弹。

五、"一店一码"延伸治理标准

针对2020年新冠肺炎疫情的新情况，虹口区城管执法局推出了"一店一码"、防疫通等创新性举措，一手抓抗击疫情，一手努力营造良好的营商环境，在保障城市安全的同时，确保企业复工复产和居民的正常生活。

（一）"一店一码"精细管理，治理到"家"

虹口区智慧城管系统整合"一店一档""一居一档"等15个基础数据库，升级形成"一店一码"，执法队员、监管对象之间实现数据、信息的共通共享。执法队员通过"一店一码"功能模块，对监管对象每日巡查管控、投诉处理、行政处罚等情况进行登记，实现历史记录有痕迹、可追溯；商户通过"一店一码"城管执法互联网入口、信息触点，随时了解辖区城管中队办公地址、联系方式、岗段队员等政务公开信息，同时可通过"公告栏"模块进一步了解城市管理类政策法规、联系咨询、投诉举报、提出相关执法建议等。"一店一码"打通了执法者与监管对象之间的沟通瓶颈，连接起城管队员与普通市民的服务桥梁，拓展了城管为民服务的"线上渠道"。2020年7月智慧城管系统已在全区全面上线，并将不断丰富"一店一码"更多新功能、新服务。

（二）"防疫通"精准防控，全面战"疫"

为全面落实各项疫情防控要求，进一步提升防控效能，虹口区城管执法局充分运用现有信息化技术，结合区域实际火速推出"防疫通APP"，通过"非接触式执法"实现道路沿街门店自助登记相关店铺信息及人员基本信息，实现疫情防控信息动态管理、实时上报、全面覆盖。"防疫通APP"主要包括街面疫情防控、重点场所防控、内部疫情防控、社区疫情防控、数据汇总对比、疫情动态实时查询、相关政策宣传和免费线上就诊（对接相关外网）八大功能模块。通过排摸沿街门店基本信息、人员户籍信息、人员返沪情况、从业人员复工情况、员工健康信息情况等多方面数据分类汇总，实现了商铺及人员管控精细化和时效化。截至2020年6月，通过"防疫通APP"平台已登记录入沿街商户信息数9083条、人员信息数约14000条，约占总量95.4%，通过信息化手段掌握实时动态数据，进一步提升疫情防控能力及城市治理能力。

第三节 执法方法精细化

在逐步推进城管精细化执法的过程中，针对执法中的"难点""硬仗"，虹口区城管执法局采用不同的执法方法，科学施策、多管齐下，探索符合区域实际的有效治理方式。

一、实施专项执法，推进"销项"管理

（一）违法建筑专项执法整治，治理城市管理顽疾

虹口区作为一个拥有800多个小区的老城区，老旧小区占比达50%以上，小区历史存量违章多、安全隐患大等问题突出，严重影响了居民的生活质量和城市发展的整体形象。为全面实现虹口区8个街道"无违"街道的创建目标，按照违法建筑"零增减存"、楼道堆物全面消除、跨门营业不再返潮、无证经营执法取缔、违法居住全面清理、违法排污逐步消除的要求，开展"六无"创建专项整治工作，探索实施**"五式组合拳"**（即：地毯式排摸、拔点式示范、联动式推进、人文式疏导、销号式管理）破解存量违法建筑治理难题。

1. 实施"地毯式"排摸，做到底数清、情况明

充分发挥全区200个城管执法社区工作室的作用，通过调阅资料、核对现状、现场走访等方式，全面开展小区存量违建基本情况、经营性违法建筑的人员结构、房屋使用等基本情况的排摸，及时更新违建数据库，基本做到底数清、情况明，为有序推进存量违建拆除工作提供数据保障。在此基础上，结合群众需求和区域实际，通过智慧城管系统，形成"一居委会一方案、一住户一细则"，开展可行性研究和风险评

估。通过对拆违各环节和各细节具体安排，量化工作目标、细化阶段任务，制定重点拆违点位的整治方案、工作路线图和时间表，明确拆违时间节点，保证工作落到实处、收到实效。

针对区内老式小区多、违建对象广、拆违任务重的特点，执法人员提出了"群众自拆、大家助拆"的拆违思路。运用这个方法，仅一天时间里，一小区内的10余家违法搭建的天井顺利拆除。

2. 实施"拔点式"示范，啃"硬骨头"、剔"软骨头"

率先选取情况最为复杂、矛盾最为集中的违章点位入手整治，坚持成片违建先啃"硬骨头"，点状违建先剔"软骨头"。通过率先拔点拆除经营性违法建筑，带动社区其他违法建筑的拆除，在社区中形成正向的舆论引导，打消其他整治对象的侥幸心理，实现拔除一点、拆除一处、辐射一片的良好拆违效应。

📖 **扩展阅读** ....

欧阳中队："毛胡子"拆掉"生路"，留条"情路"

在"毛胡子"家主动配合拆违这一成功典型风向标的引领下，小区内其他住户也纷纷表示愿意配合拆违工作，达到了拆除一处，带动一片的效果，最终邮电小区内所有计划内的拆违点位一天内都被平稳拆除。

3. 实施"联动式"推进，综合协调聚合力

由城管部门牵头，会同房地办、派出所、绿化市容管理所、物业公司等相关单位及部门，成立综合协调执法联合工作组，深入社区一线，以现场办公、分头包干、多线推进的方式推动拆违工作。在对欧阳辖区存量违建进行拆除时，通过"联动式"取得了良好成效。

4. 实施"人文式"疏导，刚柔并济法理情并重

在拆违过程中，采取人文式疏导，法理情理并重的方法，一方面坚持依法公平行政，坚持法治思维；另一方面，主动化解当事人的对立情绪，向当事人清楚解释"为什么拆""如何拆""拆后怎么美化"等实际问题，由街道相关部门做好民生托底保障政策的宣传解释工作。

5. 实施"销号式"管理，落实责任严管理

在确保点位确实拆除、环境确实修复后，在库存清单中予以销项。采取"清单式交办、销号式管理"。针对实际整治开展情况建立台账，紧盯上级的"挂号点"和拆违的"主攻点"发力，对照任务清单所列事项，实行按月对表挂牌销号。整治过程中，注重台账详实，明确标注推进进度和落实情况并上墙公示。"我曾经以为拆违只是你们的任务，任务完成工作就结束了，没想到你们后续工作跟进到位，对我的一些要求也是尽可能满足，努力帮我'拆一还一'，你们真心为我们建设美丽家园，我们老百姓也乐意配合……"违建当事人的话语更是对执法人员的肯定与鼓舞，拆有力度，拆出温度，拆除的不仅是一间间冰冷的建筑，更是一层层隔阂与抵触。

📖 **扩展阅读** ┈┈┈┈┈┈┈┈┈┈┈┈┈┈┈┈┈┈┈┈┈┈┈┈┈┈┈┈┈┈┈┈

欧阳中队："违章大户"拆出公平公信

"违章大户"是小区内违建当事人之一，但他的心路历程却是违建当事人们的普遍心理。在街道的正确领导下，工作人员的付出和社区居民的配合，必会让无违建居村创建工作所及之处花开满地，家园重塑美丽容颜，望见蓝色天际线。

在运用好"五式组合拳"的同时，为了常年保持新增违法建筑"零增长"，针对新建住宅小区违章搭建易发多发的情况，执法队员主动出击，及时介入，与规土、房管、房产登记中心等有关部门协作探索工作新机制，将附有违法建筑的房屋按照相关规定进行注记，冻结房产交易，倒逼违法当事人及时整改；加强对新购商品房和新租房屋装修的巡查监管，落实物业巡查报告职责，做到事前及时发现、及时制止、及时处置，防止违法行为趋势扩大蔓延；及时跟踪大型新建住宅区的工程进展，了解小区居民入住数量，掌握房产证办理等情况，落实"城管进社区"要求开展相关执法工作。同时，在小区内设立专门法制教育宣传阵地，提高市民法制意识。

（二）违法户外广告设施专项执法整治，消除视觉污染

户外广告是城市景观的重要内容，也是城市形象的窗口之一，但违法户外广告却给城市带来了负面影响。对此，虹口区城管执法局明确把"拆除作为唯一目标"，严

禁"以罚代拆、只罚不拆"。详细摸清家底：每年底对辖区内大型户外广告开展全面普查，并将排摸数据统一输入智慧城管系统，形成户外广告设施数据库，为整治工作奠定基础；规范执法流程：将安全放在工作首位，确保整治做到措施、责任和人员的"三个到位"，严格按程序执法，坚持鼓励自拆与协助拆除相结合，以解释说明、督促自行整改为主，采用抓重点、破难点，先难后易、稳步推进此项工作；强化监督考核：采取"销项式"方法，及时通报整治工作开展情况，通过智慧城管系统数据核查与现场督察相结合的方式，采取每周一次"对点"、每月一次"对账"、每季一次"对表"、年底绩效考核的措施，督促各中队做到边整治拆除、边数据录入，严格按照时间节点推进工作进度。

1. 整治目标

每年拆除排摸出的300处景观区域及中小道路各类违规设置的户外广告设施，遏制全区道路两侧各类户外广告设施私设乱装多发态势，经审批设置的户外广告设施维护完好，符合设置规范要求，通过专项执法整治行动，进一步改观市容环境面貌。

2. 整治安排

（1）排摸取证

局直属机动中队负责对全区景观区域及各类中小道路上违规设置的大型户外广告设施情况进行详细排摸，主要查看历年已整治拆除的点位是否有"死灰复燃"的现象；各街道城管中队对本辖区内中小道路上各类占道移动式广告灯箱（牌）、违规店招及"小耳朵"等各类小型户外广告设施进行排摸梳理，对违规户外广告设施数据确定底数，录入"智慧城管APP"数据库，现场核实并拍照取证。对声称经审批设置的广告设施，各中队要以市绿化市容管理局景观管理部门提供的备案资料为依据进行信息核对，严格审核。

（2）销项管理

根据前期排摸的辖区内各类占道移动式广告灯箱（牌）、违规店招及"小耳朵"等各类小型户外广告设施数据底数，各中队对已整治拆除的违规户外广告设施进行销项管理，及时更新"智慧城管APP"数据库。

3. 整治措施

（1）行政处罚

原则上机动中队负责对全区各类道路上违规设置的大型户外广告设施实施立案查处，特别是对2020年已拆除后再次违规设置的当事人，要顶格处罚。各街道城管中队对通过网格化平台、12345举报投诉等渠道接到的涉及大型违规户外广告设施类的，应予以受理并按法定程序立案查处；对存在特殊情况或需要的，可将案件移交机动中队继续查处。通过行政处罚手段提高当事人违章成本，遏制此类违章多发势头。

（2）责令拆除

各执法中队对发现的各类占道移动式广告灯箱（牌）、违规店招及"小耳朵"等各类小型户外广告设施要责令当事方当场实施拆除；对网格化平台、12345举报投诉等渠道接到的涉及大型违规户外广告设施，依靠本中队力量或违章当事人无法自行拆除需委托拆除的，报局勤务督察科统一协调专业施工公司（队）实施代为拆除。

严禁"以罚代拆""只罚不拆"现象发生，把拆除作为专项执法整治的唯一目标。对违章当事人拒不整改及其他阻挠执法的行为，由区城管执法局牵头协调区相关职能部门联合执法，实施强制拆除。

（3）规范整改

对经审核具备资质但维护保养不到位，存在破损、污浊、陈旧等不符合设置规范的，要通过责令整改及行政处罚措施，直至达到设置规范要求。

（4）巩固提升

研究制定长效管理机制，各执法中队进一步优化完善日常监督机制，落实常态化管控措施，加强户外广告设施的日常巡查，结合辖区分布特点，对重要节点、重点路段、重要商业区域，组织队伍加强日常巡查工作，对违法擅设户外广告设施的行为，要及时发现、及时制止。对未经审批擅自新增的大型户外广告设施发现一起、查处一起，保持高压态势，巩固提升整治成效。

4．工作要求

（1）依法依规，严格法律程序，加大处罚力度，保持对违规户外广告设施的执法高压态势。

（2）严格按程序执法，宣传教育、开具通知书、行政处罚、现场拆除等各个环节，都要全程拍照摄像；拆除前、中、后三个阶段均应拍照留档。受当事人委托拆除的，需由当事人写委托书。在执法整治行动中，尽量避免矛盾激化、发生冲突，树立依法执法、文明执法的良好形象。

（3）对于已拆除后再次违规设置各类户外广告设施的行为，一经发现要责令立即拆除并一律按罚款上限实施处罚。

（4）机动中队、施工公司（队）要科学合理安排时间，把代为拆除大型违规户外广告设施对道路交通及居民生活的影响降到最低。施工现场应当做好各项安全防护措施，防止伤及行人和车辆，确保施工安全。

（5）各执法中队中队长为第一责任人，同时，局勤务督察科、机动中队对违规户外广告设施执法整治工作进展，进行实时实效督察、核实。

5. 考评办法

在完成目标工作任务的基础上，结合《虹口区城市管理行政执法局中队目标绩效考核评分细则》，将该项工作的完成情况列入全年的工作绩效，进行综合评价。

2017年完成整治拆除5500余块各类违规户外广告设施及店招店牌；2018年完成整治拆除景观区域及中小道路200块存量违法户外广告；2019年底前，违规户外广告及时处置率达90%以上；2020年，基本完成全区一店多招、屋顶招牌和大型侧招整治工作。

📖 **扩展阅读** ··

存在20年的"雅培"违章广告终被拆除

东大名路359号百联置业大厦18楼楼顶上的"雅培"广告牌，该设施长43米、宽20米、高约20米，是北外滩沿江区域位置最高、体量最大的超大型巨幅户外广告设施。由于该设施早已过了审批手续上规定的期限，位置上又属于首届中国国际进口博览会活动重点保障区域内，成为重点治理的对象

（三）街面环境秩序专项执法整治，让城市清洁有序安全

1. 无序设摊专项整治有预案、有规范、有温情

2011年初，虹口区城管执法局针对无序设摊集聚点"整治——反弹——再整治——再反弹"的现象，以"保重点、破难点、出亮点、促长效"为工作目标，以"减量"为抓手，拟定三年行动计划，落实无序设摊综合整治。一是通过组织、法制、力量和财力保障的"四个保障到位"，为无序设摊整治创造必要条件和重要保障；二是借力综合治理平台普遍发动群众、借力区市政市容联席平台整合多方力量、借力机制突破巩固整治成效和借力热线平台强化舆论监督的"四借力"，进一步巩固前期

整治成果；三是确保有预案、有规范、有温情的"三有"工作要求，为整治工作的顺利开展提供刚性与柔性的"双保险"。

　　位于虹口区嘉兴路街道的马路旧货市场已有十多年的历史，是上海三大旧货市场之一，经营时间从每日日落至次日9时，往往会聚集千余个无证摊贩，既有本辖区的，也有外区流入的，严重影响市容环境，更影响市民正常的居住、生活和工作，与城市整体发展格局格格不入，周边居民怨声载道。嘉兴中队在公安、工商和保洁公司等部门的配合下，彻底取缔了天虹路、天镇路的旧货市场（图2-6），共执法取缔流动摊贩200余个，查处无证夜排档加工黑窝点5处，收缴用于无证经营的手推车、三轮车20余辆，取得了预期执法效果。中队也以此为契机，坚持"堵疏结合、以堵为主，条块结合、以块为主，谁主管、谁负责"的整治原则，以天虹路为中心，辐射推开辖区内流动设摊综合治理工作，实现流动设摊的规范管理能力明显提升，区域内市容环境明显改善。

　　七浦路服装批发市场地处虹口、静安两区接合部，是上海规模最大、客流量最大的服饰市场，依附市场的各类无证摊贩数量众多，七浦路、江西北路最多的时候聚集了五六百个摊位，形成了"江西北路餐饮一条街"。川北中队摸索出整治实施前分类排摸、分工负责、分批推进，整治实施中综合实施、联合执法、群众合力的"三分三合"模式，实现了市容环境从乱到治，占道设摊、占道堆物、跨门营业从有到无，路面由脏到洁，交通由堵到畅，市民投诉从多到无，周边居民群众由怨到喜，七浦路服饰市场及河南路沿线基本看不到违法设摊的影子（图2-7），从城市管理的难点变成环境整洁、秩序井然的亮点。

图2-6　天虹马路旧货市场整治现场

图2-7 七浦路市场整治前后

虹口区城管执法局在治理氛围的营造、部门的联动协调、广大市民的参与支持、工作方法的创新改进等方面，都进行了有益探索和尝试。比如，在对安汾路（西段）区段区域"马路菜场"的专项整治中，通过上下同步、左右联动，安汾路专项整治工作取得了明显的治理成效（图2-8），充分体现了综合治理在难点顽症治理中所起到的积极作用。

2011年下半年以来，虹口区城管执法局按照每年提升10个市场周边20条道路管控水平的计划，经过三年多的努力，东余杭路（图2-9）、虹镇老街、宝安路、安汾路、公安街、车站北路等50余条市容环境"脏乱差"控制道路，设摊聚集点持续减少至全面消除。

2. 违规经营夜排档专项整治，差别化管理见成效

夜排档现象一直以来都是市容环境整治中的难点，由于源头有效治理的不足，经营者自身素质参差不齐，流动设摊、集聚设摊、跨门经营，这些违章行为带来的脏乱

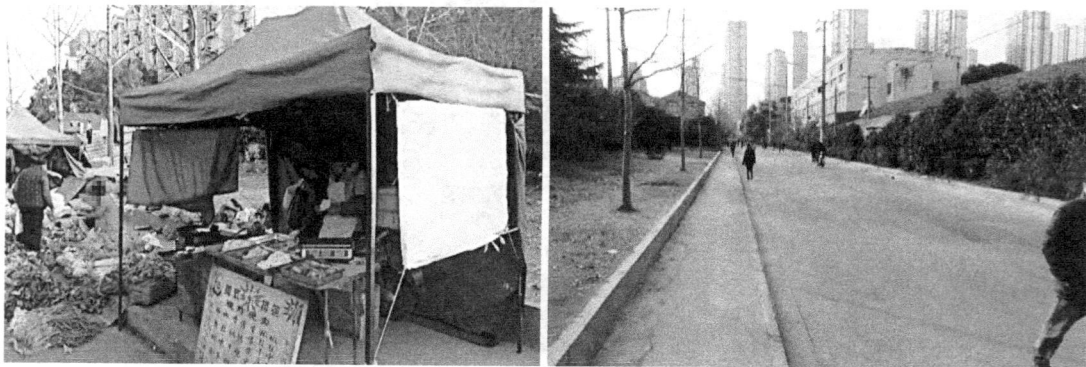

图2-8 安汾路"马路菜场"整治前后

图2-9　东余杭路整治前后对比照

差现象不仅破坏绿化，影响城市的整洁美观和环境卫生，更是遭到大多数市民的反感和反对。由于夜排档是个复合型违规问题，针对区域环境的实际情况，虹口区城管执法局采取了"四个化"方式逐步清除了区域内夜排档。一是差别化管理抓实效。围绕虹口区创建国家卫生区工作，按照疏堵结合、因势利导的治理原则和差别化管理的工作思路，时间上采取层层推进的方式不断挤压违规经营的经营空间，第一阶段严格控制每天主干道22:00以前、次干道24:00以前禁止"夜排档"经营；第二阶段严格控制每天主干道24:00以前、次干道凌晨02:00以前禁止"夜排档"经营；第三阶段严格控制每天主干道02:00以前、次干道全天禁止"夜排档"经营，通过渐进式的治理方式，逐步消除区域内全部违规经营"夜排档"。二是专项化执法抓重点。集中力量扎实开展夏令期间夜排档专项执法行动，全面推行"五定"（定人、定时、定点、定岗、定责）勤务管理模式，综合运用网格化巡查、街面视频巡查、重点区域人员固守、加强市民投诉处理等多种方式，及时发现、及时处置违法占道经营夜排档，着力解决夜排档扰民问题。三是综合化整治抓联勤。针对无食品卫生许可、无证无照经营及社会治安等所产生的问题认识不够的情况，各中队依托联勤联动平台，针对辖区内夜排档数量及分布情况，集中优势力量，采取强有力措施，发挥主力军作用，联合相关部门每周开展不少于2次联合整治行动，对于辖区内中队暂时无法解决的诸如夜排档聚集、食客众多，极易发生群体性事件等热点、难点问题，通过上报区局，由区局组织开展区级层面的联合整治。白天开展清推"三车"、清占道堆物、清半成品作坊，晚上不定时的定点整治（图2-10），对区内22条市级保障道路、重要区域、交通集散地、接待场所进行监控、管理，确保上述区域规定时间内无夜排档，取得了比较突出的工作成效。四是人性化执法获好评。整治前期，各中队对辖区内的夜排档经

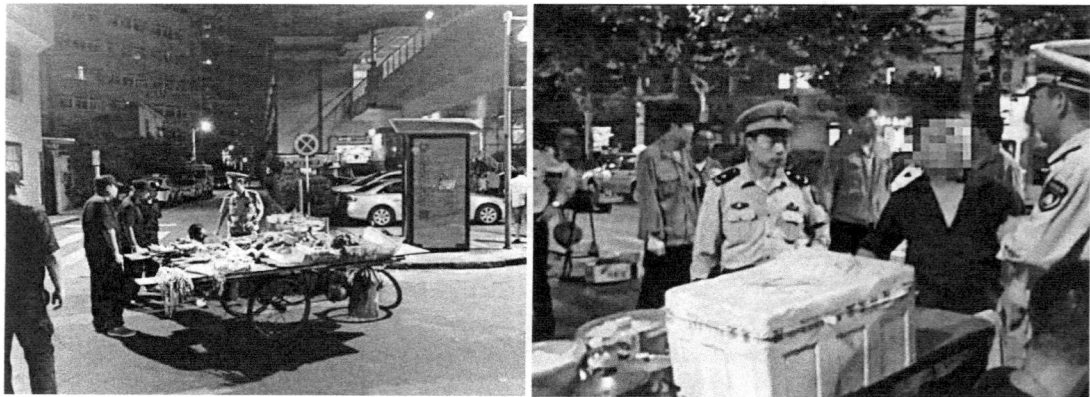

图2-10　夜排档整治

营者发放了宣传告知书，通过发放告知书和宣传教育做到先礼后兵人性化执法。整治中，执法队员在严格执法的同时，也体现以人为本的精神，如在查处新市南路、车站北路路口人行道上的占道夜排档时，发现经营者系一名怀孕的外来妇女，执法队员耐心地进行告知和宣传，一边要求其收拾物品整改违章行为，一边帮助她整理桌椅，搬运物品上三轮车，以平等、谦和的人性化执法理念感化、教育执法对象。

通过集中整治，辖区夜排档违章的发生率得到极大的遏制，夜间市容环境秩序有了很大的提升。虹口区域内各类道路、区域全时段已无夜排档违规经营现象。

3. "三车"流动兜售专项整治，落实"三个加强"

"三车"流动兜售主要是指各类木质板车、三轮车、两轮非机动车占道违规经营的行为，给周边的交通安全和市容环境带来极大隐患。据不完全统计，2011年底虹口有"三车"流动兜售点位850余处。针对"三车"违章行为具有随意性、流动性的特点，落实"三个加强"，对"三车"流动兜售现象开展集中专项整治（图2-11）。一是加强源头管控，注重综合治理。结合社区居民提供的各类有效线索，重点对"三车"堆放和暂存窝点，以及"三车"制作加工窝点进行整治和取缔；二是加强道路设卡，丰富发现手段。安排执法力量在"三车"违章较为频繁的区域，适时开展不定时、全区性专项整治，并充分利用监控系统拓展违法行为的发现渠道，强化和交警部门间联勤联动，各自依法及时处置此类违章行为；三是加强定点取缔，注重常态长效。在日常巡查与执法中，着重加强流动"三车"的管控，一经发现立即暂扣。集中整治期间，各街道中队每周至少2次开展"三车"集中整治，同时按照区域联动的机制，采取相邻若干中队区域联动的模式形成执法力量局部整合的优势，每个区域联动

图2-11　三车整治

块，每周开展"三车"区域联动整治至少1次，逐步实现该违章行为得到遏制并完全消除的目标。

4. 机动车兜售专项整治，联勤联动

虹口区地处城市中心，人口密度高，老式旧里弄堂较多，机动车流动摊点占道经营影响市容与交通，而流动性大、难管理、执法受限成为治理机动车兜售现象的主要难点。

以2013年虹口区创建全国卫生区为契机，虹口区城管执法局对辖区内存在的机动车占道兜售的违法行为进行了地毯式排摸登记和宣传教育，将238辆违规车辆及经营人员、经营品种、经营时间等信息逐个造册登记，绘制地图。与派出所、交警队主动联手，联勤联动，充分利用街面监控，共同商议制定了《虹口区机动车占道兜售专项整治方案》，建立手机、对讲机、微信为基础的三位一体信息平台，形成交警依法对违法车辆暂扣双证，依据交规进行处罚，再由城管部门按照一般程序对占道兜售进行处理的"联动、合力"流程。一方面由交警部门对机动车占道兜售的违章车辆实施现场抄报，联系和指挥清障车将暂扣车辆拖至指定的停车场并进行扣证处罚；另一方面由城管部门对机动车占道兜售人员的违法物品及违法工具（除机动车外），按照城管执法相关法律法规进行暂扣和处罚，协助交警对机动占道兜售的车辆进行查处和处罚。2013年，各执法中队按照所属街道实际情况，分别开展针对性强、涉及面广、具有区域特点的专项整治：广中中队趁春节后大多数商贩还未返沪，机动车兜售现象还未蔓延，联合交警中队开展专项整治，暂扣电子秤10台、协助交警暂扣驾驶证16本。由于抓早、抓少、抓小，措施有力，使辖区内机动车兜售点减少70%。欧阳中队成立

图2-12　机动车兜售专项整治

了一支由1名交警、2名交通协管员，2名城管队员、2名市容协管员组成的巡查小组，定时在辖区内开展巡查，一旦发现有机动车占道兜售现象，立即采取联合执法的机制。江湾城管中队选派出5位工作能力和责任心较强的队员组成"公安街岗区"，并通过采用"岗段式"管理方法，保证不间断地对公安街区域开展巡查，同时，加强了对沿街商户的宣传力度，与商户签订自律责任书。北外滩中队在巡查中发现有一辆小型面包车在路口占道兜售锡箔纸，当城管队员准备进行处理时，机动车驾驶员驾车逃窜，队领导及时利用"街道联动微信群"将车辆照片上传至平台，交警二中队根据平台上掌握情况第一时间赶到现场，同城管队员一起依法对当事人的行为进行了处罚，大大提高了管理效率。

整治行动开展后，全区共查处机动车274车次（与交警共同查处机动车96车次，暂扣机动车31辆，机动车驾驶证36本），暂扣电子秤58台，全区机动车占道兜售问题得到彻底消除。在"创卫"（创建卫生城市的简称）暗访期间实现全区域无机动车兜售的最佳状态，被评为"创卫"优秀工作案例，受到区领导的充分肯定。

（四）建筑垃圾（渣土）专项执法整治，人防技防全上阵

在建筑垃圾违规查处中，小渣土市场的管理始终是个难题顽症，小渣土车辆偷倒方式层出不穷，由于小渣土偷乱倒瞬间发生，导致执法取证难度加大，查处更难。虹口区城管执法局主动牵头辖区交警队、派出所等部门落实闭环管理，开展专项整治行动。一是关口前移，源头管控。对全区所有在建工地进行详尽的调查摸底，与建筑工地签订履职公约；主动上门宣传相关法律法规，检查工地出土量、去向、运输单位等

基础台账；依靠道路巡查、设卡检查、定点固守的"三位一体"执法手段，坚决打击偷倒渣土的违法行为。二是保持高压，全程管控。根据渣土偷倒违章和渣土运输中跑、冒、滴、漏的发生规律和特点，通过24小时全方位、全天候监管，定期采取设卡检查、机动巡查、定点固守等措施，严控工地出土、严查运输违规、严处顶风作案，对渣土车辆形成全线严查严管的高压态势。三是智能手段，实时监管。加强与派出所的联动，利用道路监控设备，实时掌握路面情况，结合前期排摸、巡查伏击、定点清理和线索追踪等手段，一旦发现疑似偷倒行为立刻出动，努力做到管控有力、发案率受控。四是部门联动，齐抓共管。组建多部门参与的渣土专项执法小分队，在执法过程中坚持对路面及小区内暴露垃圾必查（图2-13）、对过往的每一辆渣土运输车必查、对进出土工地必查、对门面装修现场必查的"四必查"原则，形成管理前端和执法后端无缝衔接。五是人防技防，科学管理。各中队加强渣土偷乱倒易发区域的固守巡查工作，并积极依托街道平台，针对性制定预防措施，通过举报奖励、派员驻守、定时巡查、伏击守候等人防措施，安装视频探头、设置路障、种植绿化等技防措施，实施对渣土偷乱倒易发点（路段）的长效管理。

通过上述措施，有效控制此类违法行为的发生频率，取得了良好的整治成效。如，机动中队在执法检查时，发现了一辆偷倒建筑垃圾的渣土车，由于司机不能提供该车的相关渣土运输处置证明，城管队员当场表示将对车辆进行依法暂扣处理。面对执法处罚，司机态度蛮横、不予配合，还弃车逃逸。在弃车前，司机强行损坏了刹车和电瓶线，导致渣土车无法正常启动，只得停靠在非机动车道上。事发后，这名司机深夜来到城管部门大吵大闹，企图要回车辆。执法队员第一时间全程取证当事人扰乱

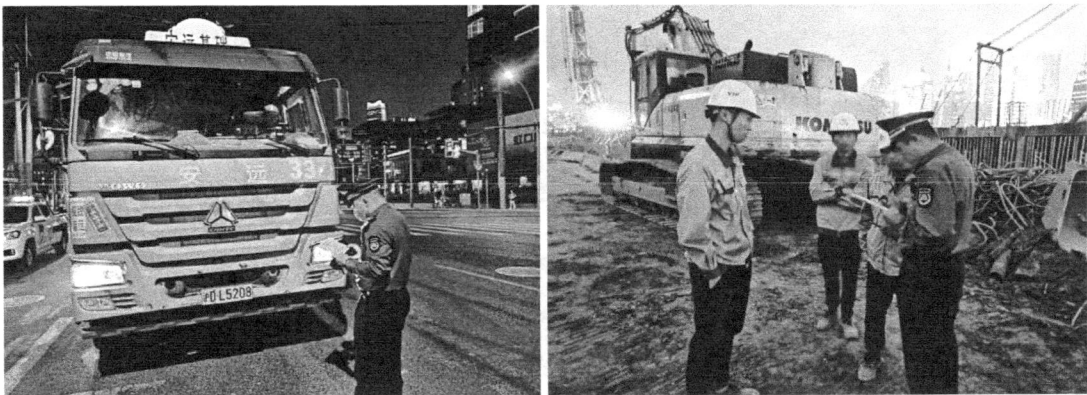

图2-13　执法队员正在对渣土车辆、工地进行检查

办公秩序的影像并联系派出所，最终民警将该名司机带离了现场，这辆违章渣土车也移交交警暂扣，在进行进一步调查后，中队对该名司机擅自运输建筑渣土从严处罚，起到了警示震慑的效果。目前，虹口辖区非法偷倒建筑渣土现象已基本消除。

（五）生活垃圾分类专项执法整治，引领新时尚

2019年7月1日，《上海市生活垃圾管理条例》正式施行，在全国率先开启了生活垃圾分类时代。

垃圾分类执法，是继"禁燃烟花爆竹""交通违法行为大整治"启动之后的又一次全民总动员，是"五违四必""无违创建"工作后的又一执法大考验。2019年以来，虹口区城管执法局深入贯彻习近平总书记考察上海的重要讲话精神，认真落实市、区关于推进生活垃圾分类治理的部署要求，以《上海市生活垃圾管理条例》颁布实施为契机，制定了《2019年生活垃圾分类专项执法整治行动方案》，将生活垃圾分类执法作为专项整治的一项重点工作来抓；进一步明确《上海市生活垃圾管理条例》执法事项，多次召开法制员培训、中层领导干部培训、全体机关人员培训，将执法条例内容覆盖到全体队员；有计划、有步骤地启动"雷霆"系列行动（图2-14），为打赢打好生活垃圾分类的攻坚战、持久战提供有力的执法保障。

2019年4月2日，虹口区城管执法局举行垃圾分类执法主题宣传暨"雷霆行动"执法检查。启动"雷霆一号"行动。

图2-14 虹口区城管执法局垃圾分类执法主题宣传暨"雷霆行动"启动仪式

扩展阅读 ┄┄

"雷霆行动"在持续，执法攻坚显成效

"雷霆仪式"启动仪式之后，北外滩滨江中队前往星乐汇广场，开展垃圾分类专项执法检查，并有新闻媒体全程跟踪拍摄。

为全面推进全区生活垃圾分类工作，加大生活垃圾分类治理力度，虹口区城管执法局全员发动、直击现场，在全区范围内集中开展"雷霆二号"生活垃圾分类专项执法整治行动。

根据商业综合体、住宅小区、沿街门店、党政机关、医院等不同对象的不同执法要求，编制"专题执法清单"，每周确定1～2个对象开展有针对性的"专题执法周"，由中队实施针对性、精准化执法，避免"眉毛胡子一把抓"，全面加强生活垃圾分类治理水平，提高执法效益。中队也在执法实践中，积极探索创新方式方法，力求实现执法效益和社会效益"双赢"。川北城管中队的"笑脸"上榜鼓励就是极具特色的创新。

扩展阅读 ┄┄

川北中队："笑脸行动"公示单位垃圾分类情况

此次"笑脸行动"是四川北路街道继前期开展"扫街行动"后，通过主动公示辖区单位的检查情况，表扬先进、鼓励后进的又一新举措，这将进一步提升辖区单位垃圾分类工作实效。

在习近平总书记视察虹口时提出"垃圾分类就是新时尚"一周年之际，2019年10月31日，虹口区城管执法局开展了"雷霆三号"集中交叉执法检查行动。本次行动有三个特点：

1. 方式新。采取跨街道区域交叉执法的方式，分为南北两个片区、每片区各四个街道区域进行交叉执法，对发现的违规及后续立案查处，以指定管辖的方式完成，进一步凸显执法实效。

2. 手段新。执法检查完全依托智慧城管系统中12000余家"一店一档""餐饮企

业名录"等现有大数据库功能，在执法监管信息库内随机选取检查对象开展精准执法。在现场执法时，队员直接在移动执法终端内进行检查信息录入，全程完整保存执法检查历史记录，让信息化手段助力执法行动。

3. 覆盖全。本次检查对象包括商业综合体、党政机关、建筑工地、餐饮企业、小区物业、垃圾中转小压站、医院、学校在内8大类共128处点位，不仅做到执法对象类别全覆盖，还在检查环节中覆盖了投放、收集、运输各环节。

开展垃圾分类专项执法检查以来，城管队员们遇到过热情市民，由于之前在公园做过宣传，并举行过垃圾分类小游戏，有积极参与活动的群众认出了他们，和他们亲切地打招呼；遇到过"顽固分子"，垃圾分类做得不规范却当场拒绝整改，最终被依法处以2万元罚款；遇到过"大迷糊"，医疗机构物业将弃用的点滴空瓶、装有不明液体的玻璃挂瓶、甚至使用过的针头混入生活垃圾桶内，同在一个桶内还出现奶茶杯，塑料袋，剩菜剩饭等，由于医疗垃圾具有空间污染，急性传染和潜伏性污染等特征，其病毒、病菌的危害性是普通生活垃圾的几十、几百甚至上千倍。如果处理不当，将造成对环境的严重污染，也可能成为疫病流行的源头。幸好，城管队员们及时发现、及时阻止，从源头消除安全隐患，保障了市民的健康安全生活。

"雷霆三号"行动不仅是对前一阶段高密度、大强度执法成果的检验，也标志着下一阶段常态长效监管的开始，将生活垃圾分类执法工作推向新阶段。

2019年7月1日至2020年12月，虹口区城管执法局共检查单位生活垃圾分类行为26740次，检查个人生活垃圾分类行为7112次，立案查处生活垃圾分类案件3291起、罚款84.9万余元。以执法助力虹口区在2020年上半年和下半年全市分类实效综合测评中，均排名全市第三，其中生活垃圾分类执法检查情况排名全市第一。

📖 扩展阅读 ··

关于开展代号"雷霆行动"生活垃圾分类执法检查计划安排

2019年7月1日起，上海垃圾分类将正式进入"强制时代"。经局研究决定，自3月下旬起，开展代号为"雷霆行动"的生活垃圾分类执法检查，为打赢打好生活垃圾分类工作的攻坚战、持久战做好前期铺垫。

（六）"六类"门店跨门经营行为专项整治，促规范有序经营

2014年，针对街面市容违章问题多发的门店种类特点，虹口区城管执法局精准施策、精心部署，开展了"六类"门店（即铝合金加工店、非机动车销售店、物流快递门店、汽修洗车店、水果销售店、小餐饮店）跨门经营专项整治行动。

1. 2014年排摸情况

根据虹口区城管执法部门对六种经营类别门店的排摸情况：

（1）铝合金加工：共200家，其中无证照115家、有证照85家。

（2）非机动车销售：共62家，其中无证照31家、有证照31家。

（3）物流快递：共28家，其中无证照12家、有证照16家。

（4）汽修洗车：共133家，其中无证照63家、有证照70家。

（5）水果销售：共264家，其中无证照147家、有证照117家。

（6）小餐饮：共56家，其中无证照32家、有证照24家。

共计：743家（其中无证照400家、有证照343家）。

2. 工作目标

（1）对于"六类"门店中无证无照的400家店面，纳入虹口区无证无照专项治理工作平台，于2014年12月31日前取缔完毕。

（2）对于"六类"门店中有证照的343家店面，于2014年11月1日前治理、规范完毕。

3. 工作步骤

（1）无证照"六类"门店

①集中整治阶段（2014年9月1日～12月30日）

②具体整治方案由区工商分局制定，区无证照综合整治办公室牵头、协调各街道办、城管中队、工商、公安、食药监等部门在区域内开展联合整治行动。

（2）有证照"六类"门店

①前期准备阶段（2014年9月1日～10月8日）

排查摸底，制定具体整治方案，进一步明确整治任务、责任和措施，做好各方面预案。

根据整治任务，认真做好宣传、发动等工作，发放宣传告知单，让"六类"门店违章人员自行限期整改。

②整治行动阶段：（2014年10月9日～10月31日）

由各街道牵头组织商业委员会、公安、工商、城管中队、食药监管、环保、质监等部门对辖区内有证照的"六类"门店进行有侧重的综合整治行动，进行治理和规范。

③巩固保持阶段（2014年11月1日以后）

保持专项整治成果，适时开展"回头看"行动，及时发现违章行为，及时予以处理，建立长效、常态巩固、维护措施和模式，确保道路畅通和市容环境整洁。

4. 工作要求

（1）各街及职能部门要依托（区级）市政市容联席会议平台，（专业执法部门）区无证无照专项整治办公室，推进全区"六类"门店的综合整治工作。

（2）各职能部门及街道将"六类"门店的整治情况（包括书面材料和影像资料），在整治行动开始后，每月双周五上午报城管大队勤务科汇总，上报市政市容管理联席会。

（3）各街道要严格按照区政府对"六类"门店治理要求和时间节点，牵头组织各职能部门，在对整治后勤以及善后托底工作保障的前提下，推进此项工作顺利完成。

（4）区城管执法大队进行全程督查，从2014年11月1日后，将"六类"门店经营行为纳入城管大队和区网格化平台监督内容。

二、运用法律手段，强化法制保障

（一）全面实施"三项制度"

充分利用法律法规赋予的行政监督检查、行政强制执行和行政处罚等手段，对应城管执法的内容和事项，熟练掌握运用相关法律法规，依法执法。2016年至2019年间，上海市城管执法局陆续印发《上海市城管执法行政处罚案件信息主动公开实施细则》《上海市城管执法系统重大行政执法决定法制审核办法》《上海市城管执法全过程记录规定》《上海市城管执法视音频记录工作规范》等文件，进一步推动行政执法公示制度、执法全过程记录制度、重大执法决定法制审核制度"三项制度"在本市各级城管执法部门全面推行，促进行政执法能力和水平整体大幅提升，行政执法行为被纠错率明显下降，行政执法的社会满意度显著提高。

虹口区城管执法局始终坚持为人民服务的理念，找准推行"三项制度"的着力点和发力点，使之成为城管执法的"紧箍咒"和"保护伞"。每次综合执法，从方案的制定到实施的全过程，事前事中有区法制办专业人员参与把关，事后有预案实现法律救济，为执法行动提供了有力的法律支撑；在一些专项执法中，由区综治办牵头，派出所参加，确保有效控制执法现场及当事人，全力保障执法人员正常履职。法制支撑到位、依法办事、后盾有力，有效遏制因综合执法行动导致的群体性事件发生。

（二）用好执法建议书，形成执法管理合力

1. 目的意义

2020年7月，上海市城管执法局印发《关于开展城管执法建议工作的指导意见（试行）》（沪城管执〔2020〕47号），在系统内推行城管执法建议工作制度，形成执法和管理合力。以开展城管执法建议工作为抓手，督促相关行政管理部门完善管理监督机制和措施，实现执法和管理的良性互动和有机互补；推动城管执法模式由被动处置向主动治理转变、由零星执法向整体治理转变、由单一执法向系统治理转变；推动各级城管执法部门主动融入社会治理，强化执法保障，提升执法效果。

2. 工作原则

城管执法部门开展城管执法建议工作，应当立足城管执法职能，坚持严谨规范、准确及时、注重实效的原则；做到把握问题准确、分析问题透彻、法理依据充分、建议客观可行。

3. 主要内容

（1）提出城管执法建议

对执法工作中发现的下列问题，市、区城管执法部门应当向同级行政管理部门提出城管执法建议，必要时可以抄送被建议单位所属政府；应当向企事业单位、社会团体及其他社会组织提出城管执法建议，必要时可以抄送被建议单位的行政主管部门：

1）国家、社会或者个人利益受到损害或者威胁，需要被建议单位及时采取措施消除的。

2）一定时期内某类违法行为多发、频发，需要被建议单位加强行业监督管理的。

3）对具有典型性的个案违法行为，需要被建议单位对管理相对人加强管理或批评教育的。

4）其他需要提出城管执法建议的情形。

（2）制作《城管执法建议书》

提出城管执法建议应当按照统一格式制发《城管执法建议书》，并要求被建议单

位回复建议落实情况。《城管执法建议书》包括首部、主文和尾部三部分。

1）首部包括：制发单位名称、文书标题和文书编号。

2）正文包括：被建议单位名称、城管执法部门在执法工作中发现的问题、相关事实、原因分析、建议内容和被建议单位回复期限等。

3）尾部包括：制发单位印章、落款日期，制发单位的联系地址、联系人、联系电话和附件名称；如需抄送相关单位的，应当列明抄送单位。

（3）遵循文书制发流程

城管执法部门应当按照以下程序制发《城管执法建议书》：

1）起草。《城管执法建议书》由城管执法业务部门负责起草。

2）事先沟通。城管执法部门在起草《城管执法建议书》过程中，应当就执法工作中发现的问题、拟提出的建议等内容与被建议单位事先沟通。

3）审核和签发。《城管执法建议书》起草完成后，由城管执法法制部门审核；审核完成后，报送本单位主要负责人签发。

4）送达。《城管执法建议书》应当及时送达被建议单位，必要时可以将相关材料一并送达。

（4）归档

城管执法部门应当将《城管执法建议书》、被建议单位回复意见及相关材料整理归档。

4. 实际运用

虹口区城管执法局主动融入大治理格局，通过对执法工作中发现的问题，向同级行政管理部门或企事业单位、社会团体及其他社会组织书面提出城管执法建议，完善了城市管理精细化相关制度。如虹口北外滩区域岗前正处于开发建设加码提速期，建设单位加班加点，许多工地夜间赶工，扰民问题频发。虹口区城管执法局针对两家单位在工地和人员管理方面存在的漏洞和问题，开出了问题"整改药方"。从末端处置的被动执法转变成前端管理的主动介入，采取提示、告知、执法建议等举措，打破"以罚代管"，使"应管、能管、该管"的责任方不再置身事外，根据执法建议书的内容逐项部署落实，明确管理责任，将遵守城管秩序和法律法规的意识植入深处，理顺了城管服务与管理，服务与执法之间的关系，逐步实现城市管理向城市治理的转型升级，打造共建共治共享的社会治理新格局，提升基层执法效率。据统计，2020年7月～12月，虹口区城管执法局向同级行政管理部门开出7份《城管执法建议书》。

扩展阅读 --

上海市/XX区城市管理行政执法局
城管执法建议书

沪×城管执建字〔××××〕第×××号

（被建议单位名称）：

　　我局在执法工作中发现你单位在＿＿＿＿＿＿＿＿＿＿＿等方面存在问题，具体情况如下：

　　根据《上海市城市管理行政执法条例》和＿＿＿＿＿＿＿＿＿＿＿的相关规定，我局向你单位提出以下建议：

　　请你单位在收到本建议书后及时研究，采取有效措施推进相关工作，并在收到本建议书后（回复期限）内，将建议落实情况以书面形式回复我局。

上海市／××区城市管理行政执法局

××××年××月××日

联系地址：　　　　　　联系人：　　　　　联系电话：

抄送：（抄送单位名称）

（三）制定免罚清单，促进良性互动

　　为进一步激发市场活力，不断优化更具国际竞争力的营商环境，促进经济持续健康发展，2020年9月1日，市城管执法局新出台《城市管理轻微违法违规行为免罚清单》（以下简称《免罚清单》）。《免罚清单》明确了12项免罚事项，对于首次被发现的轻微违法行为及时纠正、没有造成危害后果的，不予行政处罚。涉及市容环卫、文明施工、房屋市场管理等方面。

《免罚清单》实施当日，虹口区城管执法局便对一起符合清单内容的擅自对外发布房源信息的行为不予行政处罚，获得当事人的主动配合整改与称赞。这一制度创新，回应了市场主体关切，直接惠及各类市场主体，给企业以实实在在的获得感，帮助企业特别是中小微企业渡过难关、走出低谷、化危为机，实现更好的发展。同时，《免罚清单》促进监管者和被监管者形成良性互动，有助于实现法律效果和社会效果的统一。执法单位和执法人员在免罚的同时，通过批评教育、指导约谈等方式促进、帮助企业依法合规开展经营。实施《免罚清单》后，执法得到了企业更多的理解、支持，企业更愿意主动配合行政机关落实各项管理要求，更积极主动提升守法合规意识。

扩展阅读 ··

免罚清单"上新"！不予处罚获好评

为进一步激发市场活力，优化城区营商环境，促进经济持续健康发展，上海新出台《城市管理轻微违法违规行为免罚清单》，自9月1日起实施。

三、坚持管理先行，重宣传强保障

（一）注重宣传发动营造氛围

在开展重大专项整治前，通过区综治办（区政法委）的牵头协调，联合相关执法管理部门，用至少一个月的时间，通过悬挂横幅标语、张贴和发放告知书、执法人员上门告知，召开当事人、居民座谈会等形式，进行广泛的发动群众和法制宣传，耐心教育劝导争取执法对象自律，帮助确有困难的执法对象排忧解难，努力营造良好的整治氛围。

（二）建立管理对象自律机制

在合法经营门面较集中的道路，引导成立自我管理组织，明确管理标准、措施和责任，自守"规矩"，互相监督。如东余杭路自治商会，就是由沿街经营户自愿选出代表进行自我监督、自我管理。

（三）推动社会组织参与管理

依靠8个街道（社区）办事处出资购买、引进有资质的第三方社会管理服务力量，宣传、劝阻违章当事人自行改正错误，自觉维护城市市容秩序，对不听劝阻的及时向城管执法部门报告，实行市容管理的社会化模式。

（四）严格落实执法责任制度

根据城市管理动态性、反复性、持续性等特点，严格落实岗段责任制，强化执法队员责任，提高见勤率、管事率。

推进旧区改造和城市有机更新，是近年来上海重要的民生工程和民心工程。虹口区作为老城区，正全力以赴加快推进旧区改造，加快创新驱动转型发展。虹口区城管执法局主动发挥旧区改造中的城管执法主体责任，提前介入，注入执法勤务力量，依法查处旧改动迁中的市容违章行为，以城管执法手段保障旧改工作顺利推进。

📖 **扩展阅读** ┈┈┈┈┈┈┈┈┈┈┈┈┈┈┈┈┈┈┈┈┈┈┈┈┈┈┈┈┈┈┈┈┈┈┈┈┈┈┈

"彩虹湾"保障房项目及时遏制了乱装修现象

位于虹口区江杨南路上的彩虹湾基地，是目前中心城区较大的保障房项目，共分四期建设，2016年起居民们陆续搬入，乱装修的现象随之而来，给城管执法工作带来不小压力。

四、社区多元配合，形成联勤联动

从单一被动执法到多元联动治理，以保障民生为宗旨，牢固树立为民服务意识，从住宅小区专项治理入手，强化联动式治理模式，进一步提升城市管理和服务水平，力争为群众解决实际困难。

（一）以"大联动、小联勤"为抓手，形成部门合力

联勤联动是城管进小区的基本工作机制之一，依托各级住宅小区综合管理联席会议和街道城市网格化综合管理机构，不断健全区、街道、居委会等各级联勤协作机

制，一方面健全城管执法部门与公安、工商、房地办、规土等部门的"大联动"机制，积极参与住宅小区综合治理专项行动，各部门协同配合、整合资源，通过联合查处、纳入征信、实施注记等手段，切实形成工作合力。另一方面健全街道城管中队与物业公司、居委会、业委会等单位以及住宅小区志愿者的"小联勤"机制，发动各方力量组建联合巡查督导队，共同发现和劝阻小区内城市管理违法行为，实现住宅小区共治和自治。

（二）以"城管执法社区工作室"为平台，实现综合治理

结合住宅小区综合治理工作要求，在居委会、小区设立城管执法社区工作室，使城管队员第一时间倾听到居民群众的意见建议，使城管执法工作更加贴近市民群众，把群众感受作为检验执法成效的出发点和落脚点，通过面对面的服务拉近心与心的距离。8个街道中队300余名一线执法队员全部对接辖区居委会，在每个居委会内按照统一格式张贴了联系人员姓名、电话、执法职责等内容，方便社区群众咨询、投诉。执法队员保证每周至少半天执勤责任社区，热情接待来访居民，受理居民诉求，及时予以解决，难以当场解决的，做好记录和初步调查，及时上报执法中队，使城管执法工作更加贴近市民群众。

通过加强与社区居委会的联系与沟通，城管队员与居委会干部成了好搭档、好朋友，根据居委会与社区居民反映的现实需求，更高效便捷地开展服务，如台风暴雨小区积水，城管来排水；弄堂走道堆垃圾，城管来清除；小区僵尸车占道，城管来清运……改善小区面貌的同时，也进一步提高了市民群众对城管执法的社会满意度，城管执法社区工作室已成为违章执法的"第一阵地"和为民服务的"第一窗口"。

（三）以"三防合一"为措施，确保整治成效

虹口区城管执法局会同各街道对整治后小区的长效、常态巩固保持进行了通盘考虑，对可能出现的回潮问题进行排摸，主要采取人防、物防、技防的针对性预防措施，确保小区及街面整治后的长效管理。一是通过扩改建绿化、修围墙、装铁门的"物防"措施，占领"阵地"，清除违章发生的落脚点和发生地，从空间上消除违章发生的可能性。二是针对部分毁绿、占绿行为在整治行动结束后可能出现反复的情况，区城管执法局和区绿化市容部门紧密配合，通过对整治后的绿地进行翻修和整理等"技防"措施，一方面修缮被破坏的绿化设施，另一方面设置大型绿化箱等，通过

物化措施进行阻断。三是派遣第三方社会管理服务力量，通过派员驻守、定时巡查等"人防"措施，从根本上解决了整治后住宅小区环境秩序维护和保障的可持续问题，为类似区域和问题的综合治理、长效解决，提供了有操作性的范例和模板。

五、坚持源头治理，根治破墙开店

"破墙开店"是指住宅区一楼住户将楼的承重墙打开，改为商店进行经商或出租的现象，这种现象在我国许多城市都非常普遍，它的出现与城市化和市场经济的快速发展紧密相关。"破墙开店"对房屋安全、市容环境、城市交通、市场秩序、邻里关系等形成了一系列的危害。

据不完全统计，虹口区大约有12600余个沿街门面，其中6300余家为"无证无照经营户"，并且绝大部分存在"破墙开店"的现象。这些"破墙开店"门面中又有90%以上存在跨门经营行为，成为"补短板"工作的重点，治理"破墙开店"势在必行。

虹口区城管执法局坚持"条块结合、以块为主、属地管理"的基本原则，落实街道属地管理责任和部门主体责任，充分发挥和依托街道平台的作用，向"破墙开店"难题顽症宣战，根据实践总结出专项整治"八字诀"，使"破墙开店"无处遁形。

第一步，以城管执法部门为主体，提前介入，清理"两面"各类违章，即对地面占道类和墙面户外设施类违章予以清理。第二步，以市场监管部门为主体，对违法经营门面，暂扣或收缴店内所有违法经营用品。第三步，由城管牵头房管、规土、物业等部门人员组成联合小组，对各类"破墙开店"采取措施恢复原状。第四步，区拆违办牵头，对经营门面属于违法搭建的，坚决予以拆除。通过以上措施，从根本上改变了以往"你来我退、你走我出，整治时'一阵风'、整治完'老样子'"的怪圈，彻底铲除违法行为孳生的土壤。由此，区城管执法局也总结出"清道、取缔、封门（恢复房屋外貌）、拆违"的"八字诀"。该"八字诀"已成为虹口治理"破墙开店"最有效的措施。

截至2020年上半年，累计恢复房屋外貌（封门）4282处。整治行动中，区城管执法局方法得当，措施有效，做到未发生大规模群体事件、未发生群体性上访事件、未发生暴力抗法事件；同时，街道（社区）也同步实施了房屋外貌、街面美化工程，昔日广灵一路、广灵四路、赤峰路等马路菜场变成了林荫小道，"破墙开店"专项整治行动取得了良好的执法效益和社会效益。

📖 扩展阅读 ···

欧阳路街道中队天宝西路破墙封门整治堵疏结合

一直以来，天宝西路"破墙开店"整治始终是欧阳辖区市容环境的疑难顽症，更是一块在前几年"创卫"和"创文"整治中都没能啃下的"硬骨头"。

六、实施综合治理，破解难题顽症

近年来，在各项综合治理工作中，虹口区城管执法局紧盯辖区管理的难点、痛点和乱点，以上海眼光、虹口标准，对辖区市容环境实施全覆盖、全方位、立体化、高标准的治理提升，以"三步九法"为基础，积极落实"四实"举措，以点带面开展各项专项综合治理，破解辖区市容难题顽症。

（一）三步九法

在严格执法实践中，强调规范执法，探索归纳出一套可推广、可复制的"三步九法"综合治理工作法，平稳推进执法整治工作，既达到了整治效果又使整治过程平稳和谐。**"三步"**，即摸底数，明实情；细方案，出实招；重联动，求实效；**"九法"**分别为：清房屋、清人员、清证照等**"三清"**；一店一案、一人一策、一情一议等**"三细"**；联手谈、联手整、联手守等**"三联"**。

1. 第一步：摸底数，明实情

创造性运用清房屋、清人员、清证照等"三法"，走好"底数清，实情明"的第一步。充分利用执法队员熟悉一线情况的特点，重点围绕房屋是否合法、证照是否齐全、人员性质情况等方面，多层面、多渠道、多角度排摸情况，确保数据准确"零差错"。

2. 第二步：细方案，出实招

创造性运用一店一案、一人一策、一情一议等"三法"，迈好"细方案，出实招"的第二步。

（1）细方案。选准切入点和突破口，因事制宜、因人施策，制定切实可行的办法措施，确保每家店铺有特定的工作方案，每个特殊情况有不同的工作研究，每项工作对象有明确的工作对策。首先是一店一案，在统一制定总方案的前提下，相关街道及单位纷纷制定各自分方案。其次是一人一策，坚持"有违章必谈话、有谈话必笔录、有笔录必归档"的策略，确保掌握每个当事人的基本情况和心理想法，及时制定对策措施。最后是一情一议，部分违法当事人家属患有重大疾病，经与街道、市政等部门协调，在果断取缔违法摊位的同时，采用人文关怀，拆后帮扶等措施，成功解决当事人后顾之忧，为他们解决了实实在在的生计问题。

（2）出实招。充分发挥"屯兵街面、力量下沉"全天候、全覆盖、全能效的勤务模式优势，八仙过海，各显神通，结合各自实际，在街道中队探索实行"5+1+2"勤务模式，即：建立5个片区对应街道网格、1个机动巡逻组、2个业务组，将执法工作与社区工作有效对接，协同片区其他职能部门综合处置社区管理工作中的难点顽症，做到有问题必到岗、有情况快处置。

3. 第三步：重联动，求实效

创造性运用联手谈、联手整、联手守等"三法"，跨好"联勤联动，实效长效"的第三步。首先联手谈，街道中队在网格化片区中，主动与公安、市场监管、房地办、绿化和市容管理、居委会、物业等部门联手约谈当事人。其次联手整，按照"以点带面、由易到难、由急到缓"的原则，联合相关部门共同开展环境综合整治。最后是联手守，充分发动社会第三方力量，加强整治后的固守，不留空白、全面覆盖。

（二）"四实"举措

通过提前谋划准备实、攻坚克难措施实、责任明确合力实和民心安定服务实等"四实"举措，圆满完成了各项综合整治任务，取得了良好的执法效益和社会效益。

1. 提前谋划准备实。抽调城管队员组成专门工作小组，在市场监管、街道干部、社区民警的大力支持下，对整治区域内各类店面证照情况、违章种类、分布、业态以及设摊人员大体来源等情况，进行全面详细地排摸分析，同时利用各种形式进行宣传教育，争取广大市民理解支持。

2. 攻坚克难措施实。慑于法律威严和强大的执法压力，绝大部分无证无照经营门面被依法取缔，但仍有部分无照经营门面为规避整治，采取暂时关门歇业的方式，进行观望和试探。对此，相关中队配合街道相关部门多次上门，反复做通当事人思想工作；"拔点"当天，队员们亲自帮助当事人搬运装车，为避免留下执法"后遗症"，中队派人在现场固守一直到拔点结束、砌好围墙。

3. 责任明确合力实。整治中，抽调其他中队的精兵强将，联动公安、工商、街道办等相关部门，将整治小组划分成宣传发动、整治执行、法制保障、现场安保、后勤保障5个小组，编设八个岗段，设立岗段长，明确每个岗段的目标任务及人员职责分工，负责组织、协调本岗段区域内的日常整治工作。

4. 民心安定服务实。在有些店铺搬迁过程中，一些商铺由于经营工具和物品庞大笨重、数量较多，执法队员主动帮助他们联系车辆和人员，搬运装车并安全顺利送达指定地点，赢得广大居民理解和支持。不少居民主动移出房间供执法人员休息，并全天供应开水饮用，甚至有的居民专门配好一把房门钥匙交给我们执法人员，以方便随时使用。

七、健全"诉转案"机制，提升市民满意度

将市民诉求件转化为行政执法案件（下称"诉转案"）是解决群众关切问题的重要举措，也是提升辖区市容面貌的有效手段，见表2-6。

2019年初，虹口区城管执法局按照市城管执法局要求推进"诉转案"工作，较好地完成了诉求件"一升一降"（即市民满意度逐年上升，诉求件总量逐年下降）的总体目标。

2018—2020年"诉转案"工作情况　　　　　　表2-6

年度	诉求件总数	有效诉求件	同比	"诉转案"案件数	"诉转案"率	满意度
2018	4067	/	9.20%	104	1.97%	65.3%
2019	2765	1418	−32.00%	248	17.49%	77.1%
2020	2167	1357	−21.60%	433	31.91%	87.8%

（一）诉求件总体情况

据统计，虹口区城管执法局2018年受理市民诉求件4067件，较2017年同比上升9.2%。2019年推进"诉转案"工作后，当年即扭转了上升势头，诉求件总量大幅下降，2019年全年办理诉求件2765件，较2018年同比下降32%。2020年，又在2019年的基础上净减少598件，同比下降21.6%。

由此，2020年较2018年，净减少1900件，同比下降46.7%。

（二）"诉转案"案件情况

2018年，"诉转案"立案仅104件，"诉转案"率为1.97%。推进"诉转案"工作后，2019年"诉转案"立案达到248件，"诉转案"率为17.49%。2020年，实现立案433件，"诉转案"率为31.91%。

由此，2020年较2018年，增加案件329件，同比上升316.3%。

（三）市民满意度情况

经统计，2018年，市民诉求件办理群众满意度为65.3%，推进"诉转案"工作后，至2020年，群众满意度已达到87.8%，实现大幅提升。

（四）主要做法

1. 设定量化目标，纳入工作考核

推进"诉转案"工作之初，考虑到区域实际，将"诉转案"率由2019年的10%提高至2020年的15%。

2. 推进市民测评，实现"应测尽测"

安排专门人员，专职从事市民诉求件满意度电话回访工作，做到诉求件全覆盖，应测评尽测评，邀请诉求人按照及时到场率20分、及时处置率30分、处置结果回复10分、处置结果满意率30分、处置人员态度10分，总分100分进行打分评价。

3. 注重过程管理，严格落实责任

"诉转案"情况以月为节点，在局行政例会上予以通报，作为各中队月度工作的重要内容进行讲评。如市民满意度出现0分诉求件，承办队员说明情况，中队负责干部做书面检查。

4. 运用"智慧城管"，提高办理质量

经分析，"诉转案"制度的程序化、信息化是全面推进"诉转案"工作的重中之重。虹口区城管执法局以"一表通览、一网通办、一键立案"为总体思路，在智慧城管系统内，试验勤务、法制、应诉处跨部门联通，并取得成功。

（1）一表通览，支撑考核，"诉转案"数据可视化

进一步深化智慧城管系统研发，将《虹口区城管执法中队诉转案工作统计表》纳

入"查询统计"板块，实时跟踪诉求件来源、基数情况、"诉转案"情况、案件分析、诉求件分析等，实现可视化应用，为工作考核提供支撑。

（2）一网通办，支持办案，"诉转案"办理信息化

通过"制度+科技"，进一步简化"诉转案"案件办理流程，"诉转案"案件的内部法制办案流程，在智慧城管系统内实行网传、网签、网办，最大程度提高效率，实现诉求件、案件的一网通办。

（3）一键立案，支援诉处，"诉转案"流转自动化

进一步简化"诉转案"处置流程，利用现有的智慧城管系统，通过技术和逻辑手段实现"网上诉处""网上办案""网上考核"三大模块的互联互通，打通模块间的横向链接。

执法队员通过"网上诉处"模块接收诉求件任务并赶赴现场后，查看现场，确定诉求件内容，根据现场真实情况进行判断处置。对于现场情况符合立案条件的诉求件，可以即时通过"智慧城管APP"在"诉求件处置"方式中选择"立案处罚"，系统就会自动跳转至办案模块，输入各项立案信息便于执法队员进入下一步案件处置程序，从而与诉求件关联起来。

对于现场无法判断是否满足立案条件的诉求件，执法队员可在现场先取得基本信息及违法相关证据，然后登录"网上办案"模块，新建"一般案件"，根据诉求件现场情况录入立案基本信息内容，并在"案件来源"中选择对应的"12345、12319、街道网格投诉"诉求件单号进行关联，系统即可自动关联诉求件中心并直接转化为"诉转案"办案流程进行处置。

通过在系统中建立的"诉转案"程序，"网上考核"模块会自动判别并运用"诉转案专用预设系数"进行考核打分。进一步统筹考虑、结合实际、细化考核，调动起执法队员对于"诉转案"工作的积极性。

扩展阅读 ···

微电影：虹口城管执法局《大城小事》

微电影《大城小事》讲述了发生在城管执法队员与摊贩之间的故事，从摊贩对执法态度的转变，展现了城管执法队员真实工作的方方面面。

第四节　执法职责精细化

虹口区城管执法局按照上级部门关于定人、定编、定岗等"三定"的要求，借2015年城管体制改革、执法局单列、成为区政府组成部门的契机，根据工作需要，科学配置、深度优化局内各科室和中队职能、人员编制、工作任务等，进一步精细执法职责。

一、上海市虹口区城市管理行政执法局内设机构的主要职责

根据《虹口区城市管理综合执法体制机制改革工作方案》（虹委办〔2015〕23号）有关要求，制定部门内设机构的主要职责。

（一）办公室

1. 落实和推进局党委决定决议，负责局党委班子民主生活会的具体事务。

2. 落实局领导各项工作安排，协调局系统对内对外工作。

3. 制定年度工作计划，组织开展年度、阶段和重大活动的工作总结和汇总上报。

4. 做好上级指示精神的上传下达和反馈，负责文件文稿的起草、审核和发放。

5. 负责局系统各项工作经验的总结、研究和调研。

6. 负责各类会议的组织协调和记录，做好落实会议精神的跟踪指导。

7. 负责信息、简报的收集、编辑和上报，负责局新闻发布和媒体接待，及时应对和处置重大新闻媒体事件。

8. 负责"两会"代表意见和提案、领导批示事项的处理。

9. 负责局机关、中队办公秩序的管理。

10. 负责局档案管理，做好保密工作。

11. 完成上级交办的其他工作。

（二）政工科

1. 负责队伍作风建设和管理，建立健全执法队伍内部管理制度，组织开展执法队伍规范化建设。

2. 负责局系统宣传教育工作，组织开展思想政治学习，抓好队伍思想政治教育，保持队伍稳定，做好先进典型的挖掘、培养和宣传。

3. 加强党的建设，负责局系统的党务工作、政治思想工作，做好党员队伍的考察、培养、发展和教育培训。

4. 负责干部队伍的考察培养、任免使用、教育培训和监督奖惩工作；抓好骨干后备队伍的培养培训。

5. 做好新进人员的招录和培训，组织实施人员年度考核以及等级评定。

6. 负责局系统纪检监察工作，预防和处理各类违法违纪案件。

7. 负责劳动工资和人事资料管理。

8. 负责局工会、团委和妇联的各项工作。

9. 负责退休干部的管理和服务工作。

10. 负责局系统人民武装力量的建设和管理，组织开展国防教育。

11. 完成上级交办的其他工作。

（三）法制科

1. 贯彻执行城市管理领域方面的法律、法规和规章，组织开展综合业务培训。

2. 落实行政执法责任制，对行政执法工作进行指导、检查和监督。

3. 负责各类案件的审理、审核及报批工作，依法对重大案件的审理提出处理意见。

4. 负责执法文书的管理及发放，规范执法统计，做好各类案件整理和卷宗归档。

5. 负责向人民法院申请强制执行及向相关行政机关移送案件；负责组织实施听证程序和行政复议答辩及行政诉讼应诉工作。

6. 负责执法业务的指导、协调、监督和考核，定期对执法质量进行评估，组织实施法制管事率考核和案卷质量的检查复查工作。

7. 负责执法证件的管理和发放。

8. 做好法制宣传，负责群众信访的接待和处理。

9. 完成上级交办的其他任务。

（四）勤务督察科

1. 制订局年度和阶段勤务工作计划，并做好落实、指导、检查和反馈。

2. 加强与上级部门、街道及其他执法部门的沟通协调和联勤联动，做好双向告知工作；组织实施联合执法和综合治理，负责制定各类专项整治、应急处置、重大活动市容保障的勤务工作预案。

3. 负责中队日常勤务及联动整治的协调和监督，对中队勤务实效和专项任务执行情况进行考核。

4. 负责局指挥中心的日常管理和运作，做好勤务指挥和调度。

5. 负责执法效能督察，并监督处置反馈情况及复查整改成效。

6. 负责行为规范督察，对执法人员的仪容仪表、言行举止和廉洁自律等进行督察，对机关科室、中队的办公和工作秩序进行督查。

7. 负责督察、督办社会与媒体关注或上级部门督办的各类重大案件。

8. 完成上级交办的其他工作。

（五）后勤装备科

1. 编制落实局年度财政预、决算工作，做好各类财务会计报表的编报、审核、汇总和上报，加强财务档案的整理及存档工作。

2. 认真贯彻执行国家财务制度，制定财务管理办法，加强各类经费的使用管理。

3. 负责局国有资产的政府采购、发放、管理以及盘点工作。负责落实报刊征订以及执法装备、办公用品等各类物资物品的采购、入库、发放、报废、更新、养护维修和管理，做到账物相符。

4. 落实安全管理制度，定期开展安全教育和安全检查。重点落实执法车辆的管理、调度、维修和保养工作，办公场所的水电、通信和消防等设施的维护保养和环境美化。

5. 落实信息化建设和网络维护工作，负责数字化城管的建设管理。

6. 完成上级交办的其他任务。

二、上海市虹口区城市管理行政执法基层中队岗位职责

为强化职能管理，规范街道中队日常运作，依据市城管执法局《上海市城市管理行政执法基层中队岗位职责》和《虹口区关于加强社区综合管理执法的实施意见》，明确岗位职责，并要求各街道中队将具体岗位职责上墙公示，加强日常监督，进一步落实各部门执法职责的精细化。

（一）中队长职责

1. 结合辖区实际，组织实施城市管理行政执法事务，工作做到有计划、有布置、有推进、有考核、有总结，努力完成各项工作任务。

2. 落实"一岗双责"，抓好中队建设和管理，组织落实工作责任制和上级制度规范，做好案件审查工作。

3. 定期召开队务会议，研究布置中队工作，定期向上级部门汇报工作情况。

4. 检查队员开展执法执勤、执行行为规范等情况，开展对队员及勤务辅助人员的考核评议。

5. 密切联系辖区职能部门，共同做好城市管理执法工作。

6. 完成上级交办的其他任务。

（二）党支部书记职责

1. 抓好班子自身建设，提高班子的凝聚力和战斗力。

2. 研究安排中队党组织工作，制订支部工作计划。

3. 定期组织党员开展党的思想路线、优良传统、党风廉政教育。

4. 组织召开支部委员会和支部党员大会，按时向支部委员会、党员大会和上级组织汇报工作。

5. 做好入党积极分子的培养、教育和发展。

6. 完成上级党组织交办的其他任务。

（三）副中队长职责

副中队长协助中队长工作，抓好所分管的业务，确保各项任务完成。

1. 分管案件审办副中队长职责

（1）负责中队案件复核、审查把关，不断提高中队办案质量，推进完成办案任务。

（2）抓好中队法制队伍的培养，经常性组织开展法制小教员业务交流及培训，提高中队办案水平。

（3）坚守依法办案、按程序办案的原则，严禁发生行政复议、行政诉讼败诉事件。

（4）完成领导交办的其他任务。

2. 分管执法勤务（综合执法）副中队长职责

（1）合理安排中队力量，参加社区综合执法活动。

（2）根据辖区实际，及时做好勤务调整，全时段、全区域加强街面巡查整治，确保街面实效。

（3）科学安排夜间执法力量，强化夜间市容管控，严查各类违章问题。

（4）开展小区综合治理，坚决防控违法搭建、破坏承重墙、占绿毁绿等行为，特别要加强对物业管理企业的执法力度。

（5）负责制定中队具体勤务安排并抓好落实。

（6）完成领导交办的其他任务。

3. 分管信访投诉（网格管理）副中队长职责

（1）认真执行信访、热线诉求件的办理规定，严格把关，不断提高中队信访投诉的办理质量。

（2）及时回应市民诉求，通过执法整治、耐心解释、热情服务等方法，降低投诉量、提高满意率，努力防止一般诉求件转化为信访案件。

（3）组织开展中队信访投诉业务交流与人员培训，提高队员业务能力。

（4）完成领导交办的其他任务。

（四）班组长职责

1. 组织带领本班组队员认真学习政治理论和业务知识，提高队员综合素质。

2. 按照中队部署，带领队员开展执法整治和执法服务，完成各项工作任务。

3. 检查和督促本班组队员执行行为规范，保持良好的队容风纪和行为举止。

4. 掌握本班组队员思想情况，抓好团结协作，确保工作顺利开展。

5. 完成领导交办的其他任务。

（五）内勤职责

1. 收发、传阅、归档各类文件资料，收集、整理和归档执法文书、案卷档案。

2. 做好信息、各类报表和其他材料的按时上报工作。

3. 做好来信来访来电的受理、登记、分办和反馈工作。

4. 做好队员日常考勤记录和仓库管理工作。

5. 遵守财务规定，及时上缴罚款，做到手续齐全、账目清楚。

6. 完成领导交办的其他任务。

（六）队员职责

1. 服从命令，听从指挥，完成工作任务。

2. 加强学习，提高政治素质和业务技能，正确运用法律法规。

3. 积极宣传，认真执法，对辖区内的违法违章行为进行查处。

4. 规范执法、文明执法，使用礼貌用语，维护城管队伍形象。

5. 坚持原则，廉洁奉公，遵守纪律，尊重领导，团结同志，秉公执法。

6. 完成领导交办的其他任务。

三、其他职责

（一）法制科案审人员岗位职责

1. 负责对派驻各街道中队和直属中队完成的行政处罚和行政强制案件全面审核。

2. 负责指导各中队疑难复杂案件的办理。

3. 负责城市管理执法法律文书的发放、管理和规范使用。

4. 负责各项法制办案数量的数据统计和分析。

5. 负责行政处罚网上公示系统相关数据录入和校对工作。

6. 与办案系统信息管理单位对接，保障网上办案系统正常使用和日常维护。

7. 服从科室负责人日常工作安排，落实各项交办任务。

8. 完成局领导交办的其他任务。

（二）信访工作岗位职责

1. 受理群众来信来访。

2. 承办上级信访机关、党政领导交办的信访案件。

3. 及时向领导报告重要信访情况，定期统计、分析来信来访反映的问题。

4. 调查研究信访工作出现的新情况新问题，结合实际制定、修改、完善信访工作规章制度。

5. 积极疏导并做好上访人的思想工作，维护正常的工作秩序。

6. 完成领导交办的其他工作。

扩展阅读 ………………………………………………………………………………

《虹口区城管执法局信访投诉处理流程》

区城管执法局收到信访件后，先对信访投诉内容是否属于城管职权范围进行甄别。如不属于城管职权范围内的，将在两日内联系区信访办作退件处理……

（三）安全工作主管领导岗位职责

1. 认真贯彻执行安全工作管理规定和上级有关安全工作的指示和要求。对部门安全工作负有主要责任。

2. 履行年度安全生产工作目标、计划和措施的制定和实施工作，健全安全生产责任制度，全面负责安全生产工作。

3. 召开安全生产系列专题会、协调会，总结阶段性工作，推进各阶段安全工作有序推进。

4. 开展安全工作宣传教育，组织相关演练，提升防范意识，提高预防事故及突发事故应急处置能力。

5. 组织落实节假日、日常性安全专项检查，监督落实各项安全规章制度。

6. 组织落实安全生产设备和物资的购置、使用和管理。

7. 负责安全事故的相关处理工作。

8. 完成上级交办的其他安全工作任务。

（四）安全员岗位职责

1. 协助落实安全生产工作目标、计划和措施的制定和实施。

2. 具体开展安全检查工作。对查出的事故隐患和违反安全工作的行为，及时向主管领导汇报，做出整改方案并监督落实整改。

3. 协助落实安全宣传教育、培训和演练工作，提高预防事故及突发事故应急处置能力。

4. 负责各类安全生产资料台账、档案、报表等的收集、归档整理和保存。

5. 认真完成安全月度报表的填制上报。定期检查车辆管理工作，做好检查记录，及时核查出车情况。

6. 负责管理本部门的办公场所、安全设施、易燃易爆和危险化学品的安全检查、管理和整改工作，及时消除安全隐患。

7. 协助做好安全生产各类设备的购置、使用和日常管理工作。阶段性的向主管领导汇报物资储备和使用情况，及时做好增补。

8. 协助主管领导做好安全事故处理。

9. 完成领导交办的其他安全工作任务。

第五节　执法制度精细化

"无规矩不成方圆。"虹口区城管政执法局将制度建设作为城管体制机制改革的重要内容，先后建立完善了包括行政执法"三项制度"等在内的十几项精细化执法制度，通过制度落事、制度管人，并逐步巩固提升为常态长效的管理机制。

一、行政执法"三项制度"

根据国务院、住房和城乡建设部关于全面推行行政执法"三项制度"的文件精神，全面推行行政执法公示制度、执法全过程记录制度和重大执法决定法制审核制度，深入开展"阳光执法"建设，确保严格执法、不枉不纵，切实增强人民群众的法治获得感。

（一）推行行政执法公示制度

《上海市行政处罚案件信息主动公开办法》（上海市人民政府令第36号）自2016年1月1日正式实施以来，按照"谁执法谁公示"的原则。

1. 强化事前公开。认真做好执法事前公开、权责清单公布和"双随机、一公开"等工作，根据市城管执法局2016年底发布的《上海市城管执法系统日常执法随机抽查工作实施方案》（沪城管执〔2016〕47号）要求，虹口区城管执法局按季度主动通过市城管执法局和虹口区政府门户网站主动公开"双随机、一公开"信息。据统计，2018年主动公开信息5135条，2019年主动公开信息9732条，2020年市城管执法局调整公开信息目录后，主动公开信息3545条。

2. 规范事中公开。执法队员在开展执法工作时，着执法服装、佩戴执法标识，主动出示执法证件，向当事人和相关人员表明身份，出具行政执法文书，主动告知当事人执法事由、执法依据、权利义务等内容。

3. 加强事后公开。建立健全执法决定信息公开发布、撤销和更新机制，按照相关规定公开执法决定信息，自2018年1月1日至2020年12月31日，主动公开执法决定信息6375条。

（二）落实执法全过程记录制度

根据2017年市城管执法局印发的《上海市城管执法全过程记录规定（试行）》（沪城管执〔2017〕8号）工作要求，执法队员在包括执法程序启动、调查取证、审查决定、送达执行和归档整理等各阶段进行文字和音像记录。虹口区城管执法局通过完善执法案卷管理制度，加强对执法台账和法律文书的制作、使用、管理，按照有关法律法规和档案管理规定归档保存执法全过程记录资料，确保所有行政执法行为有据可查。

1. 记录的内容

城管执法全过程记录包括文字记录和音像记录两种方式。文字记录是指采用书面材料、电子数据等进行的记录。音像记录要求使用执法记录仪和城管执法终端进行记录。因客观条件所限，只能使用照相机、摄像机、录音机（笔）、视频监控设备等工具进行记录的，需附书面说明。

城管执法人员在行政执法过程中应当通过制作执法文书、使用音像设备等方式，对现场执法检查、案源登记、立案、调查取证、案件审查、事先告知、听取陈述申辩、听证、处理决定、送达、执行、催告、申请法院强制执行、结案等执法各个环节进行全面记录。

2. 记录的设施设备

执法记录设备，包括执法记录仪、摄像机、数码相机、录音笔、无人机、视频监控设备等音视频摄录设备，及执法记录采集终端、刻录机、光盘、移动硬盘等辅助存储设备。根据《上海市城管执法全过程记录规定（试行）》的相关规定，在受理接待室、违章处理室等场所设置视频监控设备。城管执法人员使用执法记录设备前，应当对电量、存储空间、日期时间设定等情况进行检查；发现设备故障、损坏的，应当及时上报维修。视音频同步记录过程中因设备故障、损坏，天气情况恶劣或者电量、存储空间不足等客观原因而中止记录的，重新开始记录时应当对中断原因进行语音说明。确实无法继续记录的，应当立即向所在单位负责人报告，并在事后书面说明情况。

3. 记录的管理

建立健全执法全过程记录管理与使用制度，明确专人负责全过程记录文字和音像资料的归档、保存和使用。执法记录仪音像记录制作完成后，城管执法人员应当在当日将执法记录仪连接至电脑，将需要长期保存的音像记录复制到电脑，复制完成后，再将执法记录仪连接执法记录采集终端。音像记录作为行政处罚、行政强制案件证据使用的，应当刻录成光盘，附在案卷内一同长期保存。

据统计，虹口区城管执法局2018年共归档执法卷宗一般程序案件2685起，简易程序案件2630起，执法音视频记录36734条；2019年共归档执法卷宗一般程序案件2869起，简易程序案件2797起，执法音视频记录20011条；2020年共归档执法卷宗一般程序案件2691起，简易程序案件2447起，执法音视频记录18593条。推行执法全过程记录既有利于查找出城管执法过程中需要改进和提高的方面，也有利于推进"阳光执法"，实现执法全程留痕的需要，促进城管执法队伍建设向着规范化道路迈进。

📖 扩展阅读 ··

《虹口区城市管理行政执法局执法记录仪使用管理规定》

为进一步加强行政执法工作，规范执法记录仪的使用和管理，提高执法人员自我约束、自我防范意识，维护当事人及城管执法人员合法权益，有效减少涉法信访、投诉，保障执法人员依法履行职责、加强执法监督，结合我局城管工作实际，制定本规定。

（三）实施重大执法决定法制审核制度

根据市城管执法局2017年印发的《上海市城管执法系统重大行政执法决定法制审核办法》的工作要求，虹口区城管执法局明确职责，设专人负责法治审核工作，制定重大执法决定法制审核目录清单，凡涉及重大公共利益，可能造成重大社会影响或引发社会风险，直接关系行政相对人或第三人重大权益，经过听证程序作出行政执法决定，以及案件情况疑难复杂、涉及多个法律关系的，都对其进行法制审核程序。截至2020年12月底，共计实施重大执法决定法制审核266例，确保重大执法决定的合法、有效，促进严格规范公正文明执法，不断提升行政执法公信力和执行力，保障公民、法人和其他组织的合法权益。

1. 适用范围

（1）对公民处以一千元以上、对法人或其他组织处以二万元以上罚款案件。

（2）经过行政复议或者行政诉讼程序，需要重新作出具体行政行为的。

有如下情况之一的，可以申请召开重大案件会审会议：

（1）案情复杂，对案件定性或处理程序上有争议的疑难复杂案件。

（2）其他有必要提交重大案件会审会议审理的案件。

2. 案审机构设置

重大案件会审设工作组。由局主要领导任组长；局纪委书记、副局长、各街道分管领导（分管主任或社区管理办公室负责人）任副组长；法制科、勤务督察科负责人、相关中队中队长任组员。具体个案的案审会议由局法制科负责召集。会议出席人员视案情需要由工作组中相关人员产生；各中队中队长和案件承办人员必须参加个案的案审会议。

3. 案审会议的提出

各中队在执法过程中对应当提出或者认为有必要提出重大案件会审提议的案件，应当制作《重大案件会审申请表》，经中队负责人、街道分管领导签字确认后交局法制科初审。除应当召开案审会的案件外，法制科对其他案件案审会召开的必要性进行评估，作出是否召开的决定。召开案审会前，法制科通知召开时间、地点、出席人员范围、需在会议上提交的资料等。

4. 案审会议内容

案审会议内容主要包括案件主体是否明确，案件事实是否清楚，案件证据是否确凿，案件是否属于本局管辖范围，案件定性是否准确，适用法律是否正确、适当，办理程序是否合法，执法文书是否规范，案件承办人员拟定的处理意见是否适当，其他需要审理的内容。经审查，认为案件存在疑问的，应当退回承办部门继续调查办理。

扩展阅读 --

《虹口区城市管理行政执法局重大案件会审工作实施意见》

为进一步规范城市管理行政执法行为，健全行政执法重大案件决策机制，提高案件审办质量，做到行政执法公开、公平、公正、准确、有效，根据《中华人民共和国行政处罚法》《中华人民共和国行政强制法》《上海市城市管理行政执法条例》《上海市城市管理行政执法程序规定》等规定，特制定本实施意见。

二、重大行动报备制度

各城管中队参加其他部门组织的重大突击性、临时性任务，重大综合性、规模性整治，重大执法办案、重要事项，应当事先填写《重大行动事前报备表》，写明重大行动的基本情况，包括时间、地点、牵头部门、参与部门、当事人信息，以及前期做的工作、中队意见等。如参加街道办事处或区城管执法局以外的其他部门牵头组织的重大行动，则除向区城管执法局报备以外，同时应报街道办事处知晓。重大行动后，填写《重大行动事后报备表》，将行动情况用简要的语言写明，并记录当事人情绪状况（如稳定、激动、非常激动等）、当事人扬言情况（如扬言行政诉讼、行政复议、上访、采取极端手段等），于行动后立即上报，最晚不得超过48小时。

重大行动原则上实行事前事后双报备制度，如遇少数临时组织的突击性任务，时间上来不及做到事前上报的，则事后应将事前事后报备表一并报送，最晚不超过24小时。重大行动过程中必须严格遵守执法全过程记录制度，通过音视频记录的方式记录重大行动过程，并做好视频数据整理保存，以备做行政诉讼、复议的证据使用，局法制科不定期组织检查该制度落实情况。

扩展阅读 --

《虹口区城市管理行政执法局关于落实中队重大行动报备制度》

为进一步加强我局对各基层中队进行重大行动的管理、指导、帮助，确保依法行政原则在工作中得到贯彻落实，结合执法力量下沉，基层中队"区属、街管、街用"的工作实际，要求各中队落实重大行动事先、事后报备制度。

三、严肃执法办案制度

（一）原则要求

1. 执法办案实施终身责任追究制度

各执法中队办理的简易程序和一般程序案件将实行终身责任追究制度。责任对象包括案件具体承办人员、中队审核人员、局职能部门审核人员。

2. 如实立案、如实办案原则

各应根据巡查、接访接诉等案件来源及时、准确立案，并根据客观事实和法定执法依据、程序办理案件。不得拖延立案、迟延办理；证据采集应真实、客观、详尽，不得张冠李戴、以假充真。

3. 严格执行罚缴分离制度

适用简易程序当场处罚的案件中符合《中华人民共和国行政处罚法》第四十七条规定情形的，执法人员可以当场收缴罚款；除此以外，各执法中队承办的其他简易程序案件和所有一般程序案件，必须严格执行罚缴分离制度，不得代收、代缴罚款。

（二）证据方面

1. 简易程序和一般程序中凡涉及当事人签字确认的，必须由当事人亲笔签名；当事人拒绝签收、确认的，应由见证人见证后签字确认，并载明拒绝签收事由和日期。案件承办人员应在相应执法文书上签字，并对当事人签名的真实性予以确认。

2. 现场勘验、检查笔录应写明案发具体地点，并标注周边参照门牌号和标志性建筑物。现场照片必须显示时间格式；必须由远、近景照相结合，近照反映具体违法行为事实，远景照除反映违法事实外，应能体现违法事实发生地并包含参照地标门牌号或参照地标标志性建筑物全貌。作为证据使用的照片必须采用执法记录仪和移动执法终端设备采集，利用其他设备采集的照片不得作为办案、归档使用。

3. 对当事方提供的授权委托书，案件承办人员应保证其符合法定的形式要件。当事人为个人的，委托代理人需持有当事人亲笔签署的授权委托书，并载明委托事项和权限；当事人为单位的，委托代理人需持有单位法定代表人亲自签署的授权委托书并加盖单位公章。确因客观原因无法由法定代表人签署委托书的，应附有书面情况说明并加盖单位公章，且出具的授权委托书应加盖单位公章。

（三）流程方面

1. 办理一般程序案件中，承办人员要对当事人的联系方式进行核对，并确认其真实有效性（即能实际联系本人）。

2. 办理一般程序案件中，承办人员要仔细核对当事人的身份证、营业执照、机构代码证等证照信息并在附卷的复印件上注明"经核对"字样，并签字确认。

3. 在询问当事人了解案情、制作笔录过程中，承办人员必须全程用执法记录仪拍摄询问及制作笔录过程，摄录完成后的视频电子文档必须与立案号对应标注并归类存档备查。承办人员在询问开始前应主动检查执法记录设备是否运转正常，保证摄录的有效性和连续性。询问笔录视频资料缺失、不全的，需向局法制部门提交中队长签字的书面情况说明。当年出现3次及以上视频资料缺失情形的中队，将按法制办案质量考核中"证据不全"情形扣除当年度的法制办案质量分。

4. 按照行政处罚自由裁量要做到"过罚相当"的原则要求，各执法中队在办理一般程序案件中，对当年度同一单位或个人出现两次以上违反城市管理法律法规应给予行政处罚的违法行为的，自对其第二次实施行政处罚时起，不得适用对应处罚条款最低处罚限额作出行政处罚决定（虹口区城管执法局对个人的一般程序案件以一百元人民币罚款为最低限额）。

📖 **扩展阅读** --

《虹口区城市管理行政执法局城管执法全过程记录工作实施方案》

为深入贯彻落实《关于印发〈上海市城管执法全过程记录规定（试行）〉的通知》（沪城管执〔2017〕8号）要求，进一步规范行政执法行为，完善城管执法过程记录工作，结合实际情况，制定本方案。

四、城管执法社区工作室管理制度

城管执法社区工作室是虹口区城管执法局根据市城管执法局统一部署为服务社区居民而搭建的平台，是街道城管执法工作的延伸和补充。

（一）设置规范

每个城管执法社区工作室工作面积不得少于10m²。工作室设服务指南或联系卡，公示城管执法主要职责范围。

实行挂牌上墙制度，牌匾设计参考样式如下所示：

```
                ××区××街道城管执法中队
                ××城管执法社区工作室

    ┌───────┐
    │       │      姓名：
    │  照   │
    │       │      工号：
    │  片   │
    │       │      联系方式：
    └───────┘


    值勤时间：星期×  ××时—××时
```

（二）工作内容（四大职能）

1. 宣传

宣传城管执法领域的法律法规，增进社区居民对城管执法工作的理解支持。

2. 执法

定期巡查社区门前责任制落实情况和市容环境卫生管理情况；及时查处社区内违法搭建、占绿毁绿、损坏房屋承重结构、损坏市政设施等违法行为；及时受理城管执法方面的诉求。

3. 服务

（1）协助社区建立行之有效的管理制度。指导、督促、协助社区重点做好以下工作：督促社区管理部门及时清扫道路、清运生活垃圾。

（2）及时制止、清除乱张贴、乱涂写、乱刻画、乱悬挂、乱散发等行为；协助社区管理部门及时处置社区出入口及内部出现的无证无照摊群点。

4. 共建

积极参与社区共建，协助社区组织法制教育、美化绿化、扶贫帮困、文化娱乐等活动，配合其他职能部门开展群众性调研工作等。

（三）工作制度

1. 联系制度。以城管执法中队为责任单位，每个中队负责联系辖区内的若干社区，每个社区确定一名相对固定的城管执法队员为城管执法社区工作室联络员。联络员每周至少一次值勤责任社区，履行工作职责。

2. 接待受理制度。城管执法社区工作室要热情接待来访居民。受理居民诉求，及时予以解决。难以当场解决的，要做好记录和初步调查，及时上报中队。

3. 监督制度。城管社区工作室每半年一次向社区管理部门通报工作室运行情况。工作室值勤人员接受社区党组织的监督。

4. 工作日志制度。执法队员在联络社区时，在"智慧城管APP"内"居委联络"模块内进行登记；发现及处置违章问题时，通过"智慧城管APP"的"社区工作"模块进行登记，形成城管进社区工作日志。

五、"双随机一公开"制度

"双随机一公开"是指在执法检查过程中随机抽取检查对象，随机选派执法检查人员，抽查情况及查处结果及时向社会公开。为深入贯彻落实国务院关于"双随机一公开"监管改革的决策部署，根据市城管执法局《关于进一步做好"双随机一公开"监管工作的通知》精神，虹口区城管执法局全面推行"双随机一公开"监管工作，进一步提高城管执法实效，健全完善事中事后监管机制，加大日常随机监管工作推进力度。

（一）完善随机抽查事项清单

根据"双随机一公开"监管工作要求，对照城管执法部门权力清单，各城管中队严格执行《上海市城管执法系统随机抽查事项清单（2018版）》，对本区道路两侧建筑物、构筑物内的经营者、餐厨废弃油脂产生单位、餐厨垃圾产生单位、建设工地和中转码头抽查事项进行随机抽查。

（二）完善执法检查人员名录库

按要求统筹建立执法检查人员名录库，采取综合执法能力测试等方式，将综合素质高、执法能力强的纳入执法检查人员名录库，并根据执法检查人员的变动情况，定期对执法检查人员名录库进行修订。

（三）完善抽查对象名录库

各城管中队根据工作实际，以事中事后监管建立的"市场主体名录库"以及"一店一档"数据库为基础，进一步建立完善沿街经营单位、餐厨废弃油脂产生单位、餐厨垃圾产生单位和建设工地、中转码头等抽查对象名录库，及时进行信息核对、维护和更新，为"双随机一公开"提供详实的数据信息支撑。各城管中队对沿街经营单位的检查，以路段为单位，每季度对辖区内所有路段全覆盖检查一遍。对餐厨废弃油脂、餐厨垃圾产生单位的检查，每月不少于20家，每年被检查数量不低于年度计划制定时辖区内规定单位总数的10%。各城管中队每月对辖区内所有建设工地、中转码头全覆盖检查一遍。

扩展阅读

《虹口区城市管理行政执法局"双随机一公开"工作实施方案》

本方案适用于虹口区行政区域内对沿街经营单位、餐厨废弃油脂、餐厨垃圾产生单位和建设工地、中转码头以随机抽查为主要方式开展日常执法检查工作的活动。

六、"三班24小时"制

随着执法事项的增加，为实现小区围墙内、外一把抓的管理目标，2016年，虹口区城管执法局探索实施城市管理执法"全天候、全时段"的工作理念。严格执行"三班24小时"勤务工作模式，全天24小时分三个时段安排勤务力量开展日常巡查执法工作，提高执法动态管控水平，提高街面秩序维持的范围和质量。

（一）早班时段（7:00～15:00）

该时段通过班组和队员的"集中、分散"相结合的勤务模式，加强对各个岗段、"网格"中水果店、铝合金销售店、非机动车销售、汽修汽配、餐饮店、快递物流等各类门店门口的日常巡查，保证对各个"警示点""必到点"的巡查频次。早晨重点对小区门口、菜市场周围、学校门口进行巡查、整治，发现问题严格执法。切实注意中午就餐时段内可能容易发生的小餐饮店占道、跨门经营的现象。

（二）中班时段（15:00～23:00）

该时段继续通过班组和队员"集中、分散"相结合的勤务模式，切实保证日常街面巡查力度和"警示点""必到点"的巡查频次。尤其要加强对中小学放学时校门周边、傍晚下班高峰期间小区门口、菜市场周围开展重点巡查。一旦发现随意设摊、占道设摊等现象要予以坚决执法取缔，确保重点时段、重点路段的正常秩序。利用下午时段，再到社区"了解一次、听取一次、反馈一次"群众的诉求，让社区居民群众真切感受到"执法在身边"；加强晚间的班组巡查，重点关注是否有夜排档违规经营等违章行为发生。

（三）夜班时段（23:00～次日7:00）

针对夜间特殊时段和各网格片区的特殊情况，积极开展以强化巡查为主的勤务工作。继续防止夜排档违章"打时间差"，及时发现、防止、查处工地噪声扰民、无证施工等各类夜间违章，及时办理夜间市民投诉。

七、"一段三点"制

（一）"一段"，即岗段

岗段即根据一定的原则和方法，把辖区的道路和居民小区划分成若干个较小的责任区域，每名一线执法队员对应负责某个责任区域，责任区域内所有违章行为都由责任队员依法履行执法职责。该责任制2012年开始实行时，针对当时辖区市容状况制定的具体方案如下：

1. 工作目标

通过建立和落实城管执法岗段责任制，进一步加强执法勤务力量的优化配置，细化各项工作任务和目标达成，使执法管理责任"落地"，提高工作效率和执法实效，减少执法流程环节。

2. 岗段责任制细则

（1）基础责任岗段及其组成

1）每个街道中队将所管辖的辖区道路和居民小区，按照"差别化"分类搭配，划分成若干基础责任岗段，由相对应的责任执法队员进行日常巡查和监管。

2）每三个基础责任岗段，组成一个责任小片区。选择三个责任岗段监管队员中业务素质和协调能力较强的队员担任小片区负责人。小片区负责人在对本人责任岗段进行日常巡查和监管的同时，可根据需要召集小片区内队员集中完成某一项监管、执法任务。

3）每三个责任小片区，组成一个责任大片区。中队副队长担任大片区负责人，对小片区负责人上报的"较复杂"集中执法整治行动进行响应和召集，组织本责任大片区内的执法人员等进行执法整治。

4）执法中队中队长为本中队辖区内所有责任岗段的总负责人，对责任大片区上报的"复杂"执法整治行动进行响应和召集。根据实际需要调集和组织本中队的执法人员、执法装备以及其他执法部门、执法资源进行执法整治。

5）基础责任岗段的责任队员至少半年进行一次责任岗段的轮换，从制度上确保岗段责任制的合理、有效、相对稳定。

（2）责任岗段工作职责

1）基础责任岗段内发生的职权内所有违章行为，岗段责任队员为首处责任人，通过违章处置难度匹配响应机制，其他队员和中队执法资源予以对应协助和加强。

2）岗段责任队员每天按照规定的时间和路线对责任岗段道路，进行定时定点巡察，并按标准填写岗段巡察日志。

3）责任岗段内发生的违章问题，岗段责任人单独或在其他队员协助下处理完毕后，需及时向上级平台报告和登记备案。

4）责任岗段队员按照《大队管事率、办案质量案件实施方案》《大队勤务考核细则》要求完成办案管事率，以及责任岗段内的各项违章减量化任务。

5）责任岗段队员对于岗段内的较为固定违章问题和情况，要完备包括违章地址、违章当事人、违章内容、违章处理等基础台账，并向中队提出后续处理意见和建议。

6）责任岗段队员对于岗段内的违章现象，要进行宣传、教育、完成《谈话通知单》《责令整改通知书》等相关法律文书的开具和送达，留下工作"痕迹"，做到"有迹可循、有案可考"。

7）完成上级交办的其他工作。

8）责任岗段队员为本岗段的第一责任人，在明确管理权限和责任的前提下，与中队签订《岗段责任书》。

（3）责任岗段工作目标

1）严禁道路：加强对责任岗段内道路的日常巡查和维护，达到无跨门营业、无流动设摊、无"六乱"、无机动车及"三车"流动兜售，无占道堆物、无户外移动灯箱、无占道洗车、无店铺招牌破损、无违规安装大型立面广告等市容违章情况和现象。

2）严控道路：无"六乱"，跨门营业严格控制跨门延伸范围，保持整齐、有序，基本无流动设摊、基本无机动车及"三车"流动兜售、基本无占道堆物、基本无户外移动灯箱、基本无占道洗车、无店铺招牌破损、无违规安装大型立面广告等市容违章情况和现象。

3）控制道路：无"六乱"、基本无规模性跨门营业（严格控制跨门延伸范围、保持整齐、有序）、基本无规模性占道设摊、基本无机动车及"三车"流动兜售、基本无占道堆物、基本无户外移动灯箱、基本无占道洗车、无店铺招牌破损、无违规安装大型立面广告等市容违章情况和现象。

4）及时完成发生于责任岗段范围内的各类投诉和双向告知的办理和回复；积极配合班组、中队完成本岗段范围内的复杂违章案件的整治和查处。

5）按照区委区府对区域市容环境治理的总体目标，至少完成岗段内每月3%的存量违章减量工作要求。

（4）责任路段违章处理工作流程

1）责任岗段队员在前期存量违章调查和排摸的基础上，对本责任岗段内的违章问题和情况（包括平面和立面）进行筛查和排摸，并用影像资料和书面材料予以建档保存，经中队确认后，作为该责任岗段违章情况基础电子数据予以固定。

2）基础责任岗段组成的小片区，三个基础责任岗段队员分为A、B、C角工作，在按照《行政处罚法》必须由两名执法人员共同完成的执法、管理工作时，以本岗段责任队员为主角（A），另两个岗段队员为配角（B、C），组成至少两人工作小组开展执法工作。

3）责任岗段队员对于在巡查时发现，以及通过其他各类途径发现的各类投诉和信访，岗段队员按照相关工作流程进行处置。

①处置完毕，编制案件情况和结案报告，经中队核准后留存备案，并报上级单位销案。

②需要其他队员协助，与责任岗段小片区内其他执法人员组成执法工作小组进行处置，按照执法工作流程，完成初步取证、开具相关法律文书的工作。

③需要相邻责任大片区的执法力量、执法资源加强进行治理行动的，由本责任大片区负责人报中队长，按照执法联动的组织形式、工作流程予以实施。

④升级至大队工作层面及需要其他中队支持和加强的大规模整治行动，按照大队现行的组织、合成、流程方案予以实施。

（5）基础责任岗段装备配置

1）责任岗段的日常巡查工作，原则上采取步行和非机动车巡查为主，配置巡查专用自行车、巡查专用两轮电瓶车。

2）每位岗段监队员配备具有GPS定位功能的呼报对讲设备。

3）每位岗段队员配备可以装置各类相关执法文书的执法文件包。

4）每位岗段队员配备具有摄像和录音功能的"警眼"执法取证设备。

5）根据实际执法情况，需要匹配的其他执法装备。

6）《岗段责任制度实施细则》将按照上级部门和单位新的工作要求和标准，以补充条款和解释条款的方式进行更进一步的增补和完善。

3. 责任岗段考核和评价

成立岗段责任制管理领导小组，按"新增为零、存量递减"的原则，开展对中队责任岗段的考核和评价。从岗段实效基础考核、岗段违章减量考核、岗段诉求件处置考核三个大项，跨门营业、流动设摊等7个违章种类，实施岗段责任制前、后两个维度比较，进行考核打分。

4. 责任岗段考核结果的应用

（1）岗段考核标准按优秀、良好、合格、不合格分级。

（2）根据中队的责任岗段考核成绩，列入大队半年、年终考核，并评选"优秀岗段"进行嘉奖和通报。

扩展阅读

《中队岗段责任书》

为探索有效勤务管理模式，切实提高队员工作积极性和管事率，增强队员责任意识和成就感，提升道路实效工作效率和管理效果，进一步完善队员的考核及培养机制，激励队员立足岗位多作贡献，特拟定如下路段责任书。

《责任岗段考核和评价细则》

考核标准和内容：由"新增为零"和"存量递减"两部分组成，"新增为零"为责任岗段"基础考核"内容，"存量递减"为责任岗段"实效提高"考核内容。

《责任岗段考核和评价汇总表》

包括责任岗段、岗段责任人、内容（现状控制、违章减量提高、违章投诉处置、上级交派任务）、标准及得分、扣分情况等。

《责任岗段违章情况汇总表》

包括责任路段、路段责任人、违章地点、违章当事人信息、证照情况、违章情况及形成原因、减量化计划和设想、已开具何种法律文书等。

（二）"三点"，即"警示点、必到点、休整点"

"警示点"是指辖区内市容状况复杂，违法违章现象突出，历史遗留"顽症"问题等情况存在的点或区域（一般用"红色"标注，称"红点"）；"必到点"，是指辖区内影响市容市貌的违法违章现象时有存在，整治后问题容易反复，具有巡察上的辐射效应，并有一定硬件条件的固定签到点（一般用"黄色"标注，称"黄点"）；"休整点"是指辖区内相对应居委会办公地点或城管执法社区工作室，可供执法人员联系社区、巡查停留休息（一般用"绿色"标注，称"绿点"）的地方。

上述"三点",均由各街道城管中队根据区域客观实际灵活设置。通过设置"警示点",提高对复杂地区的控制力,防止问题蔓延并使其处在可控范围内;定期制定阶段性工作方案,依托街道"网格化"片区工作站等平台,主动联系多方行政资源不间断合力开展整治工作,直至根除。通过设置"必到点",规范定时频率的工作签到,提高执法队员街面的"出勤率",切实提升动态管控的实际效果,真正将问题"发现在一线,解决在网格,处置在第一时间"。通过设置"休整点",进一步引导执法队员街面、社区"两兼顾",工作、休息"两不误"。

八、诉求件办理规定

(一)操作规范

结合市、区热线诉求件办理的相关规定,虹口区城管执法局12345热线诉求件、12319热线诉求件、《双向告知单》等按照以下规范操作:

1. 诉求件的审查

局指挥中心负责对收到的各类诉求件进行形式和内容审查把关,对各具体承办单位的书面回复及附件进行审查。

2. 诉求件的受理

符合受理条件的,由局指挥中心派遣至局系统各具体承办单位办理。

3. 诉求件的退单

(1)12345热线、12319热线、《双向告知单》等诉求件不符合城管执法受理范围的,由局指挥中心立即退回上级平台。

(2)《双向告知单》签发单位应当按照其调查结果,附相应证据材料。证据材料应具备现场照片或视频、房屋状况及产权人信息、房屋竣工图纸、物业管理部门整改文书等要素。调查结果不明确、未附相应证据材料的,由局指挥中心立即退回签发单位补正。

《双向告知单》附证据材料的,由局法制科对证据进行审查。

(3)各具体承办单位收到诉求件后,应当即赴现场核查。经核查,不符合城管执法受理范围的,应在24小时内退回局指挥中心。

(4)逾期未退单的,按照规定实际承办,不得逾期退单。

4. 诉求件的办理

各具体承办单位应当按照市、区有关办理规定，依法办理，并按规定的时间、格式，书面回复局指挥中心。

（1）办理时限

12345热线诉求件应当按照"1515"的办理规定，即：自收到局指挥中心派遣之日起，1个工作日内先行联系诉求人，5个工作日内将处理情况反馈诉求人，书面回复局指挥中心，疑难问题15日内将处理情况反馈诉求人，书面回复局指挥中心。12319热线诉求件应当按照"3个2"的办理规定，即：局指挥中心接到热线诉求件后20分钟内派单到相关处置人员，相关处置人员在收到局指挥中心派单之日时起，2小时内到达现场处置，24小时内反馈诉求人，并在5个工作日内书面回复局指挥中心。区政府各部门之间的《双向告知单》应当在5个工作日内办结，书面回复局指挥中心。

（2）回复规范

各具体承办单位书面回复局指挥中心办理结果时，应当语言规范、逻辑清晰、证据确凿，具备到场时间，具体承办人员姓名，现场情况，先行联系、反馈诉求人形式、时间、诉求人评价结果，办理意见综述，开具法律文书的应当附文书号或文书复印件等要素。局指挥中心负责回复上级平台及签发单位时，也应按照要素内容及时、规范回复。

（3）依法办理

各具体承办单位应当严格依法、依规办理。具备立案条件的，必须立案查处，办理结果必须与诉求件内容对应一致，全面办理。作退单处理的诉求件，应附现场检查笔录及局法制科意见。

（二）责任追究

按照"谁处理、谁负责，谁分管、谁负责"的原则，启动执法行为过错问责程序，依据《上海市城市管理行政执法过错责任追究实施办法》（沪城管执〔2016〕89号文），予以问责。

1. 有下列情形之一，造成较严重影响和后果的，对局勤务督察科及局指挥中心负责人予以问责：

（1）违反受理规定的。

（2）对中队书面回复审查不严的。

（3）对违反办理规定、回复规定未及时启动督办的。

2. 有下列情形之一，造成较严重影响和后果的，对中队负责人及具体经办人予以问责：

（1）违反办理规定、回复规定的。

（2）因主观原因，未及时取得诉求件证据材料或证据材料缺失，致使案件未按期办理完成的。

（3）经过调查，对依法应当移送其他部门处理的未按照规定移送的；在移送时未按照规定进行正式交接，影响诉求件及时办理的。

（4）未按照《城管执法督办通知书》的时间和工作要求，完成诉求件办理工作的。

（5）退单的诉求件未附法律依据，造成较严重影响和后果的。

九、重大整治制度

为进一步提高标准化、制度化、科学化建设水平，加强队伍建设，严格队伍管理，规范执法行为，努力打造一支"拉得出、打得响、过得硬、很放心"的城管执法队伍，虹口区城管执法局在组织各级别整治保障活动和部门联合执法行动中，明确分工，严密组织，规范执法，确保安全，制定了系列整治方案制度。

（一）成立集中整治领导小组

组　　长：局长

副组长：三名副局长

组　　员：各科室负责人、各中队长

（二）职责分工

1. 制定措施、拟订方案。

2. 协调力量配备。

3. 协调经费和物资、装备。

4. 组织宣传发动、数据资料收集整理。

5. 整治现场指挥、协调与控制。

6. 协调处理善后事宜。

（三）领导小组下设专业小组（表2-7）：

专业小组分类及职责　　　　　　　　表2-7

序号	专业小组分类	职　　责	牵头或责任单位
1	调查排摸组	提供整治点或对象的具体情况，提出整治建议	局勤务督察科
2	整治方案拟定组	制定整治方案、力量的配备与协调	局勤务督察科
3	宣传发动组	整治前各种形式的宣传造势；整治后收集数据资料，撰写小结	局办公室
4	整治执行组	具体实施整治执法行为，教育、劝阻、纠正轻微违章行为；执行强制措施时，指挥辅助人员搬运暂扣物品或清除违法现象	相关中队
5	法制保障组	整治前张贴公告，开具限期整改书、谈话笔录制作，拍照取证等；整治中，清点暂扣物品，法律文书的制作、送达；整治后法律纠纷处理	局法制科
6	现场安保组	清理整治现场无关人员，形成安全区（准备好警戒绳）；控制执法对象，防止过激行为的发生；保护现场指挥及摄像等易被攻击人员的安全；看管好暂扣物品，引导指挥执法车辆行驶	局直属机动中队或事前指定
7	善后处理组	整治结束时安抚当事人，缓解、稳定当事人的情绪，确保整治队伍顺利撤出现场；协调相关部门处理好整治中产生的后遗症	局政工科
8	后勤服务及装备保障组	协调整治经费、物资和配齐必需的执法装备；整治现场后勤服务保障	局后勤装备科

（四）集中整治分级

　　四级：一个街道派驻中队加机动中队实施的联动整治。

　　三级：多个街道派驻中队加机动中队实施的联动整治（嘉兴、提篮中队联动；欧阳、川北、广中中队联动；曲阳、凉城、江湾中队联动）或100人以下的整治。

　　二级：执法局全部街道中队参加的联合整治或100人以上的整治。

　　一级：由执法局牵头的虹口区多部门参加的联合执法整治（视任务和规模，人数定额：①50人以上；②50人以下）。

（五）分级审批及指挥权限

1. 四级整治：审批—副局长（分管）。

总指挥：A角，辖区中队长；B角，机动中队队长。

2. 三级整治：审核—副局长（分管），审批—局长。

总指挥：副局长；副总指挥：勤务督察科长、辖区中队长。

3. 二级整治：审核—局长，报局办公会通过。

总指挥：局长；副总指挥：副局长。

4. 一级整治：审核—局长，报分管区长。

（1）总指挥：A角，局长；B角，副局长。

（2）总指挥：A角，副局长；B角，勤务督察科长。

（六）集中整治步骤

1. 前期准备

（1）调查摸底、分析情况。

（2）制定方案、拟定措施。

（3）宣传造势、取证谈话、责令改正。

（4）经费、装备准备或后勤服务保障。

2. 整治实施

（1）检查各专业小组准备情况，确认任务分工。

（2）集合全体队伍，做整治动员，布置整治任务。

（3）安保人员按计划行动。

（4）法制保障组按计划行动，摄像人员迅速选择最佳位置并开始拍摄；清点需要暂扣的物品，开具暂扣文书。

（5）整治执行组按计划实施。执行强制措施时，指挥辅助人员搬运暂扣物品或清除违法现象。

（6）善后处理组按计划行动。

（7）撤离现场。场内人员安全撤离后，外围人员撤离，最后拍摄取证人员撤离。

（8）整治结束，集合队伍讲评。

（9）宣传组收集数据资料，撰写小结。

3. 善后处理

（1）整治效果评估。

（2）整治中遗留问题的处理。

（3）整治成果的巩固。

扩展阅读

《虹口区城市管理行政执法局集中整治指挥术语及手势》

内容包括：

1. 指挥术语：指令下达、回答、报告；

2. 指挥手势：成人、小孩、女性、门口、窗户、听到等。

十、应急处置制度

为有效预防、积极应对、及时控制各类城管执法突发事件，高效组织应急处置工作，最大限度减少各类突发事件产生的不良影响和后果，保障正常的社会综合秩序。虹口区城管执法局制定突发事件应急处置预案，建立健全应对突发事件运行机制。

（一）突发事件的含义

突发事件，主要指城管执法活动中突然发生的、危及或可能危及人身财产安全或者严重干扰城管执法工作秩序，需要采取应急处置措施应对的事件。防汛防台应急保障，参照本预案执行。

（二）突发事件分级

突发事件按照其性质、严重程度、可控性和影响范围等因素，一般分为三级，即Ⅰ级（重大）突发事件、Ⅱ级（较大）突发事件和Ⅲ级（一般）突发事件。

（三）突发事件应急处置原则

根据"服从统一指挥、发挥部门职能、果断处置解决"的原则，实行统一领导、分级负责、依法规范、快速反应、协同应对，做好事件的应急处置和后续工作。

（四）应急处置指挥机构

1. 应急处置指挥。区城管执法局成立突发事件应急处置指挥部，局长任总指挥，分管副局长任常务副总指挥，副局长任副总指挥，负责突发事件应急处置的统一领导和指挥；勤务督察科负责人任总联络员，其余各科室、各中队负责人为本科室、中队联络员。

应急处置指挥部办公室设在局勤务督察科，对各类突发事件"测、报、防、抗、救、援"六个环节进行指导、检查、监督。突发事件处置过程中，需其他职能部门支援的，由应急处置指挥部总指挥或值班副总指挥负责协调落实。

2. 应急值守制度。局机关落实好各项值班规定，值班人员应在岗在位尽责；局指挥中心作为突发事件应急处置值班室，设值班室负责人1名，指挥中心6名人员依次轮流实施24小时应急值守；值守人员值守期间应保持联系方式畅通；各中队也要严格落实队干部带班规定，切实执行好"三班24小时"勤务模式。

3. 应急力量配备。区城管执法局根据突发事件处置的需要，按应急响应级别，分别成立规模为30人、70人、120人的突击队。各级突击队下设若干个专业小组，各小组职责分工如下（表2-8）：

各级突击队各专业小组分类及职责分工　　　　　　　　表2-8

序号	专业小组分类	职责分工
1	现场执行（抢险）组	①对发生的突发（涉及城管执法范围类）事件，具体实施现场执法行为、教育、劝阻、纠正轻微违章行为； ②执行强制措施时，搬运暂扣物品或清除违法现象
2	现场安保（控制）组	①清理现场无关人员，拉好警戒绳形成安全区； ②保护现场指挥及摄像等易被攻击的人员的人身安全； ③看管好暂扣物品，引导、指挥执法车辆行驶； ④对发生的城管执法突发事件，劝阻、控制突发事件中的相关人员，防止过激行为发生，努力避免事态进一步扩大
3	法制（后勤）保障组	①对突发的市容违章问题，配合属地街道中队执法人员开具限期整改书、谈话笔录制作、拍照摄像取证等； ②执法中，清点暂扣物品，法律文书的制作、送达及后续法律纠纷处理等； ③对发生的城管执法突发事件，在做好摄像、录音、拍照等取证工作的同时，负责对突发事件涉及的各方责任认定、纠纷处理，维护我方正当的合法权益

序号	专业小组分类	职责分工
4	现场救助（通信联络）组	①负责突发事件现场身体受伤、突发身体不适等各种需医疗救助的情况处理，根据现场指挥指示及事态发展，及时拨打120电话； ②对存在撬边起哄、聚众挑衅、有暴力倾向以及阻碍扰乱执法、造成交通堵塞等情况，根据现场指挥指示及事态发展，及时拨打110电话，寻求警方支援； ③对现场情况及时进行掌握和收集，并及时向现场指挥和上级部门进行报告和沟通

4. 应急力量建设。应急处置指挥机构应加强各应急处置突击队日常演练，确保不论日常工作状态或休息状态，都能随时拉得出、用得上、打得赢，圆满完成各项突发事件应急处置任务。

5. 突发事件报告。接报发生突发事件后，由局应急处置指挥部值班副总指挥或总联络员在30分钟内以口头方式、1小时内以书面方式向区应急办和市局指挥中心报告。突发事件应急处置完成后，局办公室负责对处置过程和结果进行总结和汇总，报局应急处置指挥部领导和区应急办及市局相关部门。突发事件应急处置期间实行"日报制"，由局办公室每日向市局相关部门报告，有情况报情况，无情况报平安。

突发事件信息报告应当包括：（1）事件发生或可能发生的时间、地点和现场情况；（2）事件的简要经过；（3）事件原因的初步分析；（4）事件发生后已经采取的措施及效果；（5）其他需要报告的事项。

（五）突发事件应急处置

1. Ⅲ级（一般）突发事件

（1）应急响应

Ⅲ级（一般）突发事件：①涉及城管执法工作而造成的现场秩序轻度混乱，可能产生的群体性事件；②突发较大规模市容违章行为，影响公共安全、社会秩序，属地街道城管中队不能有效解决的事件；③接到上级部门相应级别应急指令，需要调度城管执法力量进行应急联动处置，以切断可能引起耦合反应的突发公共事件。

辖区发生Ⅲ级（一般）突发事件，属地街道城管中队长应立即报应急处置指挥部总联络员，由总联络员报指挥部总指挥或值班副总指挥；或接到上级部门相应级别应急指令，由应急指挥部总指挥或值班副总指挥下达命令，启动相应处置程序，展开应急处置工作。分管副局长任现场总指挥、勤务督察科负责人任现场副总指挥。

（2）力量保障

由机动中队30人（含辅助人员10人）组成一支应急处置突击队。根据现场情况，突击队组成现场执行（抢险）、现场安保（控制）、法制（后勤）保障、现场救助（通信联络）等不同小组，明确人员及任务分工，有序展开应急处置工作。

2. Ⅱ级（较大）突发事件

（1）应急响应

Ⅱ级（较大）突发事件：①涉及城管执法工作而可能造成较大规模的群体性冲突事件；②突发较大规模（城管执法范围内）违章行为，引起公共安全、社会秩序较大混乱的事件；③接到上级部门相应级别应急指令，需要调度城管执法力量进行应急联动处置，以切断可能引起耦合反应的突发公共事件。

辖区发生Ⅱ级（较大）突发事件，属地街道城管中队长或总联络员接到上级部门相应应急指令，应即报应急处置指挥部总指挥或值班副总指挥，由应急处置指挥部总指挥或值班副总指挥下达命令，按Ⅱ级突发事件应急处置级别开展处置工作。分管副局长或应急处置指挥部值班副总指挥，及时赶赴现场开展应急处置工作，并任现场总指挥，勤务督察科负责人任现场副总指挥。

（2）力量保障

由8个街道中队各抽调队员5人、机动中队30人（含辅助人员10人），组成一支共70人的应急处置突击队。各中队由中队长带队。

1）现场执行（抢险）组：共50人。

2）现场安保（控制）组：共10人。

3）法制（后勤）保障组：共5人。

4）现场救助（通信联络）组：共5人。

各小组力量配备可根据现场情况及时调整。

3. Ⅰ级（重大或具有区级、市级影响）突发事件

（1）应急响应

Ⅰ级（较大）突发事件：①涉及城管执法工作而造成的大规模群体性事件；②突发大规模（城管执法范围内）违章行为，严重影响公共安全、社会秩序的事件；③接到上级部门相应级别应急指令，需要调度城管执法力量进行应急联动处置，以切断可能引起耦合反应的突发公共事件。

辖区发生Ⅰ级（重大或具有区级、市级影响）突发事件，或接到上级部门相应级别应急指令后，由应急处置指挥部总指挥、区城管执法局局长任应急处置现场总指挥，副局长任现场副总指挥。

（2）力量保障

由8个街道中队各抽调队员10人、机动中队30人（含辅助人员10人）、局机关10人，组成一支共120人的应急处置突击队。各中队由中队长带队。

1）现场执行（抢险）组：共70人。

2）现场安保（控制）组：共20人。

3）法制（后勤）保障组：共10人。

4）现场救助（通信联络）组：共10人。

各小组力量配备可根据现场情况及时调整；局机关10人组成的支援力量，按需参与到各小组应急行动中。

（六）应急处置操作步骤

1. 启动预案，下达指令。在处于正常工作状态或休息状态时发生突发事件，局应急处置指挥部接报后，按突发事件相应级别，立即向机动中队及各街道中队下达应急处置指令。

2. 保障力量，迅速集结。机动中队及各街道中队应立即通过手机、对讲机、电话等联络工具通知所属人员集合，携带好应急装备，乘本单位执法车辆在30分钟内到达集合地点，并向指挥部报告；休息状态时，在接到指令50分钟内，队员应以各种交通方式快速到达单位并携带好装备赶到集合地点。

3. 检查装备，明确分工。检查人员携带装备情况，明确现场执行（抢险）组、安保（控制）组、法制（后勤）保障组、救助（通信联络）组等人员组成及任务分工。

4. 进入现场，实施处置。安保（控制）人员按计划行动；法制（后勤）保障组按计划行动，摄像人员迅速选择最佳位置并开始拍摄；现场执行（抢险）组按计划实施；救助（通信联络）组按需要开展工作。

5. 处置结束，有序撤离。现场在处置后得到稳定和控制或达到处置目的，突击队完成各项工作后，向应急处置指挥部报告，得到应急保障行动降级或结束指令后，有序撤离现场（场内人员安全撤离后，外围人员撤离，最后拍摄取证人员撤离）。

6. 善后事宜，妥善处理。在处置突发市容违章问题时，有暂扣物品的，撤回后由属地街道城管中队按照程序和相关规定进行处理；有善后问题需处理的，由法制（后勤）保障组配合街道办事处及相关部门按有关要求开展工作。

（七）应急处置装备保障

1. 参加应急处置每个突击队员应着当季执法制服、制式皮鞋、戴制式头盔，佩戴多功能腰带，携带对讲机、执法记录仪，雨天着制式雨衣。

2. 各中队应至少携带执法文书、摄像器材各1套，大力钳、干粉灭火器、警戒线等器材各1套。装备器材应专人专库保管，防止缺失并应利于应急取用。

3. 应急保障专用车辆使用。Ⅲ级（一般）突发事件应急响应，保障车辆为机动中队所有车辆及局指挥车；Ⅱ级（较大）突发事件应急响应，保障车辆为各中队1辆大通车，机动中队所有车辆及局指挥车；Ⅰ级（重大或具有区级、市级影响）突发事件应急响应，保障车辆为各中队2辆大通车，机动中队及局机关所有车辆。

4. 在紧急状态下，装备配备可按专门通知执行。

5. 防台防汛等突发公共安全事件的装备，按上级具体要求或有关规定配备。

（八）响应的升级、降级与终结

当突发事件随时间及形势的发展进一步加重，后果及影响比较严重，并有蔓延扩大趋势，情况复杂难以控制时，现场指挥应立即报应急处置指挥部审定，及时提升预警和反应级别；对问题已迅速消除，并不会进一步扩散的，现场指挥应立即报指挥部审定，相应降低反应级别或撤销预警；当问题隐患或相关后果因素消除后，现场指挥勘察评估确认无危害和风险后，提出终止应急响应的建议报应急处置指挥部总指挥批准，宣布应急响应结束，处置力量撤离现场。

（九）媒体应对及新闻发布由局主要领导负责，局办公室作为具体发布人。

十一、辅管人员管理和监督制度

为进一步规范虹口区城管执法辅管人员管理，积极推动城管执法辅管人员的合理配置、使用和管理，按照上海市委办公厅《关于规范本市基层辅管人员管理工作的若干意见》，以及上海市城管执法局《关于印发〈上海市城管执法辅管人员管理办法〉的通知》（沪城管执〔2018〕113号）要求，制定《虹口区城市管理行政执法局城管执法辅管人员管理和监督实施意见》和《辅管人员管理和监督实施细则》。

（一）《辅管人员管理和监督实施意见》

1. 工作原则

（1）城管执法辅管人员是指通过政府购买社会服务的方式，由各级城管执法机构（街道城管执法中队、区局机动中队等）直接使用管理的，为城管执法工作提供辅助支撑的人员。

（2）本意见所指的城管执法辅管人员，主要为以下两类：一是由区城管执法局与市场主体签约购买辅助服务涉及的辅助管理人员；二是街道办事处、相关政府部门等购买服务后，固定由城管执法中队直接使用管理，为城管执法工作提供辅助服务的人员。上述两类辅管人员的培训、使用、日常管理、履行职责和保障监督等适用本意见。

（3）按照《上海市城管执法辅管人员管理办法》文件要求，区城管执法局负责区域内的城管执法辅管人员工作的日常指导监督，推动各级城管执法机构建立相应工作制度，落实相关培训工作责任。

（4）城管执法辅管人员管理遵循"科学合理配置、依法规范管理、明确职权界限、加强教育培训"的工作原则，实行"谁购买、谁负责""谁使用、谁管理、谁负责"。

2. 人员配置

区城管执法局、各街道根据区域经济社会发展和社会需求的情况，科学合理配置城管执法辅管人员。对执法整治任务重、城管执法力量配备不足的区域，应当根据区域特点，加大人员配置力度。

区城管执法局根据工作需要，经区政府同意，可以使用、管理一定数量的城管执法辅管人员；区政府相关部门、街道办事处将城管执法辅管人员指派给城管中队直接使用管理的，应通过书面方式确认使用、管理关系。

3. 准入资格和条件

（1）区城管执法局作为城管执法辅管行业主管部门，应把好第三方社会服务主体资质和准入资格审查，对社会信誉度不佳、有不良记录的第三方社会管理公司，禁止参加招标。

（2）区城管执法局每年对市场主体进行一次评估，作为本区行业管理的依据，规范购买市场。

（3）城管执法辅管人员应当具备下列基本条件：

1）拥护中华人民共和国宪法、遵守国家法律法规、品行端正。

2）原则上年龄为18周岁以上、50周岁以下（区城管执法局直接购买的、目前在岗使用的辅管人员年龄可延长至55周岁）。

3）具有履行职责相应的文化程度。

4）具备履行职责的身体条件和工作能力。

在上述同等条件下，党团员、复员退伍军人、拥军优抚对象和有特定专长的人员优先。

（4）有下列情形之一的人员，不得招聘为城管执法辅管人员：

1）受过行政拘留或刑事处罚的。

2）被国家机关、事业单位开除公职或者辞退的。

3）曾因违反行政执法机关管理规定被解除劳动合同的。

4）上岗培训考试成绩不合格的。

5）其他不适合从事行政执法辅助工作的。

4．工作职责与纪律

（1）城管执法辅管人员在城管中队及其执法队员的指挥和监督下，按照岗位要求履行下列职责：

1）按照城管中队的勤务安排，协助城管执法队员在城管执法区域内进行定点固守、巡逻检查和宣传教育工作。

2）发现、劝阻城管执法范围内的违章行为，及时进行案件报告，协助城管执法队员督促违法行为人改正违法行为。

3）进行责任区域内的信息收集、汇报工作，协助城管执法队员开展协调联络工作。

4）在城管执法过程中承担警戒、搬运、物品看管等劳务性工作。

5）协助维护城管执法整治行动的现场秩序。

6）执行城管中队根据实际情况布置的其他执法辅助工作任务。

7）按规范穿着城管执法辅管人员反光背心。

（2）城管中队不得安排辅管人员从事以下工作：

1）履行实施行政处罚、行政强制等城管执法事项。

2）城管执法过程中的笔录制作、勘验鉴定、法制审核等法律、法规、规章规定应当由城管执法队员实施的工作。

3）涉及国家秘密的城管执法事项。

4）城管中队确认不应辅助履行的其他工作。

（3）城管辅管人员应当履行下列义务：

1）遵守法律、法规和规章规定，遵守城管中队的规章制度。

2）服从城管中队管理，听从城管执法队员的指挥。

3）保守国家秘密和工作秘密。

4）接受培训、考核和监督。

5）遵守纪律，清正廉洁，恪尽职守，遵守社会公德。

（4）城管辅管人员享有下列权利：

1）获得履行职责必要的工作条件。

2）依法获得工资报酬，享受福利、保险待遇。

3）接受岗位所需业务知识培训。

4）对勤务辅助工作提出意见和建议。

5）法律、法规规定的其他权利。

（5）城管辅管人员禁止性的行为：

1）从事具体行政执法活动（包括开具执法文书、使用特定执法人员使用的执法装备、擅自驾驶执法标识车辆等）。

2）敲诈勒索或者索取、收受贿赂。

3）行为粗暴，辱骂、殴打管理对象，或非法剥夺、限制管理对象人身自由。

4）违反工作纪律，借用城管法规条例或城管名义，私自没收、暂扣和处理当事人物品且造成严重社会影响的。

5）违抗城管中队的命令，不履行工作职责。

6）泄露国家秘密或工作秘密。

7）在工作时间饮酒、参与"黄赌毒"等违法行为。

8）法律、法规、规章规定的其他禁止性行为。

5. 管理、培训及考核

（1）管理

区城管执法局对于直接购买的执法辅管人员，要严格把关，对于考核不合格及使用期间违反相关规定的辅助人员，应责令退回。区城管执法局直接购买的执法辅管人员，由局统一调动使用。

局勤务督察科牵头总负责城管执法辅管人员的管理、培训及考核工作。局机关科室、街道中队需要派遣辅管人员的，应向局勤务督察科提出申请，经局领导批准后执行；相关科室、街道中队应具体负责所使用辅管人员的日常使用、管理工作；街道办事处或政府其他部门购买、由街道城管中队固定使用的执法辅管人员，由各街道城管中队具体负责日常管理。

局后勤装备科负责做好辅管人员的体检、工资福利及装具配发等工作。辅管人员的工资结构调整，由局后勤装备科拿出方案后，经局党委会讨论审定。

（2）培训

区城管执法局督促市场主体建立培训等行业管理制度，岗前培训工作由相关市场主体组织实施。在岗培训由区城管执法局会同市场主体组织实施，培训时间应不少于3天；培训合格的，由区城管执法局统一核发相关工作证件，方可安排其履行相应岗位职责并持证上岗。加强业务骨干培训。

区城管执法局法制科和培训中心具体负责辅管人员的在岗培训方案制定及培训实施、知识考核工作；培训经费由局后勤装备科列入局年度预算。

区城管执法局指导各街道购买服务的培训监管等有关工作。各城管中队应当会同辅管服务的购买主体和承接主体，每月至少1次对辅管人员进行法律知识和岗位技能培训，并建立健全年度学习教育与技能培训制度。

（3）考核

区城管执法局勤务督察科、各城管中队应当会同辅管服务的购买主体和承接主体，每月对城管辅管人员的工作绩效、遵章守纪、教育培训等情况进行考核。考核结果作为对辅管人员奖惩、使用和退回的主要依据。

区城管执法局建立辅管人员培训、考核档案，将日常培训及考核工作记录在案。

6. 奖惩与责任

（1）城管中队对工作表现突出、有显著成绩和贡献，或者有其他突出事迹的辅管人员，应当给予表彰和奖励。

（2）城管执法辅管人员违反有关法律、法规以及工作规定和纪律要求的，视情给予批评教育、记过通报等处理；情节严重的，予以退回；涉嫌犯罪的，移交司法机关处理。

（3）城管执法辅管人员具有下列情形之一的，应予以退回；涉嫌犯罪的，移交司法机关处理。

1）有本实施意见禁止性行为之一的。

2）年度考核不合格的。

3）因违反工作纪律或不履行工作职责，造成严重不良社会影响的。

4）身心状况不适应继续从事城管执法辅助工作的。

5）因其他原因不适宜继续从事城管执法辅助工作的。

7. 其他

街道办事处、相关政府部门等购买服务后，非固定由城管执法中队直接使用，而是为完成某一特定任务或阶段性辅助城管中队开展工作的辅管人员，不适用本意见，但具体使用期间的现场管理及工作监督，应由城管中队负责；发生违规违纪问题的，城管中队负有责任。

（二）《辅管人员管理和监督实施细则》

1. 适用范围

（1）局购买服务

局通过政府购买服务方式，直接使用、管理的辅管人员，包括：

1）局职能科室使用的辅管人员。

2）局直属机动中队、滨江中队使用的辅管人员。

3）局派驻街道城管中队工作的辅管人员。

（2）街道购买服务

由街道办事处购买服务，参与、协助街道城管中队开展具体工作的辅管人员。

除此以外，各街道购买服务使用的其他市容管理辅助人员，不适用本实施细则；不得以协助城管执法名义开展执法辅助行为；不得适用城管执法法律、法规、规章及《中共中央　国务院关于深入推进城市执法体制改革改进城市管理工作的指导意见》（中发〔2015〕37号）等规范性文件开展城管执法辅助行为。

2. 岗位配置

按照工作性质，辅管岗位划分为外勤辅管、文职辅管、后勤辅管三类，分别协助局职能科室、局直属城管中队（机动中队、滨江中队）及派驻街道城管中队开展具体工作。原则上，辅管岗位数量按照以下比例配置，可视实际需求调整：

（1）外勤辅管，占辅管人员总数的60%。

（2）文职辅管，占辅管人员总数的30%。

（3）后勤辅管，占辅管人员总数的10%。

3. 岗位职责

在《辅管人员管理和监督实施意见》"工作职责与纪律"具体规定基础上，结合实际，进一步细化落实三大类6种具体岗位职责。

（1）外勤辅管

安排在局机关、局直属城管中队及派驻街道城管中队，参与、协助城管队员开展日常巡查、整治、重大保障、应急处置等勤务工作。

1）专职驾驶岗位：从事驾驶员工作，安全驾驶执法车辆，并负责做好车辆日常维护、保养工作。

2）日常勤务岗位：参与、协助城管队员开展日常勤务工作，包括协助开展日常巡查，维持现场秩序，帮助拍摄视听资料，看管、搬运暂扣物品等。

（2）文职辅管

具备一定专业技能，协助局职能科室、局直属城管中队及街道城管中队从事行政、文书、信息化操作方面的事务性工作。

1）行政文职岗位：协助处理非涉密类文书助理、文本制作、档案管理、装备发放等日常行政类事务性工作。

2）信息化文职岗位：协助从事视频图像监视、记录群众投诉电话、计算机网络简单维护、智慧城管系统、网格化系统、市民诉求件平台等网络系统的7×24小时信息采集、录入、统计等具体工作。

（3）后勤辅管

协助局机关、局直属城管中队维持日常办公秩序、内务秩序。

1）保安岗位：负责局机关、局直属城管中队办公场地门卫保安、信件收发、来访人员登记、7×24小时值守等工作，并协助做好上访群众劝解等工作。

2）保洁岗位：负责局机关、局直属城管中队办公场地公共区域保洁、生活废弃物处理等工作，并按照要求完成重大接待任务临时保洁工作。

4. 备案审查

街道办事处和相关政府部门应将拟纳入本单位招标范围且从事城管执法辅助业务的第三方社会管理公司相关情况资料，提前备案至区城管执法局。区城管执法局为城管执法辅管行业主管部门，负责第三方社会服务主体资质和准入资格审查。

5. 岗位培训

辅管人员岗位培训分为岗前培训、上岗培训、业务培训。

（1）岗前培训

由具体第三方社会管理公司对适用本实施细则的两类辅管人员，开展基本法律知识、劳动纪律培训，考核合格后方可派遣。

（2）上岗培训

局法制科、局培训中心，对适用本实施细则的两类辅管人员，进行城管基本法规、工作纪律集中培训，考核合格后发证，持证上岗。

（3）业务培训

局勤务督察科牵头，各用人单位参加，针对管理要求、行为规范、岗位要求，开展业务培训，原则上不集中，随岗位工作进行。

6. 考评制度

区城管执法局负责对辅管人员、相关第三方社会管理公司的工作考核、评估。

（1）辅管人员考核

按照"谁使用、谁管理、谁负责"原则，由具体用人单位负责辅管人员日常工作考核，局勤务督察科按照具体用人单位考核结果，纳入《辅管人员管理档案》。

1）考核等次

具体用人单位分别以月、年为节点开展考核，评定等次。辅管人员考核等次划分为优秀、合格、不合格三档。

①月度考核

合格：能够遵章守纪、服从指挥、正确履行职责、完成工作任务，评定等次为合格；

不合格：无故缺勤、迟到早退、擅自离岗、未能完成工作任务，评定等次为不合格。

②年度考核

在月度考核的档次设置基础上，增加"优秀"档次，即工作表现突出、有显著成绩和贡献，或有其他突出事迹的，评定等次为优秀。

2）告诫制度

辅管人员不正确履行职责，情节轻微，未造成后果的，由具体用人单位负责人告诚谈话，制作《告诫通知书》，一式三份，被告诫辅管、用人单位、局勤务督察科各留存一份。

①被告诫谈话辅管人员，当月评定等次为"不合格"。

②一年内，累计两次告诫谈话，安排再次培训，培训考核合格后，重新安排工作岗位。

③再次培训后仍不能正确履行职责的，退回具体第三方社会管理公司，不得再次安排从事城管执法辅助工作。

3）结果运用

按照用人单位月考核等次，确定以下奖惩措施。

①年度考核等次"优秀"的，给予一定表彰与奖励，续签合同时，建议具体第三方社会管理公司优先录用。

②月考核等次"不合格"的，采取教育、培训、调整岗位等措施。

③一年内累计三个月考核等次"不合格"的，确定年度考评为"不合格"。

4）退回机制

制定辅管人员退回机制，按照具体性质，启动退回程序。

①考核退回

年度考核"不合格"的，退回具体第三方社会管理公司，不得再次安排从事城管执法辅助工作。

②立即退回

发生下列情况，一经查实，立即退回具体第三方社会管理公司，并建议辞退。

a. 违反《辅管人员管理和监督实施意见》"禁止性规定"；

b. 违反工作纪律或不履行工作职责，造成严重不良社会影响的；

c. 因身心状况或其他原因不适宜继续从事辅管工作的。

（2）第三方社会管理公司考核

区城管执法局依据用人单位考核意见，结合《辅管人员管理档案》，对具体第三方社会管理公司进行工作考核。按照实际，划分为警示、约谈、建议购买单位解除城管执法辅助工作合同，且不再纳入购买范围三个层次递进。

1）警示：合同期限内，发生辅管人员退回情况1次的，局勤务督察科制作《警示通知书》，警示并通知相关第三方社会管理公司加强派遣人员管理。

2）约谈：合同期限内，发生辅管人员退回情况2次的，局勤务督察科负责人约谈相关第三方社会管理公司负责人，提出整改要求。

3）建议购买单位解除城管执法辅助工作合同，且不再纳入购买范围。

合同期限内，发生辅管人员退回情况3次的，区城管执法局提出书面建议，建议购买单位解除与相关第三方社会管理公司签订的城管执法辅助工作合同，并明确不再向该公司购买。

符合退回条件的辅管人员，由该公司负责召回并处理善后。

（3）第三方社会管理公司评估

将辅管人员工作实效、工作纪律，纳入区城管执法局组织的第三方测评范围；每年10月份，区城管执法局依据购买单位、用人单位评价，结合市城管执法局、区市容管理部门及相关部门实效评价、第三方测评结果，对相关第三方社会管理公司发布年度评估报告，建立年度评估档案。出现下列情况之一的，纳入征信平台，建议购买单位不再购买该公司提供的城管执法辅助服务。

1）未完成合同约定工作目标、任务的。

2）队伍管理不到位，超越职权乱作为，区城管执法局书面警示累计满三次的。

3）在虹口区域内市容环境、城市管理社会影响力较差的。

7. 辅管待遇

按照《劳动法》规定，结合具体工作任务、工作性质、工作考核，明确辅管人员具体待遇，包括基础工资、岗位津贴、绩效奖惩及识别标志、装备等。

（1）局通过政府购买服务方式，直接使用、管理的辅管人员，由局后勤装备科制定、落实。

（2）街道办事处购买服务后，固定由街道城管中队使用的辅管人员，由该街道办事处制定、落实。

📖 **扩展阅读** --

《虹口区第三方社会管理公司_____年度评估档案》

包含公司基本信息；提供城管执法辅助的街道或部门及合同期限；公司辅管人员工作实效、遵章守纪情况；公司被警示、约谈情况；对该公司的年度评估意见。

《虹口区城管执法辅管人员管理档案》

包含虹口区城管执法辅管人员告诫通知书、虹口区城管执法辅管人员警示通知书、虹口区城管执法辅管人员登记表。

十二、执法车辆管理制度

根据《上海市虹口区党政机关公务用车管理实施意见》（虹委办〔2019〕88号）文件精神，为确保执法车辆使用规范有序，有效保障执法相关业务开展，进一步实现车辆管理规范化、制度化和科学化，扎实推进节约型机关建设，遵循安全第一、依规管理的原则，制定《虹口区城市管理行政执法局执法车辆管理规定》。规定中所指执法车辆，是指有全国统一城管标识的车辆。

（一）职责分工

1. 区城管执法局是执法车辆的管理部门，负责落实执法车辆的配备审核、更新审批和报废工作。监督各执法中队执法车辆管理工作，包括车辆管理平台的日常维护。

2. 区城管执法局负责执法车辆购置经费、运行经费的管理保障工作。

3. 区城管执法局根据政府采购法律规定和国家有关政策规定，统一在上海市人民政府采购平台组织实施车辆采购。

4. 街道办事处负有执法车辆管理的监管职责，街道城管中队承担日常管理职责。

5. 日常执法工作由各中队统一安排车辆。重大活动或集中整治使用车辆，由区城管执法局统一调度。

6. 因执法工作需要，需驶离本区和管理辖区范围的，街道城管中队必须报街道主管领导审批同意后方可使用，做好备案记录工作。区城管执法局本部和直属中队按照逐级申报、分管领导审批，批准后方可使用。

7. 其他部门或街道办事处因工作需要使用执法车辆，需经区城管执法局分管领导或街道分管领导审批后方可使用，相关城管中队做好记录备案。

8. 区城管执法局分管领导、中队长（书记）是车辆维修和保养项目的审批和监管第一责任人。安全员、车辆管理人员负责对维修项目和质量进行监督，费用超过5000元的，需专项申请，经区城管执法局（或街道办事处）分管领导审批后方可修理。

（二）管理规定

1．执法车辆应当严格限定在一线执法执勤岗位使用，不得作为上下班交通工具，不得驶离规定的工作区域，工作完毕停放在指定地点。

重大活动或集中整治应事先与交警部门做好协调工作，确定停放区域。

2．无特殊原因，执法车辆一律不得驶离我市地域范围。到外地办理公务，应当乘用公共交通工具。

3．区城管执法局机关科室因工作使用车辆，需通过车辆使用管理平台事先进行申请，经科室负责人以及分管领导审核通过后，局后勤装备科做好车辆派遣工作。使用完毕后及时在平台内登记返回。

各执法中队也要确定车辆使用审核、审批人员，落实审批手续。

4．需要通过市场租赁方式租用车辆的，应遵守车辆租赁审批制度。用车单位需填写车辆租赁审批表，经本单位主要领导审批通过后，申请区机关事务管理局批准后租用车辆。坚持"一事一租，一事一批"原则，不得长期包租。

5．落实四大节日、夏季、冬季、阶段性以及上级布置的车辆安全大检查工作，并做好检查登记。对检查出的车辆、设备（北斗定位系统、车载视频、车载灭火器、车辆设备）问题及安全隐患，及时上报、整改、维修，保证车辆和车辆设备完好、正常使用。

电瓶车安排专人负责管理，在指定的地点停放和充电，充电完成后必须切断电源，严禁过量充电损坏车辆。

6．定期做好车辆消毒、清洁工作。做到车辆整洁、标识清晰（不得损毁），车内无异味，无杂物，每日完成车辆防疫防控消毒至少二次。

7．严格执行车辆使用前证件（各类保单和行驶证）检查、安全检查和记录。车辆管理人员每月负责对以上工作进行检查。规范执法车辆日常使用管理记录台账，加强相关证照档案的保存和管理。

8．车辆（一车一本）记录内容：出车事由、地点、里程，检查、消毒、加油、维修、事故以及故障整改情况等，加油凭证小条复印并签名后张贴在空白纸上。

9．严格执行执法车辆保险、维修、加油政府集中采购原则，定点保险、定点加油、定点维修。健全执法车辆油耗、运行费用单车核算和年度绩效评价制度。

（三）管理问责

1. 有以下行为之一的，应当依纪依法追究相关人员责任：

（1）公车私用或者领取公务交通补贴又违规使用执法车辆。

（2）将车辆擅自借给他人使用。

（3）为车辆增加高档配置或者豪华内饰的。

（4）不按照规定喷涂、张贴或者故意遮盖、损毁标识。

（5）故意损坏车内卫星北斗定位系统，使之中断正常运转的。

（6）私自拆除和故意损坏车载设备，使之不能正常执行公务的，车辆管理人员负有监管失职责任。

（7）有违反其他车辆使用管理规定行为的。

2. 严禁酒后驾驶、严禁无证驾驶、严禁违规行驶、严禁疲劳（车、人）驾驶。由此造成的违规行为和交通事故由驾驶人承担相应责任、经济赔偿以及刑事责任。

3. 因管理不当造成车辆和设备损坏或者遗失，将追究当事人责任并承担相应经济损失。

4. 收缴货物及时放置到暂扣物品专用仓库，严禁放置在车辆上过夜，由此造成的损失和遗失等由当班领导负责。

（四）事故处理

1. 发生各类事故，必须做到以下工作：

（1）第一时间拨打110报警电话，现场勘查。

（2）立即口头上报局、街道安全生产工作领导小组，24小时内书面报告。

（3）各中队负责安全工作干部应及时赶到现场做好施救、启动保险以及善后等工作。

（4）根据交通部门出具的决定落实好各项后期工作。

2. 根据交通管理部门的鉴定结果，做好以下工作：

（1）驾驶人员因工作引起的事故应按照责任划分及形成后果等情况，承担相应责任，并配合单位做好善后工作。

（2）如因个人违反交规引发的事故和处罚，一切责任自负。

（3）未经同意私自出车发生交通事故的，由此形成的一切后果由驾驶员个人承担。赔偿包括车辆费用和人员损伤费用。

（五）上报培训

1. 每月5号统计上报月度行驶公里数、经费使用、安全检查月报表、事故零报告、安全月度小结等。

2. 行车责任人、负责安全工作的干部应按照规定参加各类培训，及时学习和了解交通法律法规并通过相应考试。

3. 建立安全生产工作网络图，如遇人员调整等，应及时进行更正。行车责任人应通过培训提高业务技能，听从统一调度，服从工作安排。

扩展阅读

《虹口区城市管理行政执法局车辆事故处理流程》

事故发生→报警110、上报街道、局安全工作领导小组→管理人员第一时间赶赴现场了解、处理→24小时内书面汇报材料上报。

第六节　执法评价精细化

事前有部署、事中有推进、事后有评价。虹口区城管执法局实施全流程、全过程、全时段、全岗位、全人员、全社会的闭环式精细化管理，不漏掉、不忽视任何一个环节，建立完善了个人、单位内部考核机制，引入第三方监督评价机制，做到执法评价精细化。

一、对内实施量化考核

利用虹口"智慧城管"系统建立一套科学智能的个人、中队绩效考核机制，由过去凭主观印象评价变为以客观数据评价，强化目标管理，突出执法实效，构建完善的考核评价体系。

（一）对个人考核

一线队员个人考核分为勤务督察、法制办案、政工工作、后装工作及组织评价等五部分，通过系统实时生成的岗段签到、问题处理、网上办案、诉求办理等大量基础数据，自动生成队员一天的工作量，从及时率、任务量、实效性等三个方面进行自动量化考核，将其与执法队员的绩效考核、评优评先、晋级晋升直接挂钩，激发一线执法队员干事创业的积极性。"网上考核"制度于2018年3月正式实施，局考核领导小组每月就智慧城管系统自动算出的队员得分和排名情况进行汇总、整理、分析，形成多角度的综合智能化考核评价系统，实现考核公平、公正、公开。

1. 考核对象

适用于虹口区城管执法局执法大队在职在编的一线执法队员。局机关科室、各执法中队队干部、内勤个人绩效考核办法，监督岗位人员（专职、兼职）绩效考核办法另行制定。

2. 考核内容

考核采用百分制，包括勤务督察、法制办案、政工工作、后装工作、组织评价等五方面。

（1）勤务督察工作考核（55分）

勤务督察工作包括勤务管理、任务处理、诉求件办理、督察督办等四部分，按考核细则评分（考核不设基础分，实行"多劳多得""失职追责"的加、减分结合原则）。

（2）法制办案工作考核（30分）

法制办案工作包括办案数量、办案质量、信访处理及回复、"五乱"整治等四部分，按考核细则评分（考核设定基础分12分，实行加、减分结合原则。因不作为、乱作为导致行政诉讼败诉的，实行一票否决，该月个人法制办案工作考核项为0分）。

（3）政工工作考核（5分）

政工工作包括个人遵纪守法情况、个人荣誉、公务员培训、投诉举报、领导批示、媒体曝光和宣传工作等六部分，按考核细则评分（考核设定基础分5分，实行加、减分结合原则。因不作为、乱作为导致个人被来电投诉或媒体曝光经查实的，实行一票否决，该月个人政工工作考核为0分）。个人发生其他违纪违规违法行为的，参照《公务员法》《行政机关公务员处分条例》等相关法律法规文件，经党委会研究后，给予相应处理，并在个人年终考核分中作相应扣分。

（4）后勤装备工作考核（5分）

后勤装备工作包括个人执法装备使用管理等部分，按考核细则评分（考核设定基础分5分，实行减分原则）。

（5）组织评价（5分）

局党委领导对队员个人的综合评价2分；街道领导对队员个人的综合评价2分；执法中队对队员个人的综合评价1分。

（6）一票否决

一票否决的事项，需由局党委领导集体讨论研判决定：经查实的各类违纪违法行为；发生重大安全责任事故负主要责任的。

3. 考核方法

（1）实行月考核、季排名、季公布。

（2）考核分数以智慧城管系统自动评分为主，个别项目人工评分为辅，逐步向系统全自动评分转变。

（3）每年11月底，累计全年分数即为年终个人绩效考核结果。

4. 考核流程

每月3日前，机关各科室将上月手动打分的考核结果交至局数据分中心，局数据分中心将自动和手动打分的考核结果于5日前汇总整理生成制式格式，交至各科室核实；各科室和各中队复核后在10日前将各科室负责人及中队领导签字确认无误后交至考核办公室（政工科）审核；15日前，考核办公室（政工科）将审核后的个人绩效考核结果报至局考核领导小组，经行政办公会议审议、通过后由考核办公室公布。

5. 结果运用

（1）个人绩效考核结果作为个人评优评先、职级晋升的主要依据

对个人绩效考核中涌现出的优秀队员，以适当形式通报表扬，优先安排培训和锻炼，并作为干部培养选拔任用的重要参考。

（2）考核权重

各中队个人绩效考核的总成绩作为局党组对中队集体考核的重要参考部分，占中队考核的40%。

（3）建议结果运用

个人年终考核平均分排名中队前20%，有资格参与年度评优评先。

（二）对中队考核

1. 对街道中队考核

（1）考核机构

建立虹口区城管执法局、各街道办事处等为成员单位的目标绩效综合考核领导小组，组长由区城管执法局主要领导兼任，区城管执法局分管领导、街道办事处分管领导兼任小组副组长。区城管执法局各科室负责人、各街道社管办负责人为考核领导小组办公室成员。

区城管执法局办公室具体负责各中队目标绩效综合考核的组织实施。

（2）考核分值及内容

1）考核分值

中队目标绩效考核实行基本分100分制。

其中：内部管理10分、队伍建设30分、法制信访20分、勤务督察30分、第三方社会测评10分。

2）加减分项

加分项：中队单项工作受到住房和城乡建设部、市领导批示肯定的；受到区委区政府、市住房和城乡建设委、市城管执法局表彰的或领导批示肯定的；召开市局、区相关工作现场会，推广中队经验和做法的；工作具有创新性、典型性，并受到市级及以上主要媒体表扬的；中队日常工作成效明显的，由考核领导小组酌情考虑。

减分项：按考核内容要求实施，直到扣完所在项目分值为止。违反党纪国法、保密管理、安全生产管理等规定，造成重大影响的实行一票否决制。

3）考核内容

①月度考核

内部管理方面："两会"件办理、政务信息、信息报告和督办、示范和规范化中队建设、中队办公秩序、基础工作、安全工作、车辆及装备管理、经费管理等。

队伍建设方面：党建工作、团建工作、学习培训、队伍管理、党风廉政、文化宣传等。

勤务督察方面：投诉处理、督察督办、勤务管理、专项执法、执行制度、创新亮点工作等。

办案信访方面：办案基数、专项执法事项管事率、执法覆盖面、依法行政、信访办理等。

社会评价方面：委托第三方社会专业测评机构，每季度组织一次城管执法公众满意度测评。

②年度目标绩效考核

中队年度绩效考核得分＝月度考核平均得分（每月考核得分及年度加减分合计÷考核月数）+社会评价分。

③年度综合考核

中队年度综合考核成绩由年度目标绩效考核成绩、个人考核平均成绩、工作创新和街道考核评价成绩四部分组成。其中，个人考核成绩占40%，中队年度目标绩效考核成绩占60%，工作创新年度考核总分视情况加1～2分，街道考核成绩总分为10分。即：

中队年度综合考核成绩＝中队年度目标考核成绩×60%+个人考核平均成绩×40%+工作创新+街道考核成绩。

④权重分配

区城管执法局、街道办事处考核权重分配，按照相关规定执行。

（3）考核方式

1）考核等级

中队年度综合绩效考核等级分为优秀、良好、不合格三个等次。

8个街道城管中队年度综合绩效考核前三名的为"优秀"中队；其余为"良好"中队。如年度考核分低于60分的，考核等级为"不合格"。具体由区城管执法局考核领导小组根据考核成绩进行综合评价。

2）一票否优

中队有下列情况之一的，实行一票否决评优资格，即所在中队取消年度各类集体评优资格，中队领导和直接责任人根据实际情况承担相应责任。

①发生重大泄密事故，造成严重后果的。

②未按期完成区委区政府、市局和区局确定的重点工作任务的。

③发生被媒体曝光、领导批评、社会关注的负面事件，对队伍形象造成严重影响的。

④因信访等诉求问题处理不及时、工作不到位引发的进京上访、重大群体性事件和恶性事件，严重危害社会稳定的；信访回复内容严重偏离投诉情况，造成严重后果的；督办件处置明显不当的。

⑤发生重大安全事故、酒后驾车的。

⑥违反市城管执法局**"八不准"**（即：不准在值勤巡察时违规着装，仪容不整；不准在值勤巡察时吸烟、饮食；不准在工作时间饮酒，及酒后值勤；不准打骂违法违章当事人；不准违反规定随意罚款和扣押、处理罚没物品；不准索要或收受违法违章当事人的礼品、礼金和有价证券；不准参加有损执法公正的宴请、旅游、娱乐活动；不准在非公务活动时穿着识别服出入餐饮、娱乐等公共场所消费）规定，对队伍形象造成严重影响的。

（4）考核结果运用

1）对年度综合考核为"优秀"的中队给予一定的奖励，考核结果与行政执法类绩效考核奖挂钩。

年度考核为"优秀"的中队，按人均绩效考核奖上浮20%的比例发放绩效奖；考核为"良好"的中队，按人均下浮一定比例发放绩效奖；考核为"不合格"的中队，按人均50%的比例发放绩效奖（具体考核奖金发放增加比例，按照实际人数配比，作适当浮动）。

各中队可以根据本中队绩效奖等次，制定本中队绩效奖考核细则，按照个人实际工作表现，发放绩效奖。

2）考核结果与评先评优挂钩。

年度考核为"优秀"的中队，增加年终公务员考核"优秀"名额1名（中队一名主要负责人）；连续两年排名末位的，对中队主要负责人进行诫勉谈话，并视情况调整工作岗位。

3）年度对街道城管执法工作开展检查评议，以中队年度综合考核成绩为基础，进行评议。

4）实施过程中，需要调整完善的，由局党组研究决定。

5）本细则由局目标绩效综合考核领导小组负责解释。

2．对直属机动中队、滨江中队考核

（1）考核机构

区城管执法局目标绩效考核领导小组负责对机动、滨江两个直属中队绩效考核评价工作。具体由两个直属中队分管局领导牵头，各科室负责人为成员，落实两个直属中队目标绩效考核的组织实施。

（2）考核分值及内容

1）考核分值

机动中队、滨江中队目标绩效考核实行基本分100分制。

其中：内部管理20分、队伍建设30分、法制办案20分、勤务督察30分；另设工作创新2分（附加分）。

2）加减分项

加分项：中队单项工作受到住房和城乡建设部、市领导批示肯定的；受到区委、区政府、市住房和城乡建设委、市执法局表彰的或领导批示肯定的；召开市局、区相关工作现场会，推广中队经验和做法的；工作具有原创性、典型性，并受到市级及市级以上主要媒体表扬的；中队日常工作成效明显的，由考核领导小组酌情考虑。

减分项：按考核内容要求实施，直到扣完所在项目分值为止。违反党纪国法、保密管理、安全生产等管理等规定，造成重大影响的实行一票否决制。各街道城管中队被市城管执法局督察扣分的，机动中队承担连带责任。

3）考核内容

①月度考核

a. 机动中队

内部管理方面："两会"件办理、政务信息、信息报告和督察督办、示范和规范化中队建设、基础工作、安全工作、车辆及装备管理、经费管理等。

队伍建设方面：党建特色工作、团建工作、学习培训、党风廉政工作、队伍管理、文化宣传等。

勤务督察方面：勤务管理、督察督办（督察实效）、专项执法、专项保障、遵守行为规范等。

办案信访方面：办案基数、执法全过程记录、依法行政等。

b. 滨江中队

内部管理方面："两会"件办理、政务信息、信息报告和督察督办、示范和规范化中队建设、基础工作、安全工作、车辆及装备管理、经费管理等。

队伍建设方面：党建特色工作、团建工作、学习培训、纪检工作、队伍管理、文化宣传等。

勤务督察方面：勤务管理、勤务实效、督察督办、滨江区域重大保障、专项执法、诉求件办理等。

依法办案方面：办案基数、执法全过程记录、依法行政等。

c. 工作创新（附加分）

除上述考核内容外，机动中队、滨江中队在创新队伍建设、执法管理等工作制度和机制等方面，形成可推广的经验，有效提升队伍建设和执法实效的，经局考核领导小组确认后，得到附加分。

②年度目标绩效考核

机动中队、滨江中队年度绩效考核得分＝月度考核平均得分+年度加减分+工作创新分。

③年度综合考核

机动中队、滨江中队年度综合考核成绩由中队年度目标绩效考核成绩和个人考核平均成绩两部分组成。其中个人考核成绩占40%，中队绩效考核成绩占60%。即：年度综合考核成绩＝中队年度目标考核成绩×60%+个人考核平均成绩×40%。

（3）考核方式

1）考核等级

考虑两个直属中队工作职能特殊性，实行只考不评。基准考核合格分不低于90分（含90分）。

2）一票否优

两个直属中队有下列情况之一的，实行一票否决评优资格，所在中队取消年度各类集体评优资格，中队领导和直接责任人根据实际情况承担相应责任。

1）发生重大泄密事故，造成严重后果的。

2）未按期完成区委区政府、市城管执法局和区城管执法局确定的重点工作任务的。

3）发生被媒体曝光、领导批评、社会关注的负面事件，对队伍形象造成严重影响的。

4）因信访等诉求问题处理不及时、工作不到位引发进京上访、重大群体性事件和恶性事件，严重危害社会稳定的。

5）发生重大安全事故、酒后驾车的。

6）违反市局"八项不准"规定，对队伍形象造成严重影响的。

7）人员有违法违纪行为被立案，并经司法或纪监委确认的；执法中滥用职权，或因执法存在明显瑕疵造成行政复议、行政诉讼败诉的。

8）未及时上报重要信息和重大情况，造成重大社会不良影响的。

9）队员未按规定及时上交执法装备的。

10）发生其他重大工作失误，造成严重后果的。

（4）考核结果运用

考核结果与行政执法类绩效考核奖挂钩。

机动、滨江中队年度综合考核分达到90分（包含90分）以上的，发放行政执法类绩效考核奖；得分在90分以下的，经考核领导小组研究确定后，视情降低一定比例发放绩效考核奖。

机动、滨江中队可以制定本中队绩效奖考核细则，按照个人实际工作表现，发放绩效奖。

二、对外开展群众满意度测评

认真践行"人民城市人民建，人民城市为人民"重要理念，坚持"城管为公、执法为民"的原则，严格文明执法、热情服务群众，不断提升辖区市民的幸福感、获得感、满意度。近年来，上海市城管执法局、虹口区城管执法局陆续将社会第三方监督引入监督体系，委托第三专业公司开展城管执法社会满意度测评活动，在确保内部监督机制的同时，又让外部监督机制发挥作用，体现了"人民城市人民管"的城市发展基本要求，也为改善城市管理提供了一条有效途径，从而推动城市管理精细化水平的提升。

（一）满意度测评的意义

开展城管执法工作满意度测评活动，具有重要意义：一是有利于了解各类企业商户现状和公众意愿，摸清对城管执法工作的真实评价和需求；二是有利于营造改善城管执法工作的社会氛围，通过测评发现短板、审视不足、寻找亮点、总结经验，形成比学赶超的良好氛围，促进队伍管理水平；三是有利于改进服务水平、树好城管形象，通过测评并提出针对性的意见建议，公众的参与权、监督权得到彰显，市民意见能够直接反馈给相关部门，促进双方沟通，改变管理服务方式，形成协同治理的局面，缓冲了执法者和被执法对象的矛盾，逐步改变社会公众对城管的负面印象。

（二）满意度测评对象及内容

虹口城管执法工作满意度测评访问对象为：普通市民、居委干部、企业、商户等各类人群；测评内容包括依法履职（文明用语、出示执法证件、执法前教育、处罚前告知、听取陈述申辩、无乱罚款、履职无欠缺、无暴力执法、廉洁自律、依法履职等）、行为规范（着装规范、仪容规范、执勤规范、行为规范、用车规范等）、执法实效（街面环境秩序整治、工地环境秩序整治、违法建筑整治、住宅小区整治、生活垃圾分类执法等）和为民服务（政务公开、窗口服务、投诉处置、城管进社区、为民服务等）。

（三）满意度测评实施方案

1. 调查方法

数据分析，街道中抽取居委，居委聚类分群，居委中抽取小区，小区/商户抽取被访者。即：第三方测评机构在十多年的社会满意度测评项目经验中积累了大量的城市本底数据，为调研抽样提供了最直接的数据参考。采取随机抽样方式进行，每个街道抽样10～15个居委，最终抽取具有代表性的居委95个；将95个居委按商业水平档次和居民构成进行归类，分别在不同类别的居委中随机抽取小区和商户，每个居委抽取2～3个小区和4个商户，每个居委会抽中小区共随机访问25名左右的居民、随机访问4个左右的商户或企业负责人。随机访问实施一对一面访，分多个小组同时进行。

2. 最终样本量

项目最终执行有效样本量为2700～2800份，其中普通居民占比约80%，企业商户占比约13%，特定人群占比约7%。

3. 计分

对于不同测评内容，按照指标权重采用特定的计量准则，进行二级指标得分加权汇总，再基于二级指标对一级指标进行加权汇总。

4. 评价标准

以80分为中心，把满意度设为六个综合等级，即优秀、优良、良好、尚可、一般、较差。测评机构访问员、督导和研究员在上门面访、问卷填写、审核、汇总、数据分析等各环节各司其职，严格遵守工作纪律，杜绝不合理干扰，保证了调查的客观性和真实性。

几年来，上海市城管执法局每年上半年、下半年分两次对各区城管执法工作满意度开展第三方测评，测评情况通报各区政府；虹口区城管执法局委托第三方测评机构，每季度对街道城管中队执法满意度测评一次，测评情况除通报街道办事处外，同时作为街道城管中队年终绩效考核的重要依据。

开展群众满意度测评工作以来，虹口区城管执法局严格执法、规范执法、为民服

虹口区城管执法局2016—2020年第三方满意度测评成绩

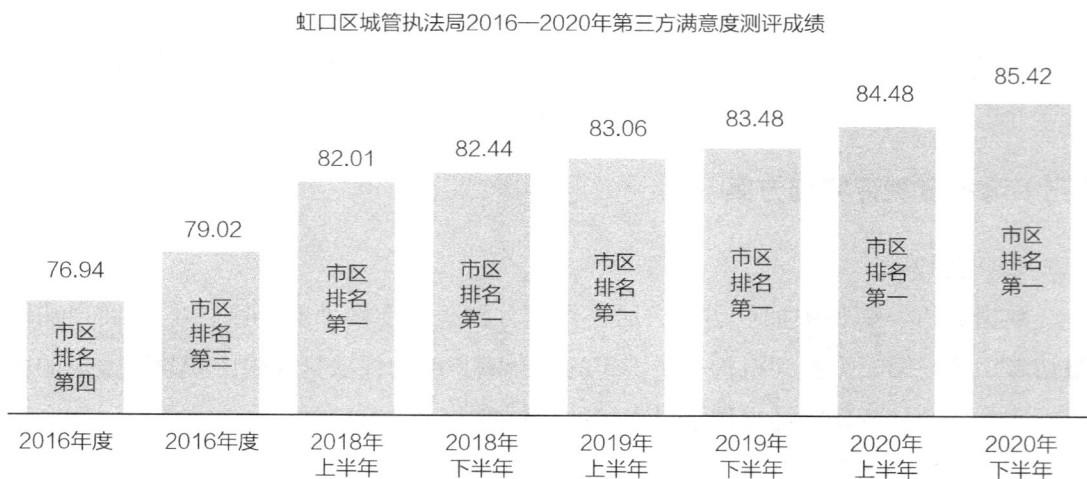

图2-15　虹口区城管执法局2016—2020年第三方社会满意度测评成绩

务的水平不断提升，在上海市城管执法局组织的全市城管执法系统第三方满意度测评中（图2-15），已连续三年位列市区第一，充分证明了虹口城管执法队伍具有硬核实力，树立了城市管理新标杆。

📖 扩展阅读 --

人民城市人民建，人民城市为人民

2020年年初，新冠肺炎疫情暴发，广中中队严路在自告奋勇疏散聚集人群时，把自己备用的口罩递给了急于前往医院的居民，隔天他收到一束寄语"献给奋战在一线最可爱的人，加油！"的花，让"严路"们勇者更无惧、脚步更坚定！

第三章
智能化的科技应用

　　2016年以来，虹口区城管执法局紧紧围绕市城管执法局信息化建设工作要求，在"互联网+"与大数据分析应用的大背景下，借助大数据、互联网、物联网等信息技术，积极开发建设虹口区智慧城管系统（图3-1），将城管执法所有事项与执法过程纳入信息系统，横向到各相关单位部门，纵向到每个执法队员，连接执法领域的"一切事、一切物、一切人"。系统包括网上办案子系统、勤务指挥子系统、督察管理子系统、投诉管理子系统、执法案件评价子系统、专项管理子系统、绩效考核子系统、实训管理子系统、组织人事子系统、后勤保障子系统、简讯子系统、地图应用子系统、指挥工作台、车载视频综合系统。通过构建"五个网上"业务系统，将城管执法全过程规范化、制度化，实现感知、分析、服务、指挥、监察"五位一体"，为精细化执法插上了科技的翅膀。

虹口区"智慧城管"业务平台信息采集层

执法车与视频

无人机

各类视频监控

执法车与视频

车载车辆

车辆定位

移动执法终端

移动督察

移动勤务

移动办案

执法记录仪和采集站

12319等专业网站

投诉举报

领导批示

专项调查

舆情民意

虹口区"智慧城管"业务平台应用层

综合指挥监管平台

大屏展示系统

指挥调度系统

综合视频管理系统

执法力量定位系统

数据分析研判系统

其他

城管执法综合业务平台

网上办案系统

网上勤务系统

网上督察系统

网上投诉系统

网上绩效评价系统

案件评查系统

专项管理系统

实训管理系统

组织人事系统

后勤保障系统

简讯系统

视频数据管理系统

电子证据管理系统

案件证据关联系统

监控视频关联系统

其他

虹口区"智慧城管"业务平台数据支撑层

一店一档
专管渣土车辆

一居一档
餐饮企业名录

违法户外广告

餐厨垃圾及废弃油脂

经营性非经营性违法建筑

法律法规

门责单位

人员装备

建筑工地

占道亭棚

文档管理库

其他

虹口区"智慧城管"业务平台物理支撑层

网络设备

存储设施

安全设施

主机设施

其他

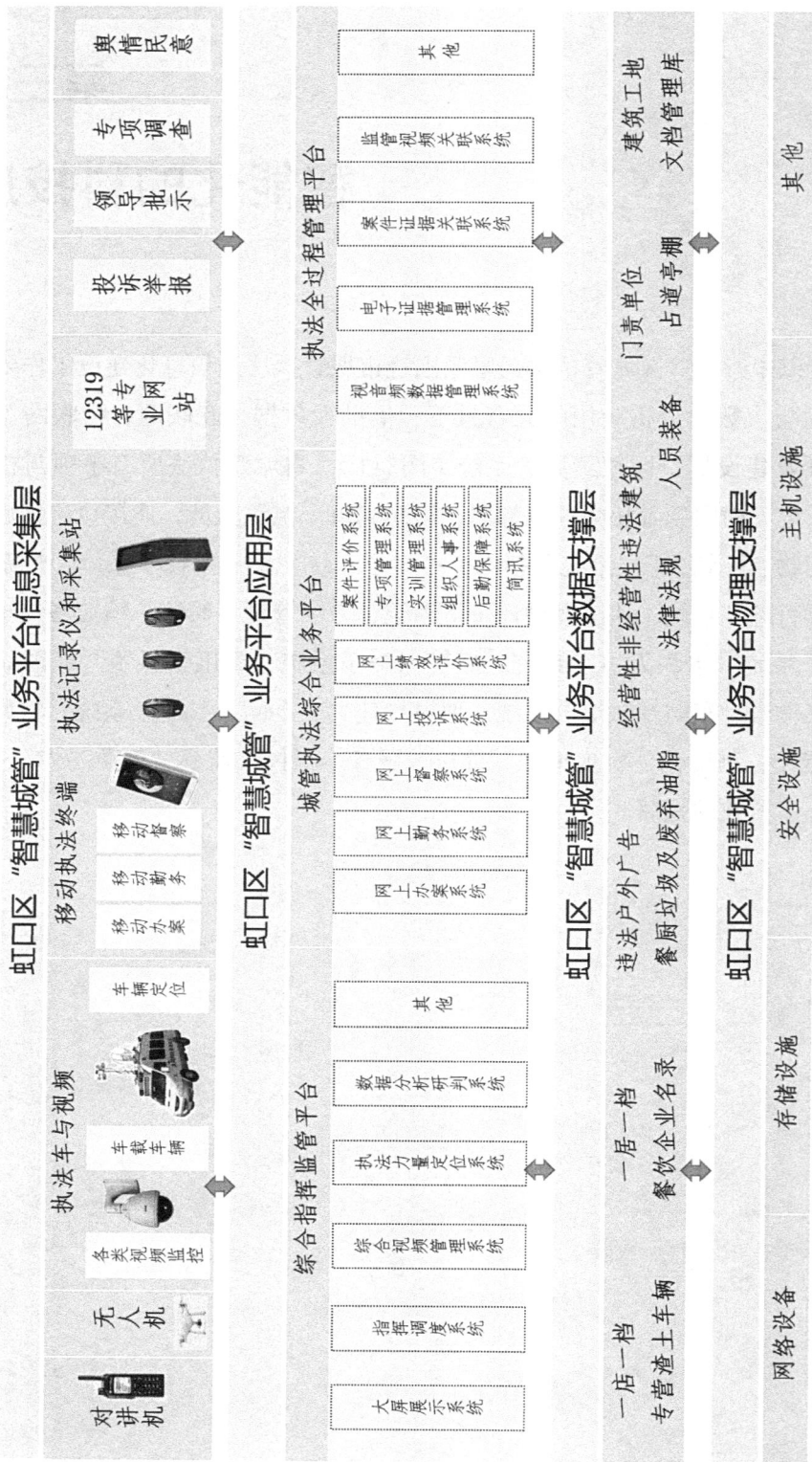

图3-1 虹口区智慧城管系统架构图

第一节　基础数据点面覆盖

虹口区城管执法局通过不断探索大数据分析在执法活动中的实际应用，充分利用和整合智慧城管系统运行以来积累的工作数据，逐步建立起真实、准确、全面的智慧城管基础数据库，收集数据信息超亿条。目前已建立了全区8个街道、174公里道路、12000余家经营门店的"一店一档数据库"、20575条"一居一档数据库"、3289项"违法户外广告数据库"、40431条"违法建筑数据库"、27处在建建筑工地、271辆专营渣土车辆信息、2887家餐饮企业的基础数据库、1349条餐厨垃圾废弃油脂数据库、八大类生活垃圾分类监管对象等各类数据库，全局人员、装备数据也已充实入库。特别是初步建立的住宅小区"一居一档数据库"，为深入推进住宅小区综合治理及社区精细化管理提供了大数据支撑。

智慧城管系统数据库主要有以下三个特点：

一、多类别：可视化呈现20种基础数据

智慧城管数据库中共分为20小类，主要为"一店一档"、"一居一档"、建筑工地、门责单位、餐饮企业、餐厨废油、占道亭棚、违法建筑、户外广告、法律法规、执法动态等小类，如图3-2所示。沿街门面、违法建筑、工地、餐饮等数据库基本涵盖了城管日常执法事项的方方面面，同时辅以法律法规数据库，为队员现场认定和现场执法，提供了极大便利和帮助。此外，结合卫星地图、GIS地图，实现多维可视化展示，为管理者提供更为直观的决策依据。

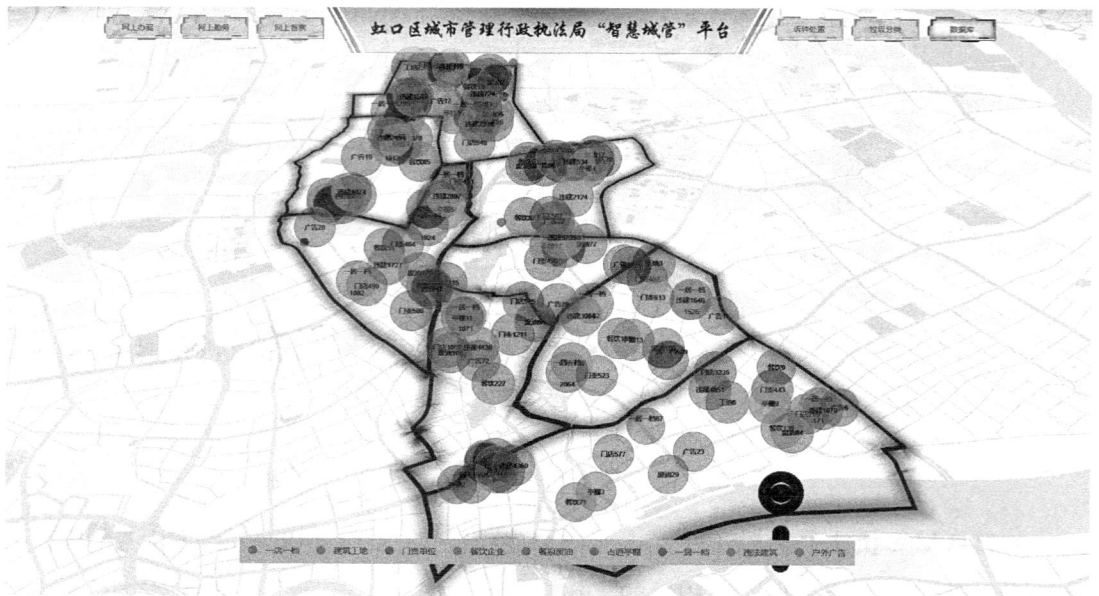

图3-2 虹口区智慧城管系统数据可视化分类展示

以下重点介绍一店一档、一居一档及违法户外广告数据库。

1. 一店一档数据库：为辖区内每个店铺建立一个专用的电子档案，档案信息包括：基本信息、政务公开、检查信息、处罚信息、公告、店铺二维码等。将店铺相关数据与GIS地图相融合（图3-3），可实现在GIS地图上撒点显示店铺位置。系统自动汇总统计门店数量、停业门店数量、无证门店数量、封门门店数量信息。在"智慧城管APP"上，可根据街道、道路、状态、类型字段进行筛选查看。在门店信息详情页，可进行"检查""变更""恢复房屋外貌""停业""拆除"等不同情况的信息登记操作。

2. 一居一档数据库：对所管辖区居委会进行在线信息登记，包括照片、所属中队、居委名称、立案信息、社区地址、违章类型等信息，为辖区内所有居委会建立独立的电子档案。将"一居一档"数据与GIS平台相融合（图3-4），GIS地图上展示辖区内所有200个居委会各自的范围，显示该居委会名称。在"智慧城管APP"上，可针对跨门营业、违法建筑、占绿毁绿、违规安装空调器冷却设备、破坏房屋承重结构、擅自改变物业使用性质、擅自改建占用物业公共部分（包括地锁）、破坏房屋外貌、生活垃圾强制分类等违法行为进行摸排登记，在一居一档详情页面可以进行信息变更、违章销项、立案等功能操作。

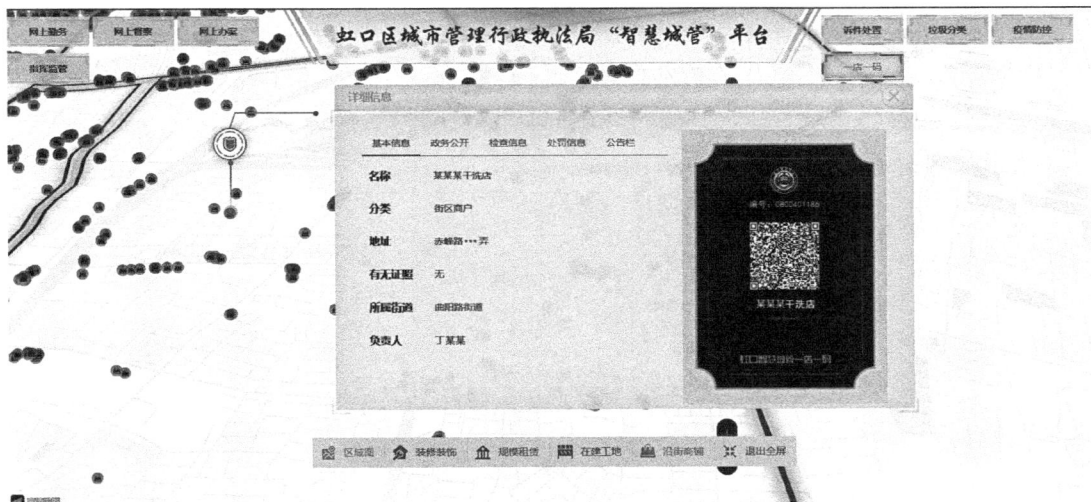

图3-3 "一店一档"在GIS地图上的显示

图3-4 "一居一档"在GIS地图上的显示

3. 违法户外广告数据库：违法户外广告是指违反广告管理法规规定，在禁止设置户外广告的区域或未经批准在允许设置户外广告的区域设置广告。违法户外广告不仅影响市容，而且存在坠落等潜在危险。采集违法户外广告位置坐标、责任人等相关信息，建立数据库。将数据库与GIS地图结合起来（图3-5），并在地图上标记违法广告位置。有助于工作人员了解辖区内违法户外广告集中位置、数量、设置时间、规格类型、安全等级等相关信息。

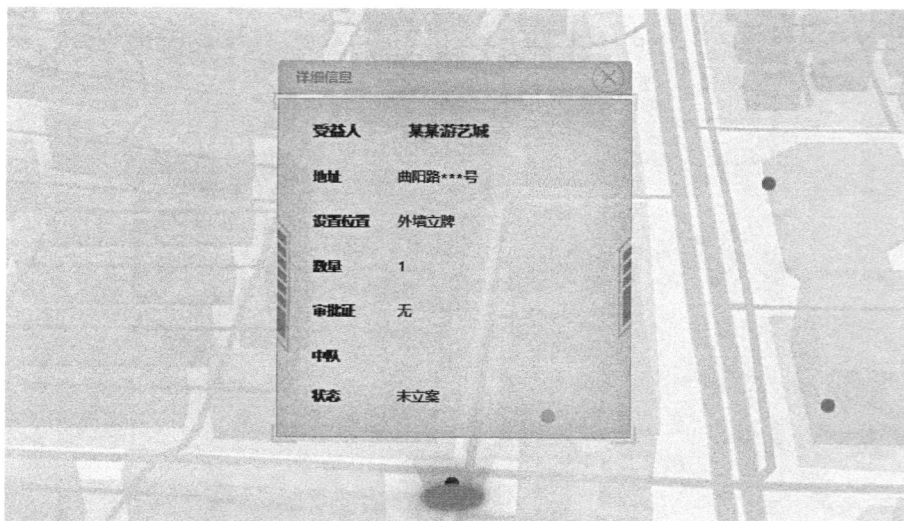

图3-5　违法户外广告散点图

二、广覆盖：构建"三位一体"监管空间

智慧城管数据库采用卫星地图、高德地图数据作为基础底层数据，展示虹口区范围内的地面构筑物二维及三维坐标信息，涵盖城市地貌、河道分布、事件标识等主要内容，包括了道路（墙外），也涵盖了小区（墙内），构筑了地面、立面及高空"三位一体"的监管空间（图3-6），基本实现了全覆盖。

图3-6　虹口区智慧城管系统监管空间可视化展示

1．城市地貌：显示除军事管理区外的道路分布、商业区、居住区、历史风貌保护区、公园建筑物名称等信息。当在GIS地图中点击相关区域，相关区域高亮显示，并弹出二级窗口，显示该区域的相关信息，如：详细地址、面积、所属执法中队、当前岗段人员、该区域执法记录等信息。如图3-7、图3-8所示。

2．河道分布

虹口区共有河道6条，长度22.45km，面积0.88km^2。智慧城管系统将辖区内的各骨干河道在GIS平台上显示，当点击该河道时，河道高亮显示，并弹出二级目录，显示该河道基本信息（名称、责任部门、长度等）、河道两边10m范围内的实时现状、河道水质变化等信息。

图3-7　虹口区城市地貌三维展示

图3-8　虹口区城市地貌二维展示及岗段人员信息展示

3．事件标识：主要指与城管执法相关的诉求件和案件在GIS地图上的标记（图3-9~图3-11）。在GIS地图上显示不同时段、不同种类的案件或诉求件，能够让管理员直观地了解某类诉求件或案件多发区域以及随时间变化的趋势，以此作为决策的参考。事件标识主要包含两方面的内容，第一、执法数据展示。主要记录各类诉求件及案件的详细信息（地址、执法对象、执法人等），并为重要信息设置检索标签，便于后期数据统计分析。第二、智能判别及报警。城管执法顺应时代的发展逐步走向精细化，但随之而来的是工作量的增加。对现有的执法力量来讲，工作负担较为繁重。

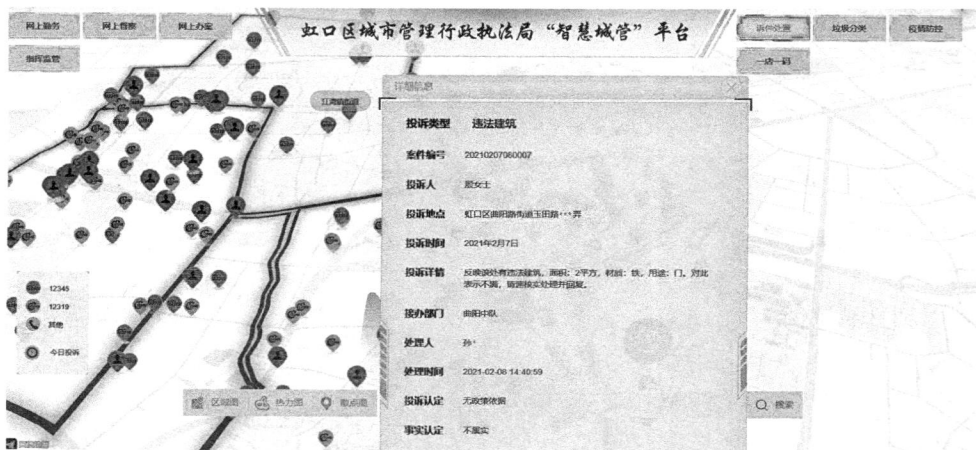

图3-9　虹口区智慧城管系统诉求件统计界面图

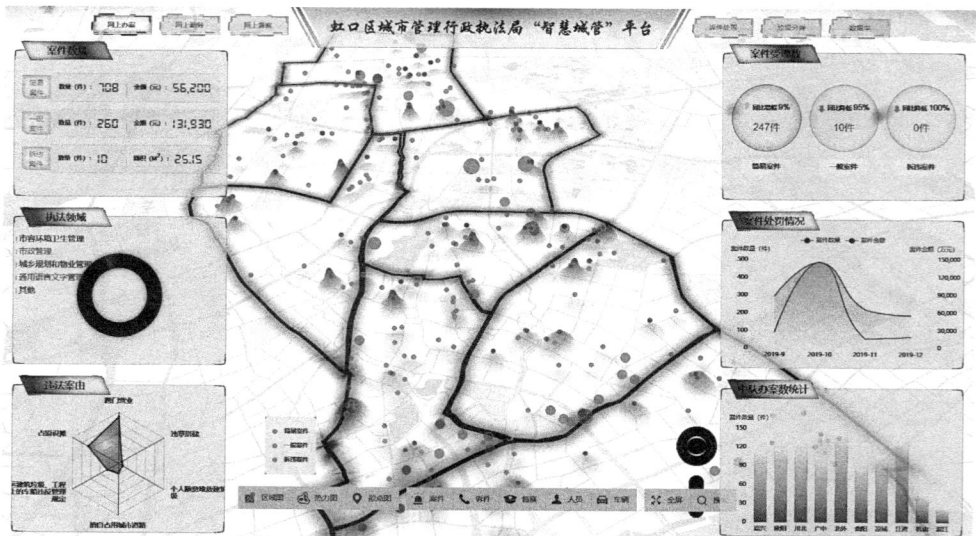

图3-10　虹口区智慧城管系统数据可视化大屏

图3-11　虹口区智慧城管系统执法分类展示

所以，城管执法也应顺应科技的发展，利用现代化技术实现工作效率的提升。同时将"被动发现"转变为"主动发现"，实现以监管、预判为主，执法为辅的执法理念。

三、常更新：24小时实时动态更新数据

数据24小时实时动态更新，运用岗段制及日常巡查，要求队员对辖区内的门店业态调整或已整治消除（如封门、拆除等）情况，对数据库及时更新并实施销项管理，确保数据新鲜、准确、完备。目前数据库在持续更新和扩容，不断为大数据分析夯实基础。

以下重点介绍执法事项、人员定位、车辆定位及执法动态数据常态化更新。

1. 执法事项及时更新：自2020年3月1日起，虹口区城管执法局新增执法事项193条，主要涉及文明施工、房地产市场管理、物业管理、住房保障管理、房屋拆迁管理和优秀历史保护建筑管理等。在接收新划转的执法事项之后，虹口区城管执法局立即梳理处罚事项、违法行为以及自由裁量清单，及时导入更新至智慧城管数据库，切实保证新增执法事项正式划转后执法力度更大，执法要求更严，执法效能更高。

2. 人员定位实时更新：结合岗段制及GIS地图，利用队员执法终端所采集的位置信息，将队员的位置实时显示在GIS地图上（图3-12），以便管理人员能够从全局了解队员工作状态。同时，为GIS地图上展现的各执法人员标记设置二级目录，显示该人员的基本信息及所属中队、当前排班、当前岗段（同时在GIS地图上显示该区域）、执法轨迹、执法情况、人员装备等信息。

3．车辆信息实时更新：动态采集执法车辆定位数据、电子围栏设定，并将实时位置、行驶轨迹等数据在GIS地图上标记（图3-13），能够让执法者直观了解当前车辆分布，用于紧急调度。执法车辆信息与检索功能相关联，检索相关车辆信息，能够在地图上显示该车辆位置等信息。同时在车辆二级目录中显示该执法车辆车型、车牌、车况及驾驶员等相关信息。

4．执法动态实时更新：执法动态类数据主要包括队员在岗情况、日常勤务情况等内容，数据每日动态上传、下发，实时更新，通过大屏可视化呈现（图3-14）。该功能主要基于"智慧城管APP"，通过设定不同权限，让相关人员更为直观快速地了解工作情况及安排。如对于中队长及中队内勤，能够实时掌握当前所有队员在岗情况

图3-12　执法队员动态工作轨迹展示

图3-13　执法车辆动态轨迹展示

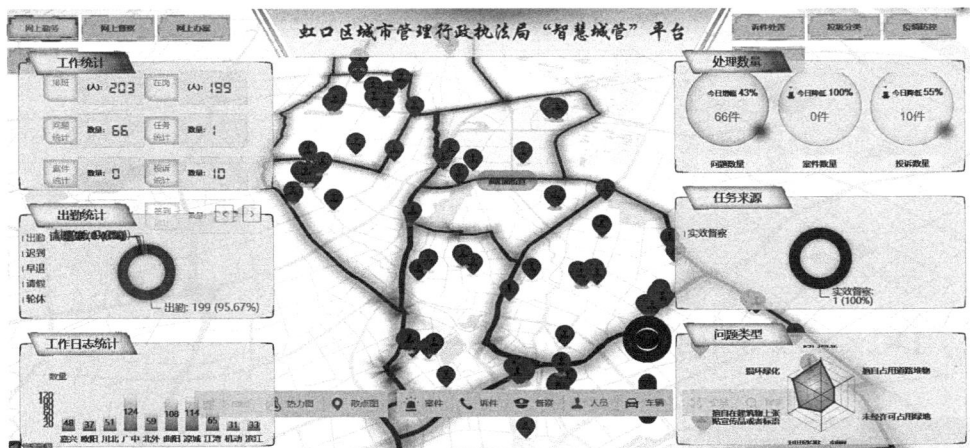

图3-14　执法动态数据可视化展示

及日常勤务情况。对于中队执法队员，能够实时了解近期勤务安排以及近期相关会议培训通知等。"智慧城管APP"可自动汇总展示全局所有中队或各个中队的工作情况，包括问题、任务、案件、诉求件的数量汇总，可根据时间、中队进行一键筛选。

📖 扩展阅读 --

虹口区"智慧城管APP"20个数据库功能界面展示

第二节 "五个网上"成熟运用

虹口区智慧城管系统是精细化执法的重要技术保障，以网上勤务、网上办案、网上督察、网上诉处、网上考核"五个网上"为业务核心模块，主要包括5大类47个小项模块。智慧城管系统依托信息化、智能化手段开发建设，并顺应时代发展迭代升级。配备一台终端设备，即可实现岗段人员GPS定位、网上办案、网上督察督办、网上勤务指挥、网上诉求办理等功能，提高了日常管理执法效率，有力推动城市管理执法工作由末端被动处置向前端主动防范转变，为精准执法、精细管理提供有力支撑。

一、网上勤务科学管理

传统勤务管理模式，一线队员勤务状态无法实时掌握，执法资源无法实时调度指挥；队伍勤务管理缺乏抓手，对队员执勤分布、进社区等情况掌握较困难；权责不清问题普遍，任务进展难掌控；一线队员工作质量体现难，问题处置效率低；督察人员无法及时获取计划外的事项，队员实际任务处理、执法巡查等情况一般只能通过事后查看书面日志才能了解。

针对上述问题，开发了网上勤务管理系统。在勤务数据管理方面，针对队员、中队干部、局机关等不同的角色，开发不同功能的执法勤务APP版面，全体工作人员必须按要求使用操作。同时，系统实时记录队员一天的工作轨迹，以"时间轴"的形式自动生成队员当天勤务工作日志。2019年，全局队员接收并处理通过"智慧城管"系统下发的任务共计2808件，登记并处理在巡查中主动发现的问题共2万5千余起；2020

年，全局队员接收并处理通过智慧城管系统下发的任务共计2392件，登记并处理在巡查中主动发现的问题共1万6千余起。已开发的地图应用子系统基于GIS地图指挥平台，通过整合执法车辆、人员、视频监控点定位及处罚案件、勤务、投诉、督察等各类业务数据，实现城管执法全方位、可视化的管理。

（一）网上勤务实现勤务管理工作"三化"

网上勤务系统有效解决了局领导、中队长、内勤、队员、督察人员五类执法角色在工作中遇到的各类勤务问题及痛点，实现区局勤务管理全过程透明化、管理工作规范化，助力勤务管理工作精细化。一是勤务管理透明化。运用网上勤务系统，执法队员从报勤、巡查到执法处理、离岗签退的整个勤务工作流程都转为系统实时记录、运行、统计，有效实现勤务流程、阶段、过程、成果的全透明化。二是勤务管理规范化。网上勤务系统覆盖了从考勤签到、执法巡查、专项整治、督察督办全流程的勤务工作内容，通过系统固化勤务流程、在线审批，对考勤迟到、请假审核、签到点管理、任务下发、任务处理、处理流程、报勤计划、巡查时间、人员分布、专项整治等各环节内容进行规范管理。三是实现勤务管理精细化。运用系统，不同执法角色能够细化、量化工作内容，全局实时掌握执法工作情况。如局勤务督察科可随时了解全局城管队员上岗出勤、在岗位置、违章处置、违章种类、多发区域及专项执法开展情况等；中队领导可以实时了解队员在岗情况、人员分布、专项执法及整治情况、任务分类及处理情况等；中队内勤可减轻人工数据收集、统计工作，对于任务、投诉的分发情况掌握更清楚；中队队员可移动式进行考勤签到、请假申请及报备、任务处理、问题反馈及信息登记、记录执法日志等。

（二）网上勤务推进勤务管理工作高效有序

网上勤务系统（图3-15）将勤务管理中的各项业务固化到系统中，与移动执法终端、便携式打印机、执法记录仪等硬件实现软硬件协同，有效推进勤务工作的高效、有序开展。

1. 日常勤务：通过网上勤务系统定期编制勤务计划，合理划分执法区域、分配执法力量、明确相应职责。在系统内根据报勤状态、执勤状态和离岗状态，各类执法人员和岗位角色进行相应的业务操作和管理操作。如图3-16、图3-17所示。

2. 个人勤务：网上勤务将执法队员的全天行程串在一起，包括考勤信息、巡查

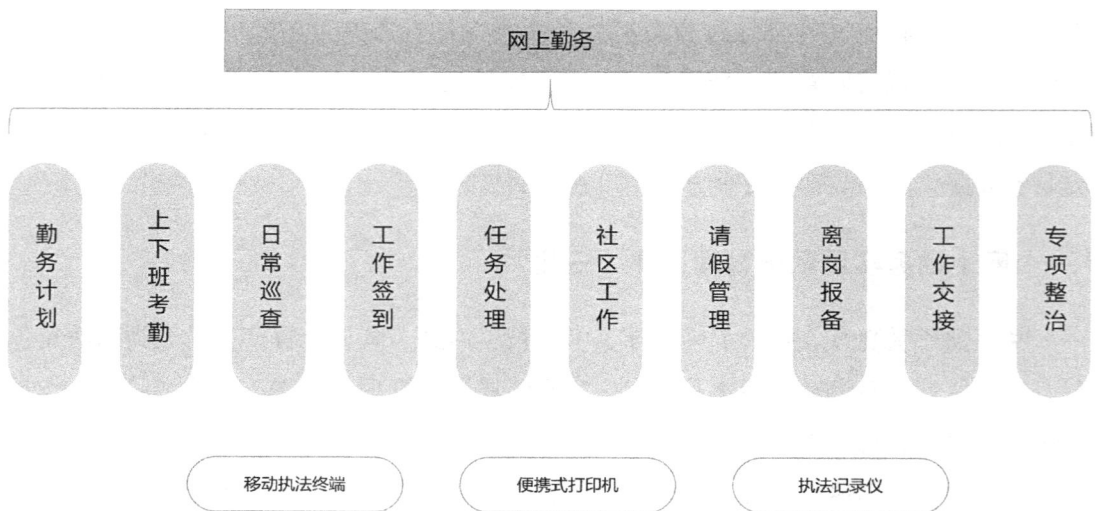

图3-15　网上勤务业务内容

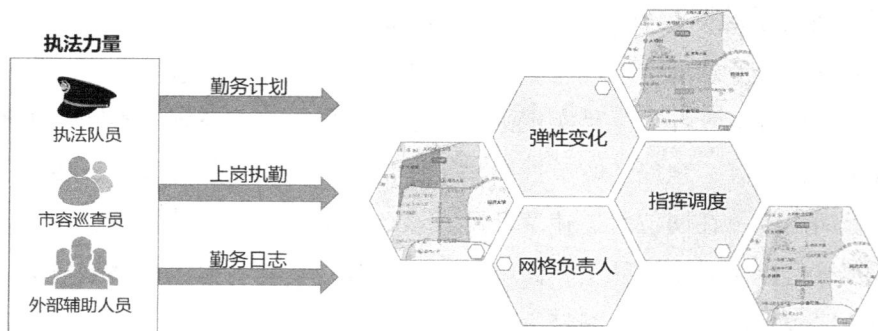

图3-16　网上勤务——日常勤务模式

信息、任务处理信息等，形成了队员的工作日志，直观、形象地展示了执法队员一天的工作轨迹、工作内容、工作成效。如图3-18所示。

3. 执法检查：网上勤务系统的执法检查功能，能够进行抽查主体、抽查对象、抽查内容、抽查数量和比例的管理，严格检查，全程留痕，有效支撑沿街商铺、建筑工地、餐饮门店等各类对象的双随机执法检查活动。如图3-19所示。

4. 专项治理：通过网上勤务系统，机关科室及中队执法人员可以进行任务受理、任务处理以及任务完成各阶段的业务操作和管理操作，有效加强专项治理工作的执行与督导，助力专项治理工作落实落细，保障专项治理有序推进。如图3-20所示。

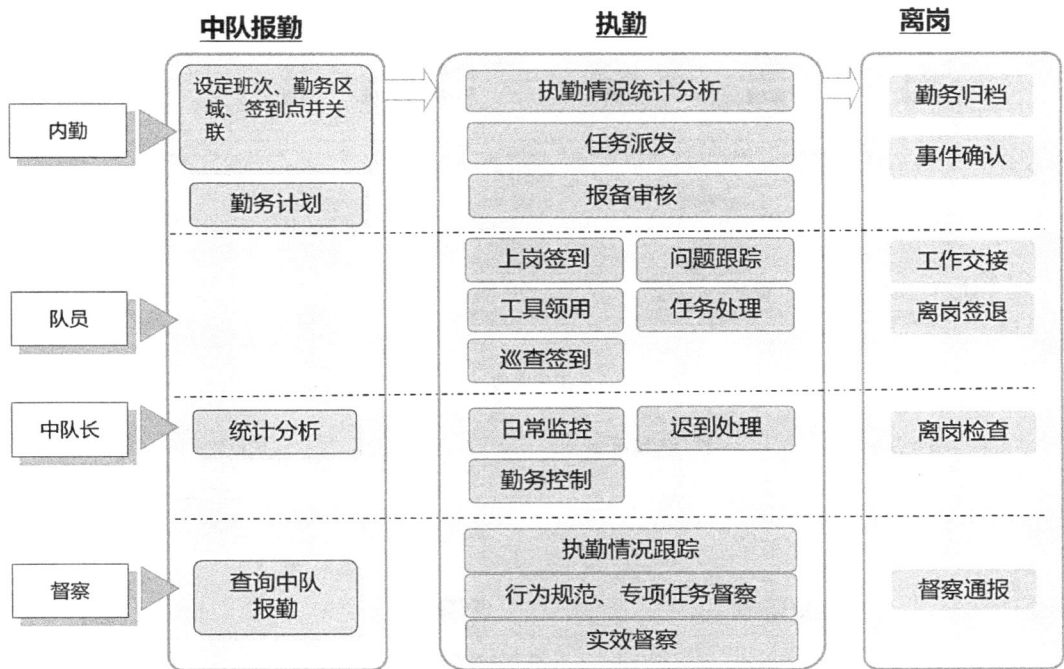

图3-17 网上勤务——日常勤务流程

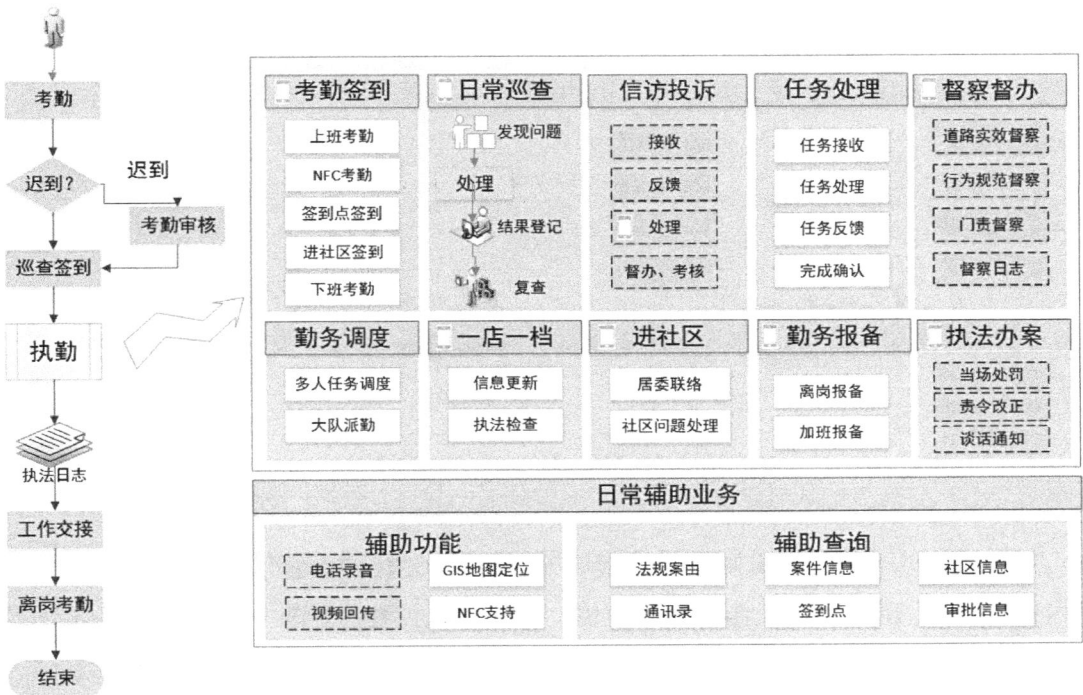

图3-18 网上勤务——个人勤务流程

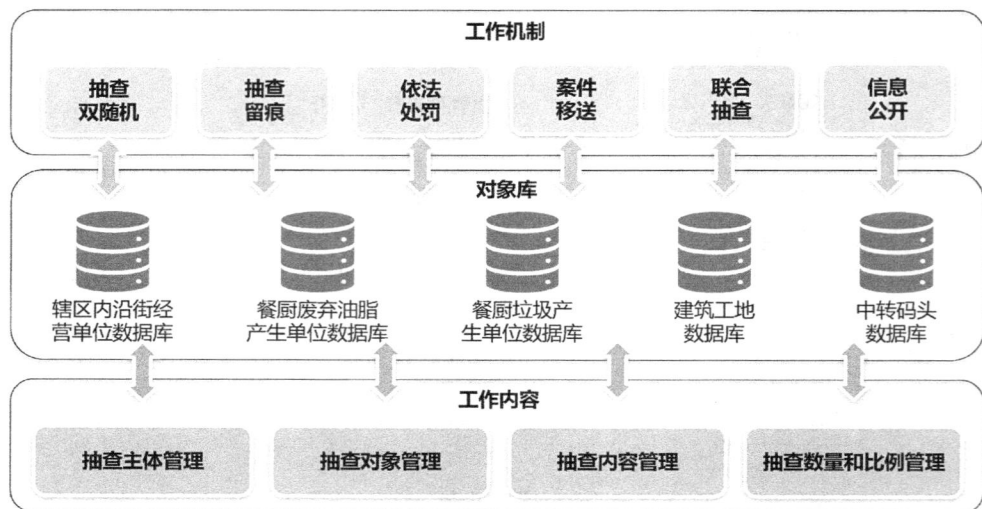

图3-19　网上勤务——执法检查机制

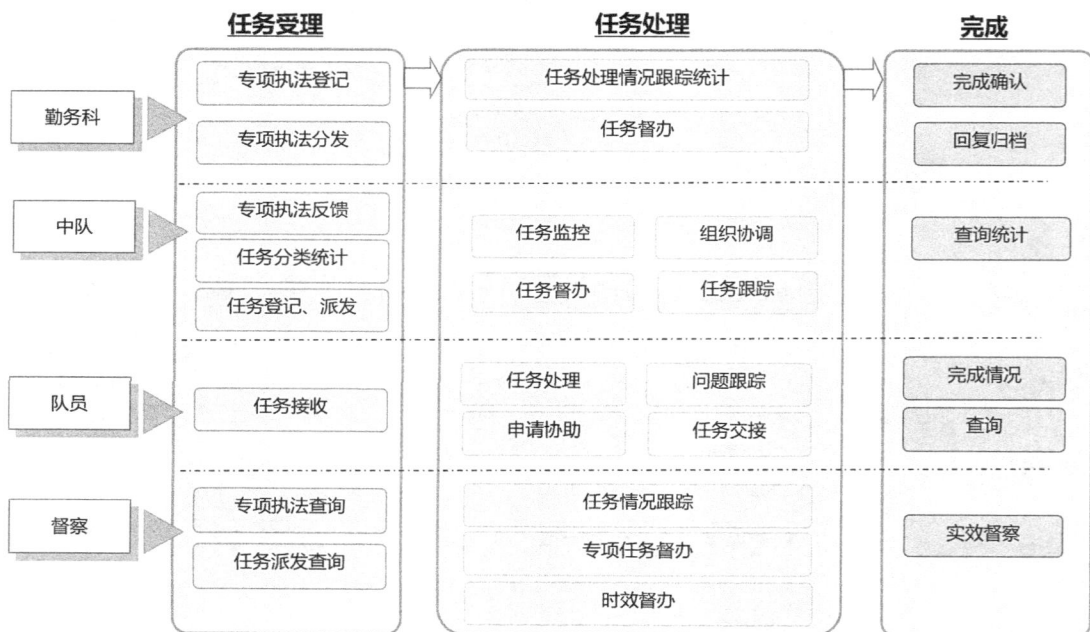

图3-20　网上勤务——专项治理机制

5．进社区工作：网上勤务系统构建了包括居委会、小区物业、居民三类角色的社区数据库，建立日常工作、社区宣传、无违小区创建、数据排摸四类社区工作目标，通过城管进社区开展居委会联络、小区工作、物业沟通等工作，形成包括签到、问题发现与处置、记录、音视频、照片等各类社区工作日志，有效指导城管进社区工作的开展。区城管执法局运用社区数据库实现对社区工作进度管理特别是违章处置情况的分析研判。如图3-21所示。

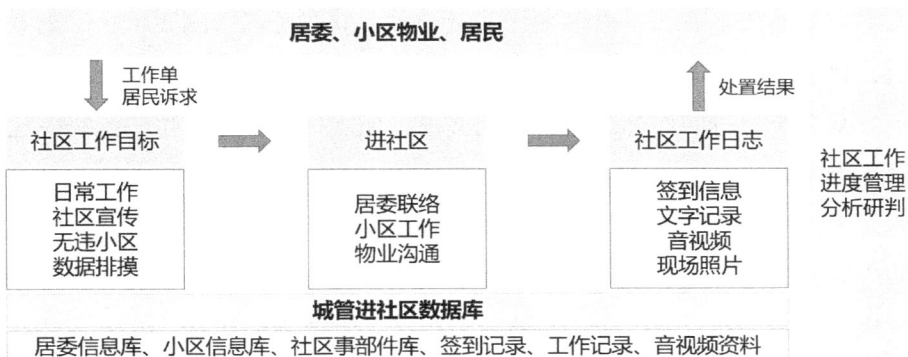

图3-21 网上勤务——城管进社区工作模式

扩展阅读

"网上勤务"功能模块

"网上勤务"移动端功能模块包括勤务汇总、勤务管理、勤务巡查三个子模块。通过信息化手段规范城管队员上下班考勤、工作计划、完成任务及考核管理。助力城管执法队员做好街面"一段三点"勤务巡查工作，实现对辖区所有道路的全覆盖、多频次的动态巡查和实时管控。如图3-22所示。

图3-22 "网上勤务"功能模块

二、网上办案规范处置

传统办案模式，容易产生执法文书错、执法程序错、执法证据缺、现场与文书两本账、文书质量参差不齐、一事多案、裁量松散、立案延迟、瞒案不报、随意撤案等诸多问题，执法情况无法掌控，容易导致行政复议及行政诉讼多，执法风险较大。

网上办案系统通过制作标准化的格式文书、建立标准统一的执法流程、建立行政处罚监管标准来解决办案痛点。一是建立格式化文书制作标准，规范执法文书制作。通过建立文书模板库、违法行为库和法律法规库，规范执法人员在执法文书制作过程中格式的应用、违法行为认定及法律法规的引用。二是建立执法流程关键要素标准，规范行政执法审批流程。通过对行政执法各环节关键要素的梳理，在各环节自动提示所需文书、证据等要素，避免跨流程、缺环节办理。三是建立行政处罚监管标准，全面实时掌握全区城管执法各类案件办理情况。

网上办案系统将办案管理的各项业务固化到系统中，结合移动执法终端、便携式打印机、执法记录仪等硬件设备，有效促进了办案操作规范化、办案流程统一化、办案证据完整化、办案信息可追溯化、格式文书标准化、监管实时化。网上办案系统执法现场移动端和办公现场PC端，现场办案与网上办案联通，实现数据实时交换。如图3-23、图3-24所示。

网上办案系统构建简易程序、一般程序、停机程序、专项案件、违法建筑案件、行政强制、基础数据、案件导出、仓库管理、统计分析9大模块，构建登记、立案、调查、告知、处罚、结案和归档共七个环节的网上执法办案全流程，对城管执法办案

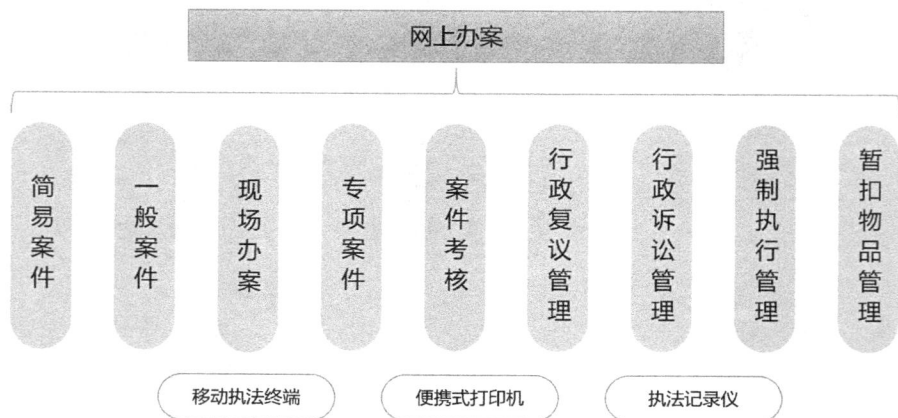

图3-23 网上办案业务内容

进行全流程、可追溯管理，确保执法过程更规范，现场执法处置更高效。如图3-25所示。

根据办案的流程和阶段，系统梳理出7大执法阶段76份格式文书在PC端和移动端的相关操作要求，统一文书格式，促进文书标准化制作。如图3-26所示。

通过办案系统能够实现对案件质量进行客观全面的评价，并将评价结果作为日常绩效考核的依据。如图3-27所示。

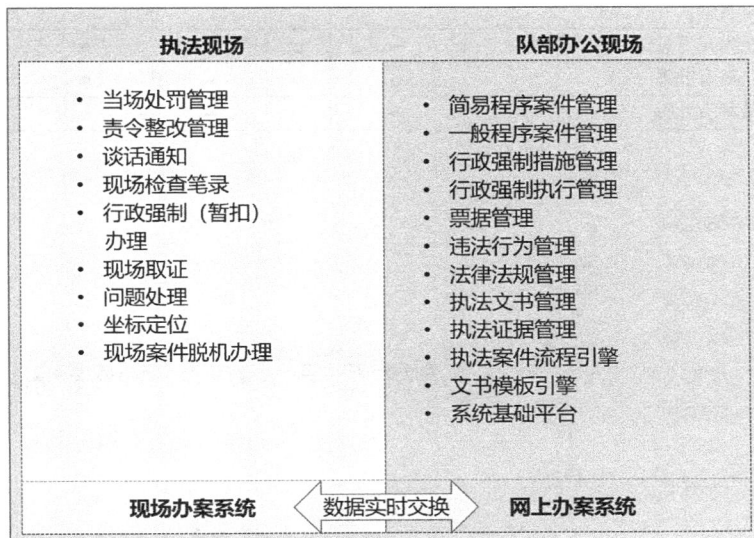

图3-24　网上办案系统与现场办案系统数据交换

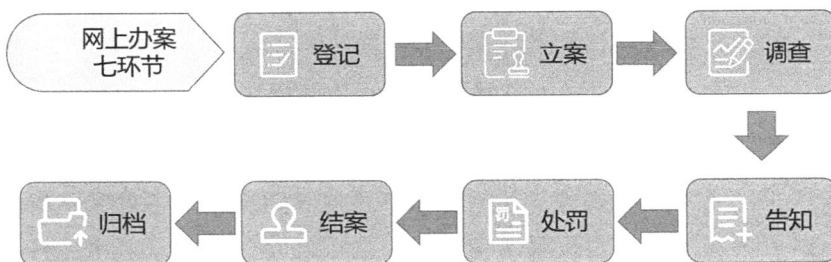

图3-25　网上办案七环节

顺序	阶段	文书	政务微信			PC端		
			制作+打印	审批	原件上传	制作+打印	审批	原件上传
1	案件登记-立案审批	案件来源材料	—	—	○	—	—	●
2		案件登记	—	—	—	●	—	—
3		指定管辖申请书	—	—	—	○	—	○
4		指定管辖通知书	—	—	—	○	—	○
5		现场检查（勘验）笔录	○	—	◎	—	—	●
6		证据照片（图片）登记表	○	—	○	—	—	●
7		责令改正通知书	○	—	◎	—	—	●
8		行政强制措施审批表	—	○	—	●	●	○
9		证据先行登记保存通知书（包含清单）	—	—	—	●	—	●
10		证据先行登记保存审批表	—	○	—	●	●	○
11		立案审批表	○	○	—	●	●	○
12		撤案审批表	—	○	—	○	●	○

图3-26　执法文书格式化部分展示

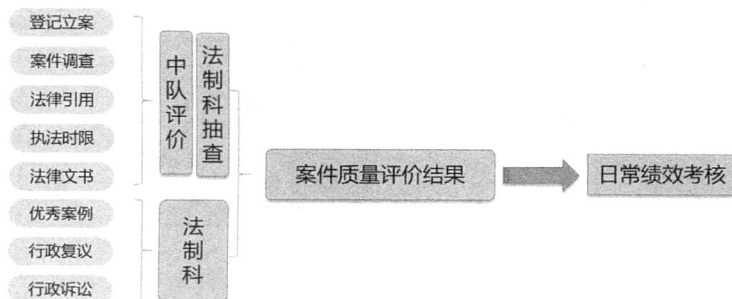

图3-27　网上办案——案件质量评价体系

📖 **扩展阅读** ⋯⋯⋯⋯⋯⋯⋯⋯⋯⋯⋯⋯⋯⋯⋯⋯⋯⋯⋯⋯⋯⋯⋯⋯⋯⋯⋯⋯⋯⋯⋯

"网上办案"电脑端功能模块

自2020年开始，虹口区城管执法局网上办案系统已纳入上海市城管执法局统一网上办案平台运行，更好地实现全市执法办案数据开放共享。网上办案分为简易案件和一般案件，针对不同案件类型提供不同的办理流程及功能操作。其中，针对一般案件系统开发了线索登记、立案、案情调查、行政决定、案调终结、告知/听证、行政处罚决定、案件执行、结案、案件归档、中止与撤案11个流程模块。系统对办案数据自动进行汇总分析，运用可视化技术分类展示月度及年度办案数量、案件走势、案发地点类型、案由使用率等各类执法办案相关数据，全区执法办案情况一图掌握。如图3-28所示。

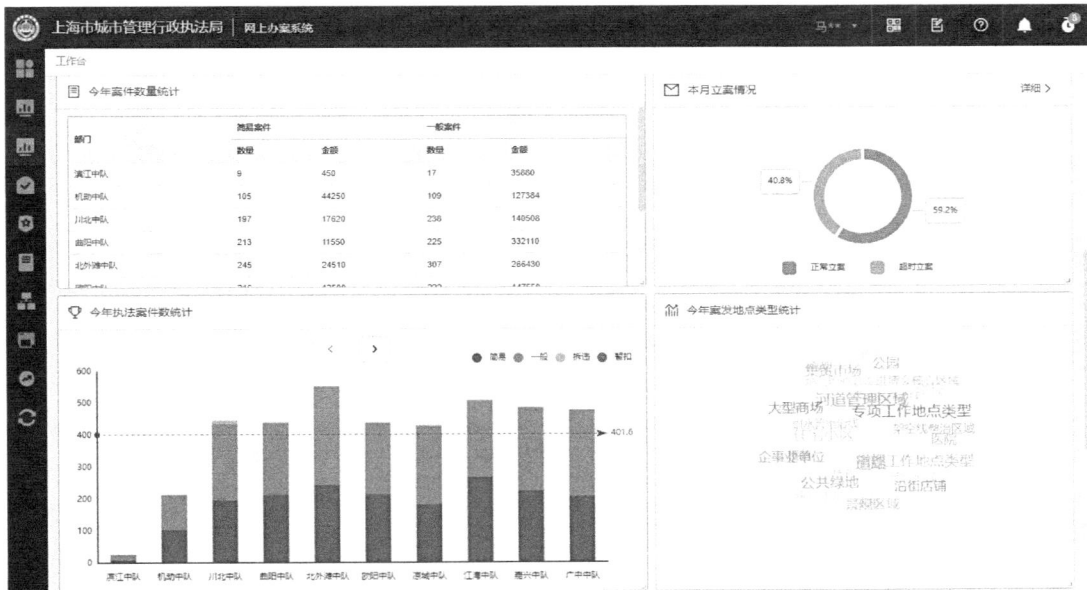

图3-28　"网上办案"部分可视化界面

三、网上督察精准落实

传统督察模式，督察人员在督察过程中对现场督察信息记录难，督察问题常常是被动化发现，缺少智能化主动发现手段；督察发现问题上报、派发实时性差，督察计划制定难、下发效率低；各级领导对督察任务的执行情况很难及时进行跟踪和追溯，各维度的督察工作开展和成效情况很难有效进行统计，缺少宏观层面的直观展现手段，对全局性的工作部署和计划制定带来不便。

运用智慧城管系统，可规范督察流程，统一督察内容，明确督察标准，呈现督察数据，形成督察建议，实现督察业务全程可视化、督察信息可溯化、督察工作精细化。督察人员对发现的道路实效问题，快速点对点发送到责任岗段队员执法终端，责令限时处置违法违规情况；责任队员从接收督察单、到达现场处理、整改回复，全程留痕。每一个问题都对应一个督察单编号，督察人员可随时查看问题处置、整改进展情况。

网上督察系统包括督察计划制定、实效督察、行为规范督察、专项督察等功能，有效提高督察工作开展的实时、效率和便利性。如图3-29、图3-30所示。

网上督察系统内嵌了统一的督察流程以及督察工作、发现问题、整改情况等相关督察数据，将督察工作有效地搬到网上运行。如图3-31所示。

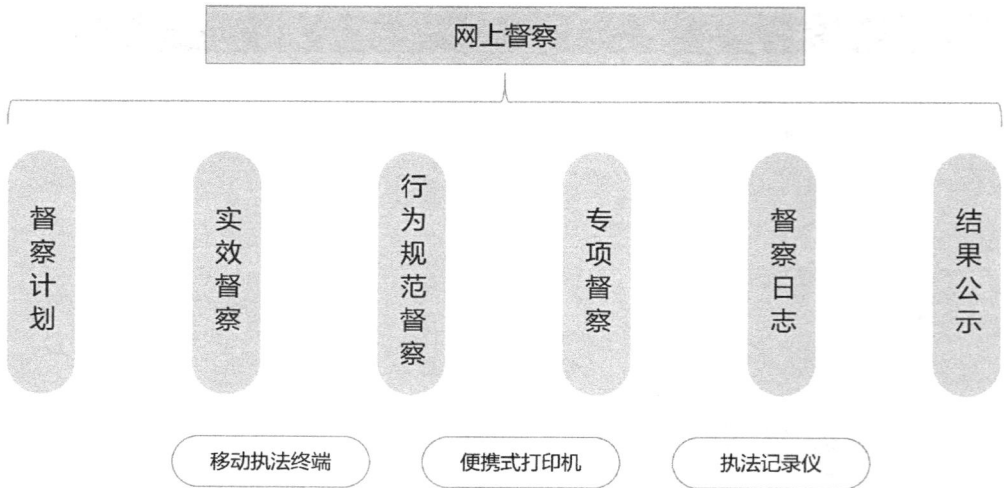

图3-29　网上督察业务内容

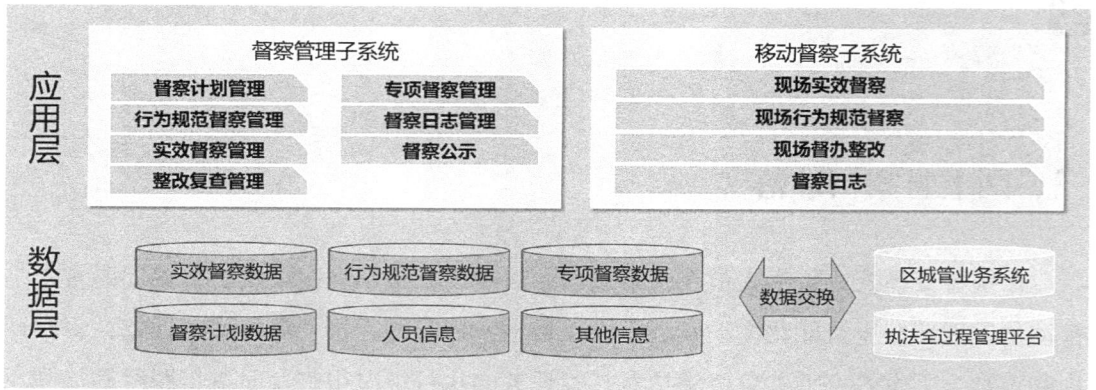

图3-30　网上督察系统模式

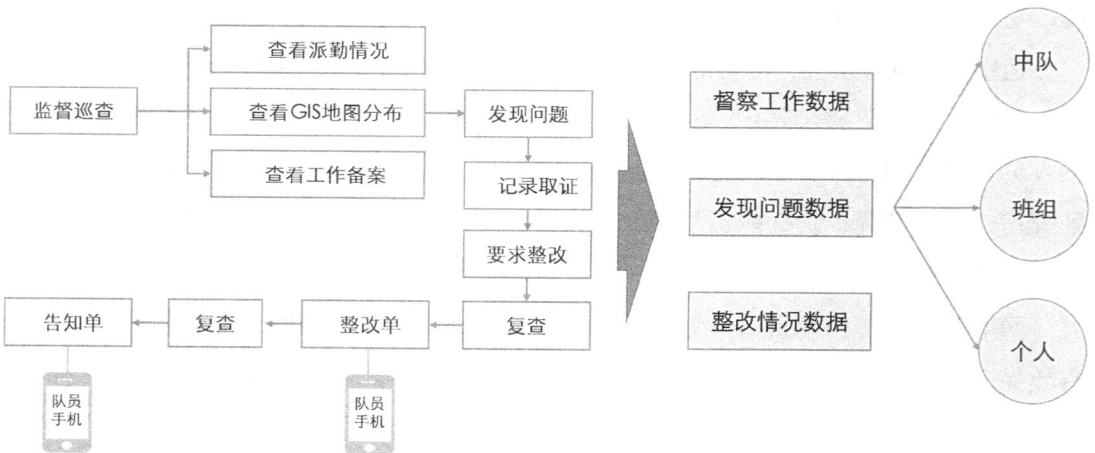

图3-31　网上督察流程图

网上督察系统将实效督察、行为规范督察、专项督察工作中的相关人员有效的整合起来形成连续的业务链条，各司其职。如图3-32～图3-34所示。

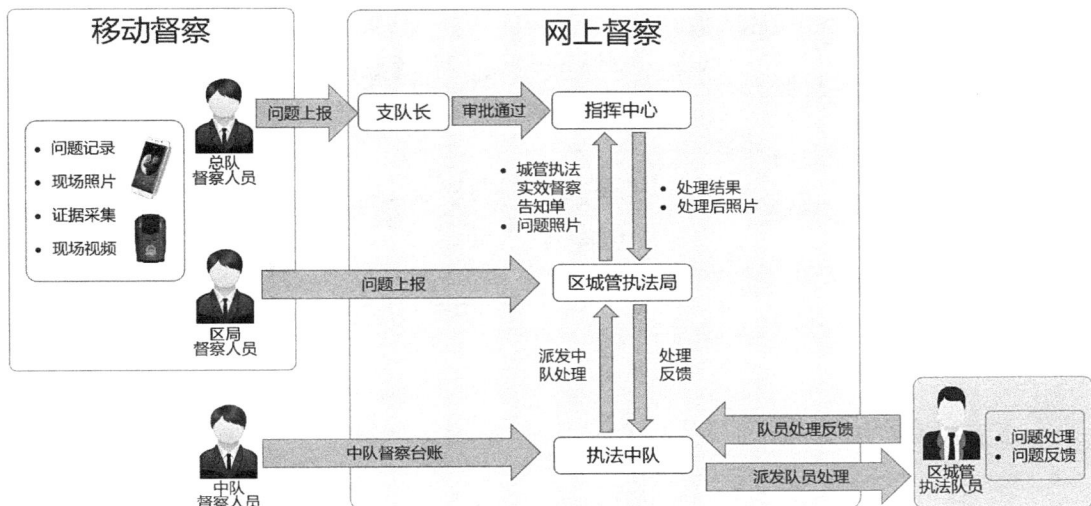

图3-32　网上督察——实效督察流程图

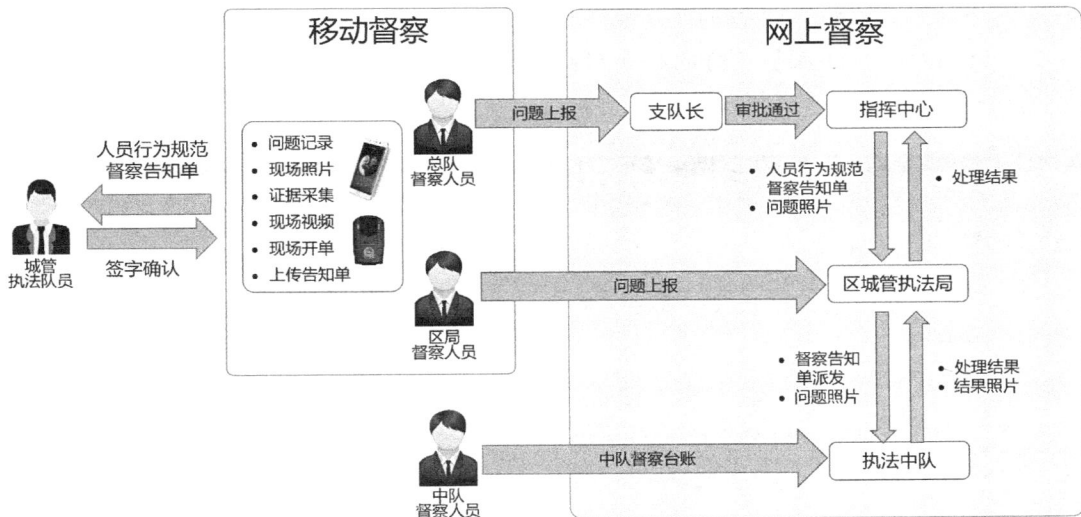

图3-33　网上督察——行为规范督察流程图

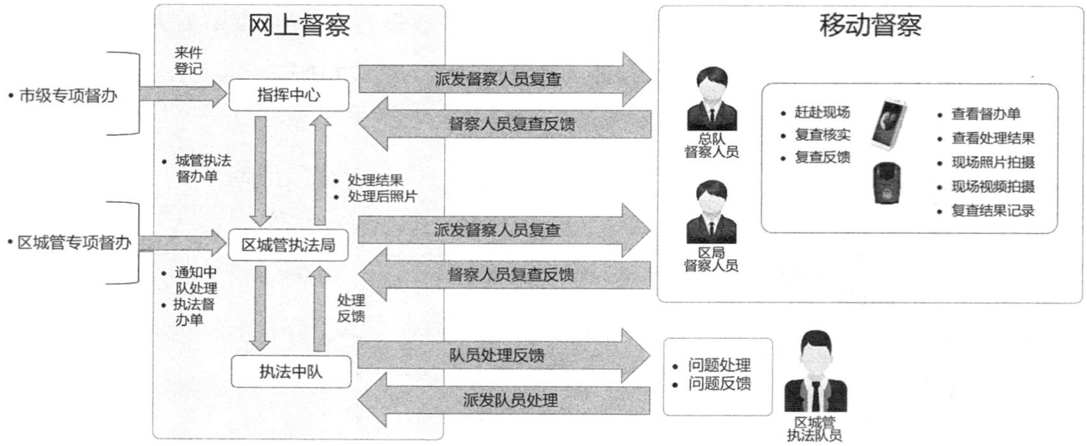

图3-34　网上督察——专项督察流程图

扩展阅读 ·······························

"网上督察"功能模块

"网上督察"包含了实效督察、行为督察、督察单、督察日志4个子模块，实现城管执法人员的执法实效和执法行为两方面的快捷、及时督察，确保按时保质完成目标任务，时刻维护执法人员良好的公众形象。如图3-35所示。

图3-35　"网上督察"功能界面

四、网上投诉处置高效运转

传统投诉处置模式，投诉信息接收渠道较多，投诉信息接收方式不统一，现场处置业务缺乏标准化指导，易造成投诉处置效率低、处置过程环节不透明、投诉处置结果不严谨、处置结果无法高效反馈及重复投诉等诸多问题。局领导无法实时获取投诉派发、处置过程、处置结果等信息，难以对全局进行整体管控，无法高效地对投诉处置时效进行跟踪，缺乏可视化的处置时效展示及预警，投诉处置时效性有待进一步提高。

智慧城管系统对诉求件办理流程实施全过程管控，实行7×24小时运作，严格规范办理，努力提升诉求件处置实效。通过程序功能设置，将接单、派单、处置、评价、回复、督办等诉求件处置规定动作"流程化"，分解现行办理规定，在各环节匹配落实，照片、录音、视频等随办理过程实时强制提交，不正确完成上一环节的，无法进入下一环节，形成闭环，确保任务到人、办理到位、自动纠错、自动分析。

网上诉处系统涵盖了从诉求件登记到投诉考核全流程、各环节的相关功能。运用网上诉处系统，可将案件数据与投诉信访数据关联分析，满足科学化、精细化、智能化的城市发展需要。如图3-36所示。

城管工作中，诉求件的数量以及处置结果满意度往往是反映城管工作效果的最直接的表现。以往诉求件来源多、方式多、缺少监管、审核不严谨，造成重复投诉多，市民满意度较低。网上诉处系统（图3-37）可以将多来源、多渠道的诉求件整合起来，实现一门式诉求件办理，有效提高诉求件有效性，规避重复诉求件，提升诉求件处置效果和效率，提升市民满意度。

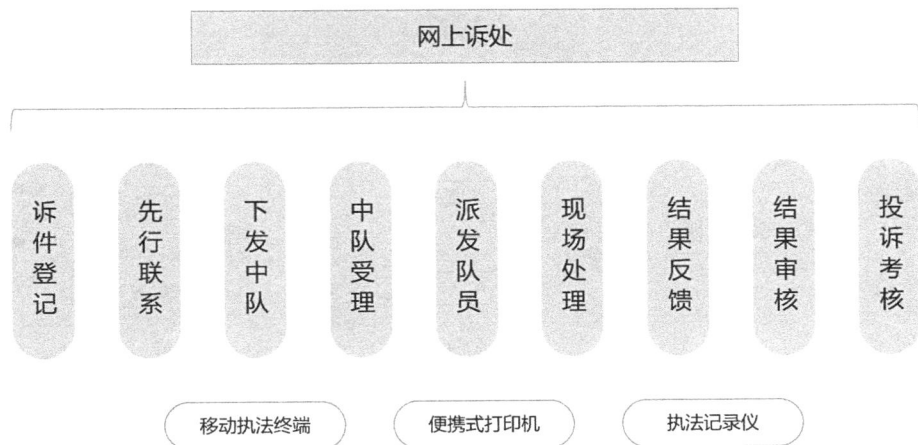

图3-36 网上诉处业务内容

网上诉处系统能够实现诉求件在市、区、街道之间快速登记、甄别、分派、接收和处置，同时相关数据能够实时进入数据库，形成全市统一的投诉件数据库，便于大数据的分析应用。如图3-38所示。

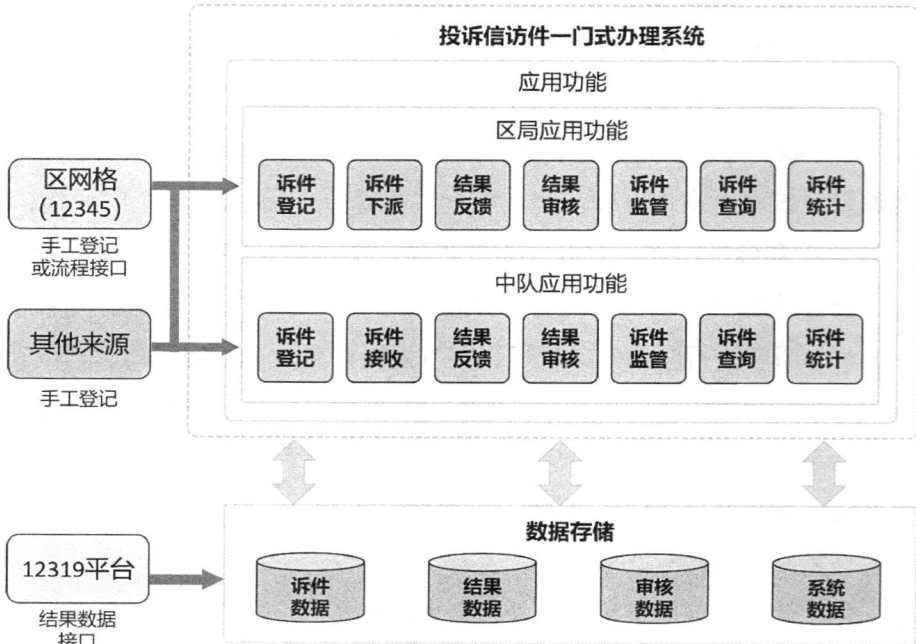

图3-37 网上诉处系统架构

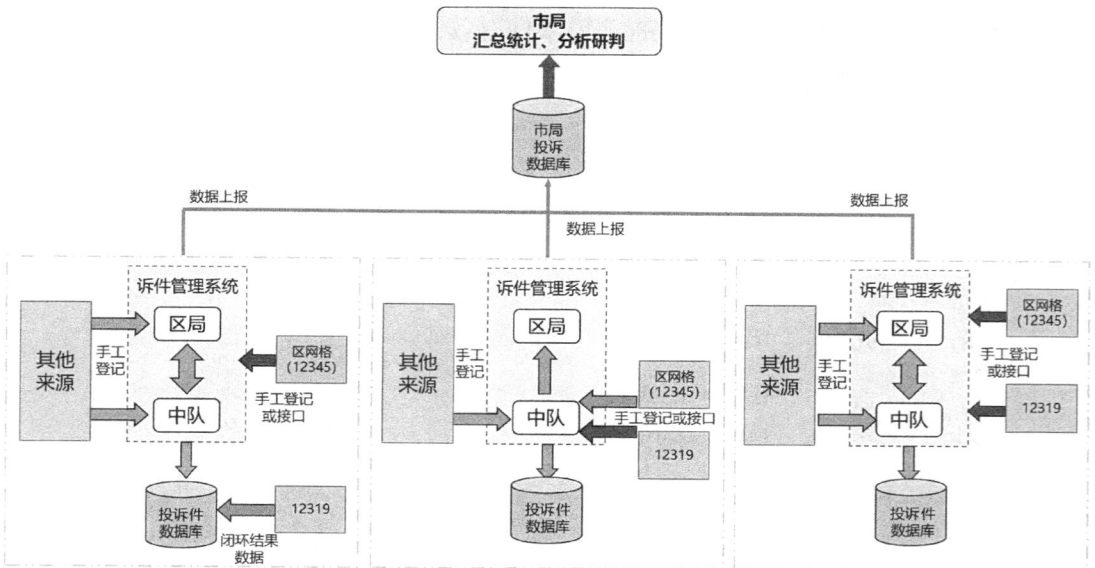

图3-38 网上诉处数据统计分析模式

　　网上诉处系统将市局、区局、街道的各类诉求件系统进行了打通对接，实现数据及时同步共享。如图3-39所示。

　　网上诉处系统将区局受理后的投诉处理工作界面进行了清晰划分，区局、中队以及队员分工明确、各司其职，避免扯皮、诉求件遗漏等问题发生。如图3-40所示。

　　网上诉处系统实时记录了诉求件管理的全过程每个环节的相关信息，有效加强诉求件处理的透明性、时效性，处置效率大大提升。如图3-41所示。

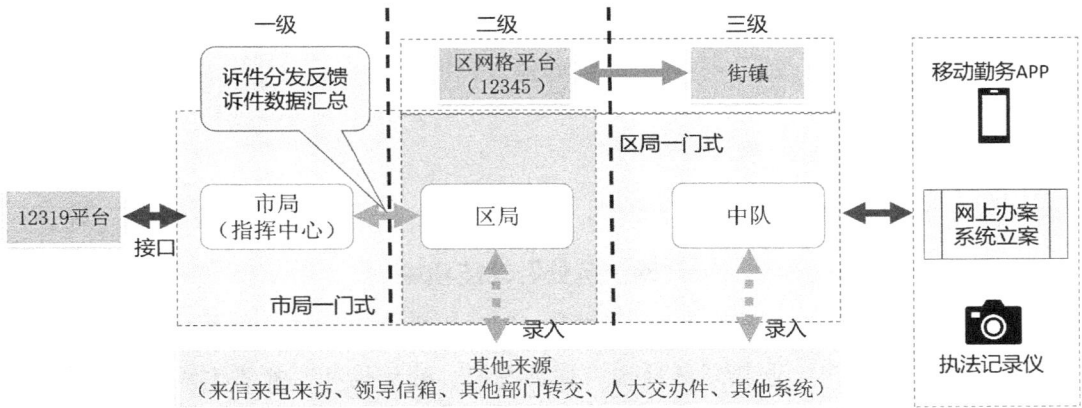

图3-39　网上诉处数据共享模式

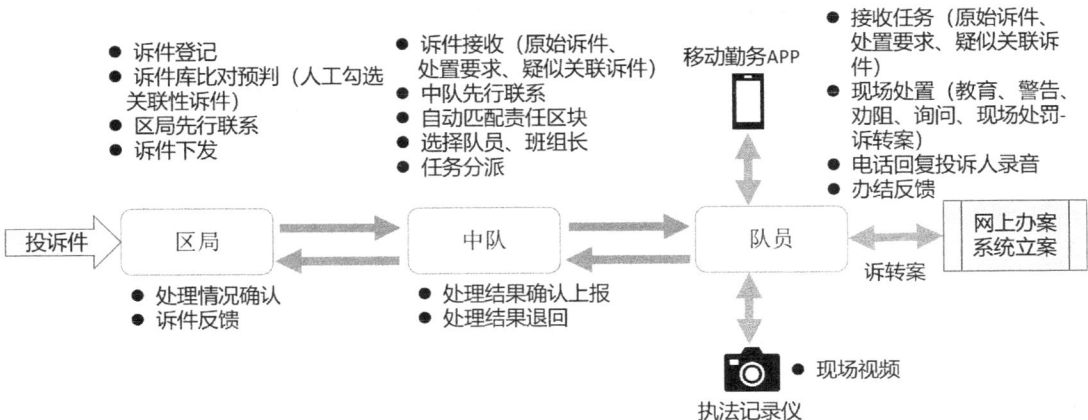

图3-40　网上诉处流程

图3-41　网上诉处过程监控

扩展阅读 ....

"网上诉处"功能模块

"网上诉处"包括诉件处置和一键督办两个子模块。通过"智慧城管APP"实现诉件的现场处置登记，包括到场确认、到场时间、处置情况、处置方式，并可上传现场处置照片。现场处置信息登记完成并核实无误后，通过"智慧城管APP"进行现场处置结果反馈提交。如图3-42所示。

图3-42　"网上诉处"功能界面

五、网上考核公正客观

传统考核模式，考核落实难、考核体系不够科学，无法反映出工作的真实情况，容易出现以点概面的情况。各级领导对队员的考核评分主观性较强，执法队员往往觉得考核结果不准确、不公平。考核结果与个人晋升、收入挂钩不足，执法队员对于考核保持一种消极的态度。传统考核方式，日常记录、打分、计算等需要耗用大量人力时间和精力，考核依据和过程无法实时记录留痕，日后考核打分时无据可依。

智慧城管系统建立了一套科学智能的"一线队员个人绩效考核机制"。个人绩效考核分为执法办案、勤务督察、政工工作、后装工作及组织评价等五部分，实行"多劳多得""失职追责"的加减分结合原则。通过智慧城管系统实时生成的岗段签到、问题处理、网上办案、诉求办理等大量基础数据，自动生成队员一天的工作量，以此为基础生成月、季、年度汇总数据。从及时率、任务量、实效性三个方面进行自动考核，由过去凭主观印象评价变为以客观数据评价，真正建立激励约束机制，鼓励干事创业，强化目标管理，突出执法实效，构建完善评价体系。局考核领导小组每月就智慧城管系统自动得出的队员得分和排名情况进行汇总、整理、分析，以形成多角度的综合智能化考核评价系统，实现公开公正。

网上考核系统包含了人员培训、考核晋升两大核心模块。基于案件办理、勤务执行数据、督察整改数据、投诉处理数据、培训考试数据、任职基础数据6个数据维度，建立360°全方位评估体系，确保考核的全面性、科学性，将考核结果作为晋升的依据。如图3-43、图3-44所示。

网上考核系统能够实现大多数考核指标自动由系统量化打分，有效降低考核工作量，解放人员力量，提高考核结果准确性、可信性，提升晋升公平性。对于考核数

图3-43　网上考核业务内容

据的来源做出统一的规定，明确手动填报的信息和系统自动抓取的数据，通过系统自动评分与人工审核确认相结合的模式，生成全面的考核评分。如图3-45、图3-46所示。

网上考核与综合培训相结合，提升执法人员业务技能。执法培训管理集成了培训资源库、培训师资管理、培训课程管理、培训报名、培训签到、在线考试、在线视频学习、培训统计汇总等培训管理各方面的内容，有效推进培训工作的开展。培训形式采用线上+线下相结合，有效提升培训效率以及培训效果。如图3-47所示。

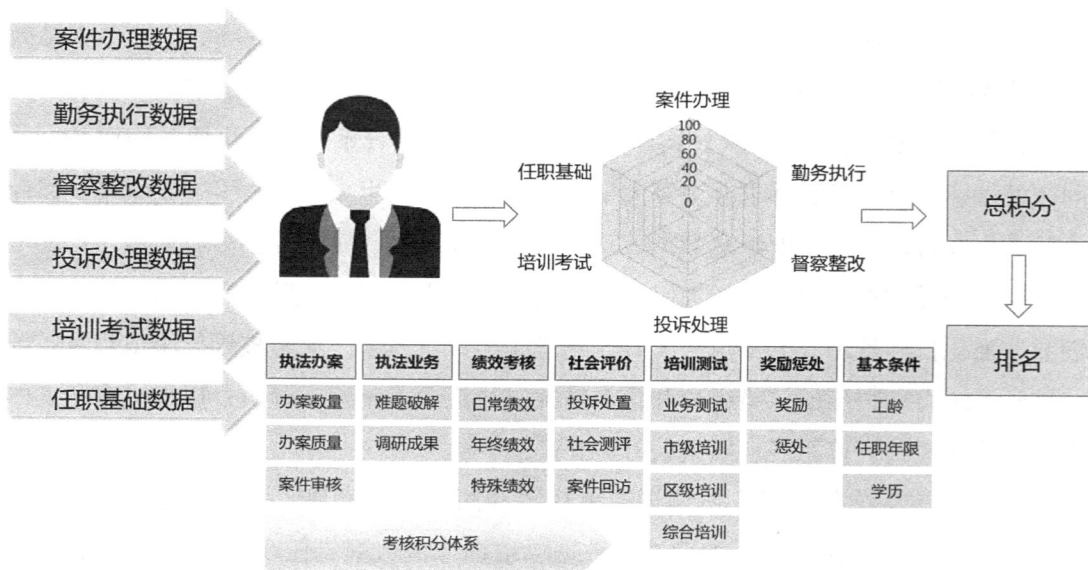

图3-44 网上考核模式

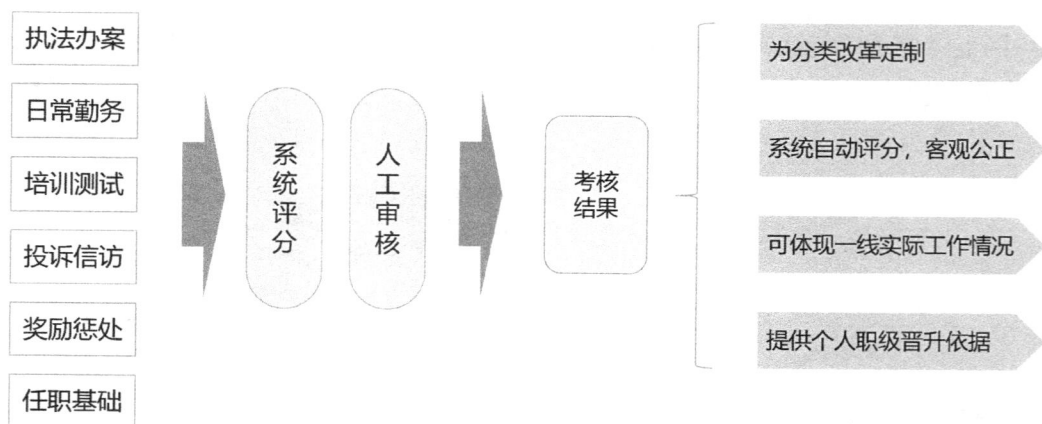

图3-45 网上考核流程

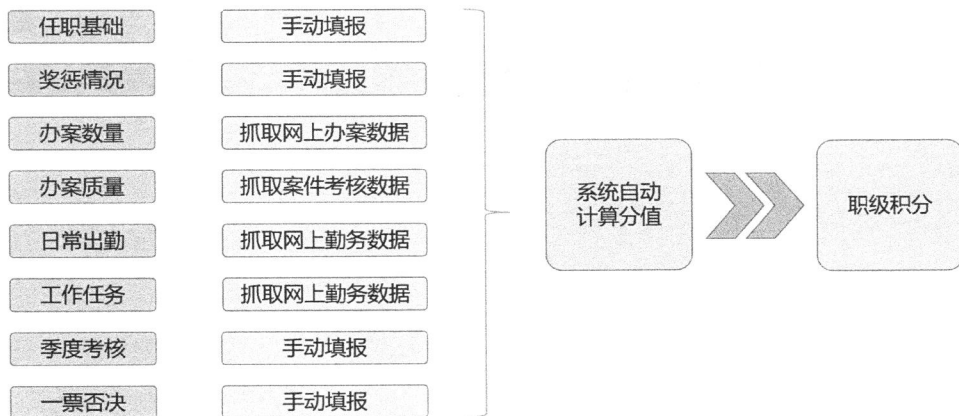

图3-46 网上考核数据评判计算

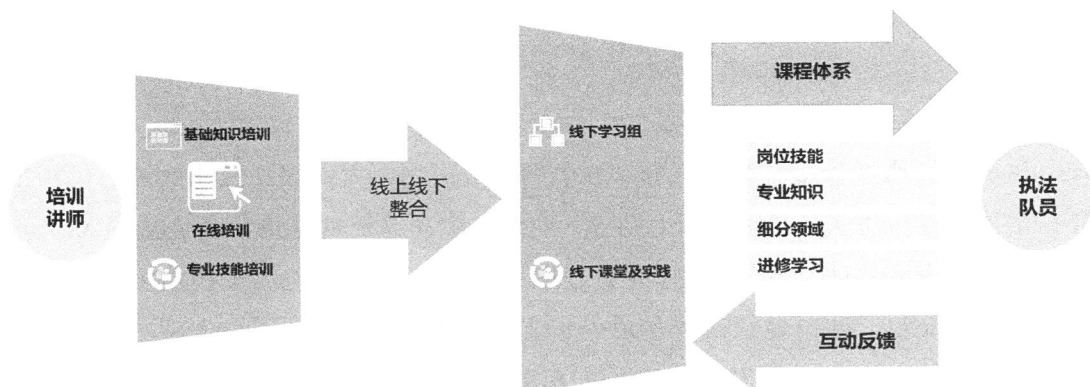

图3-47 网上考核——人员培训及管理

扩展阅读

"网上考核"电脑端功能模块

"网上考核"系统电脑端功能，主要包括人员考核、部门考核及考核汇总模块。系统根据执法办案、勤务督察、政工工作、后装工作、组织评价等数据维度，可视化生成个人考核评分五维模型，并同步生成全局平均分及中队平均分，进行个人与中队、个人与全局的整体对比分析。如图3-48所示。

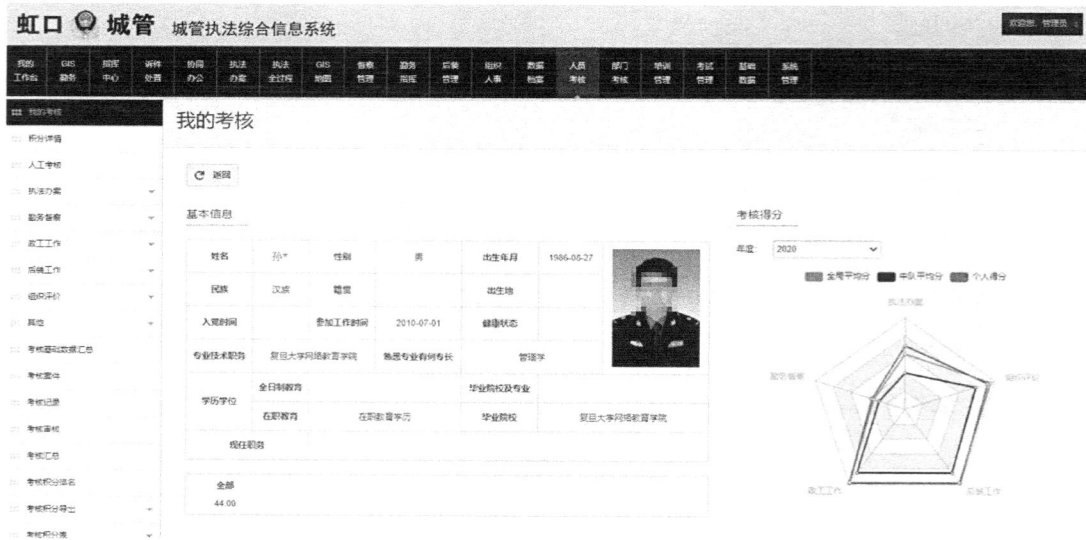

图3-48 "网上考核"队员数据界面

执法队员通过智慧城管系统的"五个网上"应用，大大提高执法效能。仅2020年，全局一线执法队员通过"网上勤务"模块共主动巡查发现并处理问题16438个，接受任务并完成处理2387个，主动进社区联络6117次；"网上办案"模块全年共办结简易程序2386起，处罚金额25余万元；办结一般程序3046起，处罚金额294余万元；通过"网上督察"模块共下发实效督察单1819张，并均已在规定时限内完成整改；"网上诉处"模块通过12345、12319、街道网格化等途径接受处置的诉求件共2167件。

虹口区城管执法局充分运用"智慧城管"这根"绣花针"，将网上勤务、网上办案、网上督察、网上诉处、网上考核"五个网上"以及数据底账，针针绣到位、线线绣密实，一针一线绣出整洁有序、充满活力的虹口风貌，为上海超大城市的创新辉煌之路绣出锦绣华服。

扩展阅读 ....

"网上勤务"功能模块

勤务汇总是全区城管执法人员上下班考勤、执法工作及巡查工作等各类勤务相关数据的实时统计，并运用大数据分析、可视化技术，对全区勤务数据进行可视化分析、应用。

网上办案七环节

包括登记、立案、调查、告知、处罚、结案和归档七个环节的网上执法办案全流程展示。

执法文书格式化完整展示

包含了7大执法阶段76份格式文书在PC端和移动端的相关操作要求，统一文书格式、促进文书标准化制作。

"网上办案"电脑端功能模块

自2020年开始，虹口网上办案系统被纳入上海市局统一网上办案平台运行，更好地实现全市执法办案数据开放共享。网上办案分为简易案件和一般案件，针对不同案件类型提供不同的办理流程及功能操作。

"网上督察"功能界面

"网上督察"移动端包含了实效督察、行为督察、督察单、督察日志4个子模块。

"网上诉处"功能界面

"网上诉处"包括诉求件处置和一键督办两个子模块。通过"智慧城管APP"实现诉求件的现场处置登记，包括到场确认、到场时间、处置情况、处置方式，并可上传现场处置照片。

"网上考核"电脑端功能模块

"网上考核"系统电脑端功能，主要包括人员考核、部门考核及考核汇总模块。城管执法队员在完成每项执法任务后，系统会自动整理任务办理结果，并形成工作日志，自动生成个人成绩，统一汇总生成部门考核数据。

第三节　智慧执法提质增效

一方面，虹口区智慧城管系统与市城管执法局对接，实现上传区城管执法局现有的数据，充实市级层面的大数据，依托市城管执法局综合指挥监督平台打造虹口区智慧城管系统执法大数据分析平台；另一方面，虹口区智慧城管系统充分融入区城市运行中心（大数据中心）"一网统管"平台，共享区相关局委办的有效数据，拓展数据平台，充实数据库，深入挖掘和分析数据，对城市管理痛点、难点、热点问题进行智能分析、预警和处置，让城管执法更智能更高效。

一、数据分析辅助决策

虹口区智慧城管系统，通过信息化形成的数据流，统计、汇总、分析、研判道路实时情况，及时掌握动态变化情况，如趋势走势、热点分布等直观图示，全面掌握各区域、道路市容实效动态变化；对违章种类、主要发生地、发生时间等各类数据资源开展统计、汇总和分析，准确掌握多发问题、易发区域、高发时段。特别是针对群众投诉最集中、反映最迫切的城市管理难题顽症等关键信息，对症下药采取措施，提高勤务指挥、专项执法的针对性、准确性和科学性，为实现精细执法夯实了基础；通过智能分析系统收集的街面和小区违法现象的图片、场景，统筹当前在岗执法力量，进行智能派勤。

如2018年9月，通过系统数据汇总分析，发现江湾镇街道汶水东路、北外滩街道惠民路部分店铺跨门营业呈多发态势。随即要求所属街道城管中队制定整治计划，集中力量解决上述路段的跨门违章问题，并要求中队调整巡查签到点，同时责令机动中队加强定点督察。经过连续一周的治理，上述路段的违章得到较彻底的整改。再如2019年11月，诉求件处置平台显示当月夜间施工的诉求件多达92起，且主要集中在四川北路街道衡水路和嘉兴91号地块两个施工工地。对此，立即要求四川北路中队和嘉兴路中队及时调整人员派勤，增加夜间执法人员数量及执法力度，对该两处工地不定时进行盯守，并组织全区所有街道中队，对区内所有在建工地开展联合整治，机动中队夜间加强对工地的突击检查。通过近半月的整治巩固，诉求件处置平台夜间施工诉求件数量明显下降。

二、"一网统管"赋能治理

虹口区智慧城管系统与上海市、虹口区"一网统管"平台的对接融合，推进了城管执法领域流程再造，找准了数字化转型的发力点和创新点，实现数据赋能以及"一屏观天下、一网管全城"的目标。一是数据信息互通，实现了融合化。在GIS地图指挥平台界面，城管执法人员上岗派勤、违章查处、违章种类、高发路段、高发时段等各类数据信息，均可在区城运中心"一网统管"指挥大屏及区领导桌面同步实时动态显示，上海市城运中心及市领导桌面也能够实时调阅，进一步丰富了区"一网统管"平台的场景应用及显示度。二是问题高效处置，实现了扁平化。为落实虹口区委区政府"一网统管"和社区综合执法要求，虹口区城管执法局在"指挥监管"模块开发建设了"任务发布"功能，对于各类热线诉求件、巡查发现、来信来访、领导批示等各渠道来源反映的问题，区城运中心或区城管执法局勤务指挥中心，均可通过这个功能模块下达任务指令，直接发布给街道综合执法队（城管中队），各街道城管中队指挥分中心接收指令后，可立即组织综合执法力量协同处置，处置过程及结果全过程记录，并在区城运中心"一网统管"指挥大屏或区城管执法局勤务指挥中心实时反映，由原来的区中心派单→区城管执法局接单→下发街道中队处置→回复区城管执法局→回复区中心的流程，改变为区城运中心（或区城管执法局）与街道综合执法队的点对点互动，这种扁平化模式实现了"高效处置一件事"要求。三是人员对象管理，实现了精准化。虹口区城管执法局当天上岗队员位置信息、车辆行驶轨迹均可在区城运中心"一网统管"指挥大屏实时显示，便于各级领导全面掌握当前勤务力量布岗情况。特别是虹口区城管执法局建成的沿街商户"一店一码"数据库、全区垃圾分类对象数据库，将这些执法对象实行分色分级管理，绿色代表本月检查中情况良好，均无违章，此类对象城管队员每月上门检查一次；蓝色代表在检查中发现有轻微违章问题，已当场整改的，此类对象城管队员每半月上门检查一次；黄色代表实效督察中发现存在违章问题，被要求限期改正的，此类对象城管队员每周检查一次；红色代表问题较严重，被行政处罚过的，此类对象城管队员一周内要增加上门检查频率，系统后台在设定周期内能根据检查情况自动升降级，这样即实现了精准执法，也减少对商家不必要的打扰，进一步提高了执法效能。

三、智能办案快速高效

智能辅助办案系统将所有案件整合纳入统一平台运行、统筹，系统通过关键字对不同渠道的案件来源归并同类项，将最近的一条案件处置详情发送给队员作参考，提高办案水平。

同时，通过详细梳理和规范，根据现有法律法规以及上级单位的指导性意见，系统将建立自由裁量权细分数据库。该系统对案件的每个处罚环节可裁量的权限、范围、方式、时限进行提示，执法队员可通过勾选裁量情形或填写违法情节的方式直接获取、比对裁量是否符合规定。在案件确定处罚金额时，根据案件的当事人、案件地点、案发时间、违法的程度，系统直接显示案件对应的法律法规和处罚条文，并根据系统提示的处罚额度进行案件文书编制和自动裁量处罚的额度，全程网上流程化、规范化，避免了滥用自由裁量权现象的产生。

四、绩效考核落地落实

利用智慧城管系统预设"积分制"模块，对各项任务完成情况自动打分，从及时率、任务量、实效性等维度出发，构建完善评价体系，由过去凭主观印象评价转变为客观数据评价。"网上考核"已于2018年3月正式实施。对执法队员而言，具体化的工作任务清单一方面让队员更有针对性地开展工作，另一方面，队员干与不干、干多干少，都一目了然，容易形成你追我赶、比学赶超的良好氛围，2019年该队员就因为工作做得不错，年终考核时执法津贴上浮了10%。

扩展阅读

全国首家智慧城管教学基地落地申城
"智慧城管精细化执法现场教学基地"在虹口挂牌

来源：新民晚报（2019年1月22日）作者：金旻矣

执法过程实现"全记录"，工作量通过系统数据进行"网上考核"，近13个数据库收集信息超亿条……这些，都是"智慧城管"对于城市进行精细化管理的实践。今天上午，全国市长研修学院"智慧城管精细化执法现场教学基地"在虹口区城市管理行政执法局挂牌成立（图3-49），标志着全国首家智慧城管教学基地落地申城。

虹口区智慧城管系统于2015年开始建设，通过运用"网上勤务、网上办案、网上督察、网上诉处、网上考核、基础数据库及信息处理分析系统"等七大模块组成的勤务通系统，获取各类信息约40万条，实现大部分任务派遣、街面管控、执法办案、绩效评估等方面的智能化。

比如，通过智慧城管系统可实时生成岗段签到、问题处理、网上办案、诉求办理等基础数据，自动生成队员一天的工作量，从"及时率、任务量、实效性"三方面进行自动考核，由过去凭主观印象评价变为用客观数据评价，真正建立激励约束机制。又如，已建立"一店一档、一居一档、违法户外广告、各类经营性非经营性违法建筑、门责单位、在建建筑工地、专营渣土车辆、餐饮企业名录、餐厨垃圾及废弃油脂、法律法规、人员装备、占道亭棚、文档管理库"等13个数据库，收集数据信息超亿条。

2018年上半年度，智慧城管系统二期项目已完成，目前三期项目正在建设中。截至2018年底，已有30余家兄弟省、市单位到虹口区城管执法局考察调研。智慧城管系统为全国城管执法提供智力支持和实践创新，对推进城管执法标准化、规范化和智能化水平具有积极意义。

图3-49 "智慧城管精细化执法现场教学基地"在虹口挂牌

第四节　科技应用助推转型

一、"五个远程"工作模式，让非现场执法手段更丰富、办案全覆盖

运用无人机空中巡逻、抓拍违法行为的监管手段，发挥无人机高度机动、布点灵活的特点，对违法行为进行有效治理，实现"远程预警"；运用"智能可视门铃"，破解损坏房屋承重结构、群租、改变房屋使用性质等物业类执法事项"进门难"问题，实现"远程调查"；运用智慧城管系统，以视频方式实现远程制作当事人询问笔录的应用，解决当事人不在本地的情况下难以调查取证的问题等，实现"远程笔录"；在辖区内在建工地全覆盖部署智能视频探头，全时段收集文明施工方面的违法行为证据；充分发挥全市第一台5G执法车（图3-50）的优势，将执法巡逻高清实时画面同步传输至局指挥平台，配合科学的勤务巡查制度，实现了对辖区内道路、小区、商圈的城市管理情况全掌握，加强了执法数据、执法证据信息在收集、交互过程中的时效性以及准确性，实现"远程取证"；运用视频监控，对违法行为整改情况进行动态管理，最大程度防止违法现象反弹回潮，实现"远程执行"。通过上述"五个远程"模式，最终实现非现场执法手段覆盖执法办案全过程的工作格局。虹口区城管执法局于2020年3月，通过街道网格中心视频监控的拍摄画面，对广灵四路上一商家超出

图3-50　虹口城管5G执法车辆

门窗和外墙经营行为进行了"非现场"固证，完成了辖区首例"非现场执法"办案试点。

📖 **扩展阅读** ┈┈

"三分钟"非现场办案，跑出虹口城管执法新速度

近年来，市委市政府、区委区政府立足战略和全局高度，将北外滩视为不可多得的宝贵资源，对标新时代都市发展新标杆，着眼建设成"新时代世界顶级中央活动区""世界会客厅最闪亮的一幅画卷"的目标定位，北外滩正处于发展蜕变的关键期。

对标超大城市精细化管理的典型示范区的治理目标，虹口区城管执法局指导北外滩街道城管中队发挥现有的优势资源配置，借助智慧城管信息技术手段，针对市容顽症开展了多轮"面上洗脸"工程，使城市面貌和人居环境再提升。在执法方式上积极探索执法模式转型升级，在查处简易、直观、能认定、少争议的违法案件中，创新行政执法手段，通过5G车载视频取证、短信告知违法依据、自助打印缴费等程序，实现非现场执法办案，不仅为当事人提供了便捷，更为城管治理提速增能。如图3-51~图3-53所示。

非现场执法的推行打破了传统执法程序固化模式，归纳以下三方面的经验做法：

一是信息技术的"同频共振"。依托5G车载视频、路面监控、街道网格中心平台和无人机摄录装备及时抓拍违法行为，通过采集影像资料、后台查询经营户信息等多种取证方式，构建完整的证据链，确认违法事实。

图3-51　5G车载视频取证

图3-52　短信告知违章情况

二是一线执法和指挥分中心的"两轮驱动"。按照实体化运作、实战化使用、实时化传输、可视化监督建设要求，做实中队指挥分中心平台，实现快速取证、快速处罚，逐步脱离巡查执法完全依赖队员一线巡查的模式，弥补了人员不足的问题。

三是执法模式的"721转变"。通过与属地银行建立资源共建共享机

图3-53　当事人自助打印缴纳行政罚款

制，加强与软件开发公司合作，对自助打印系统逐步升级，形成城市管理的社会化、立体式的执法保障体系，减少到城管执法中队处理这一环节，相应降低了当事人时间成本，实现执法效果和社会效果相统一。

二、"一店一码"精细管理，让联系更紧密、沟通无距离

虹口区智慧城管系统整合"一店一档""餐饮单位"等多个相关基础数据库，升级形成"一店一码"，执法队员、监管对象之间实现数据、信息的共通共享。执法队员通过"一店一码"功能模块，对监管对象每日巡查管控、投诉处理、行政处罚等情况进行登记，实现历史记录有痕迹、可追溯；商户通过"一店一码"城管执法互联网入口、信息触点，随时了解辖区城管中队办公地址、联系方式、岗段队员等政务公开信息，同时可通过"公告栏"模块进一步了解城市管理类政策法规、联系咨询、投诉举报、提出相关执法建议等。"一店一码"打通了执法者与监管对象之间的沟通瓶颈，连接起城管队员与普通市民的服务桥梁，拓展了虹口城管为民服务的"线上渠道"，构建共建共治共享格局。2020年7月已在全区全面上线，并将不断丰富"一店一码"更多新功能新服务。

三、数据报表自动生成，让办公更智能、任务更明确

虹口区城管执法局按照信息化四期建设目标，通过对"智慧城管"已建立起的"一

店一档""一居一档""防疫通"等15个数据库近亿条数据信息的自动统计分析，成功实现"数据报表自动生成"功能。执法队员可以根据不同需求选择不同的底层字段、要素、关键字，自动提取相关类别的有效信息，根据表格要求自动生成设计样式，实现报表自动汇总、提交功能，进一步优化了后台数据的自动分析与统计功能，实现了执法数据分析更"智能"的目标，极大减轻了基层中队的日常统计、报表填报负担。

四、局-中队二级指挥系统，让队伍管理更有力、勤务指挥更顺畅

2020年1月，建成了局-中队的二级指挥平台。该平台建立后，已在新冠肺炎疫情防控工作中起到突出作用：先后5次召开局新冠肺炎疫情防控视频会议，在线传达、学习会议精神和工作要求，部署本单位疫情防控工作。此外二级指挥系统的建设，实现了以下三项突破：一是实时显示当前时段全区在岗城管人员数量以及在岗人员位置，并通过执法终端GPS定位数据，以时间轴的形式生成每名执法队员每日的工作路线图，强化对基层队员的管理监督；二是可将市民诉求件、整治任务、突发应急事件直接点对点发送至对应岗段责任人，并线性显示队员从接受任务、上传到场定位、回传处置照片、反馈处置结果的整个工作流程，确保交办任务件件有回音、事事有落实；三是通过执法车载视频探头对整治现场的实时画面回传，局指挥中心可远程掌握现场情况，并可直接下达行动指令，调动机动力量，发挥区级指挥平台现场指挥处置功能。

扩展阅读

局-中队二级勤务指挥平台运行使用规范

为进一步适应新形势下的城管执法工作，充分依托虹口区智慧城管系统信息化手段，建设并规范运行局-中队二级勤务指挥平台，推进科技强管，进一步提升城区治理能力，现制定如下规范。

一、总体目标

构建科学化、精细化、智能化的勤务体系，按照运转正常、联通顺畅、指挥高效、管理科学的原则，建设并规范运行局-中队二级勤务指挥平台，实现实体化运作、实战化使用、实时化传输和可视化监督。

二、组织领导

建立局勤务指挥领导小组，局党组书记、局长任总指挥，分管副局长任副总指挥；勤务督察科负责人、各中队中队长及分管勤务副中队长为成员。

三、层级设置

按照局、中队二级设置，局层面设勤务指挥中心，中队层面设勤务指挥分中心。局勤务指挥中心设在勤务督察科，具体负责各中队勤务指挥分中心开展工作。

四、人员配置

（一）局勤务指挥中心

1. 设指挥长1名，由勤务督察科负责人兼任，负责局勤务指挥中心面上工作。

2. 设副指挥长2名（A、B角），配合指挥长，专职负责日常工作运转。

3. 设值班长若干名，负责各项具体职能，由勤务指挥中心工作人员轮流担任。

4. 设操作人员若干名，在值班长带领下，开展各项具体工作。

（二）中队勤务指挥分中心

1. 设中队指挥长1名，由中队长兼任，设副指挥长1名，由分管勤务副中队长担任；指挥长、副指挥长为A、B角，负责本中队勤务指挥工作。

2. 设值班长1名，由城管队员担任，值守中队勤务指挥分中心，专职负责响应各类勤务指令。

3. 设操作人员1名（可由文员担任），值守中队勤务指挥分中心，在值班长带领下，开展各项具体工作。

五、硬件配置

实现局–中队二级平台之间视频通话、集群调度、指令下达、紧急响应、人员定位、数据展示等综合应用。

（一）现有硬件配置

局勤务指挥中心、各中队指挥分中心配置以下现有设备：

1. 可移动显示大屏。

2. 接入政务外网、因特网，连接区城运中心（大数据中心）。

3. 视频会议系统、专用摄像头、声音采集器等。

4. 配置一台专用指挥工作用电脑。

5. 无人机1架/中队，4G执法记录仪2台/中队，执法记录仪数据采集站1台/中队。

6. 安装有车载视频的执法车19辆，5G执法巡逻车1辆（北外滩中队）。

7. 局勤务指挥中心、中队勤务指挥分中心固定用对讲机各1部，中队每个班组至少1部。

（二）拟拓展硬件配置

条件成熟后，局勤务指挥中心、中队勤务指挥分中心对下列硬件设备进行配置更新：

1. 局勤务指挥中心设指挥大屏。

2. 配置5G执法记录仪。

3. 道路视频监控接入。

4. 城市管理相关部门管理审批数据接口。

六、工作职责

（一）局勤务指挥中心

负责全局系统勤务指挥工作，7×24小时运行，下达指令、统一指挥重大活动保障、执法整治、防汛防台值守、突发应急响应以及上级交办的各项任务。

局指挥大屏应详细展示全局即时上岗数、问题处置数、问题易发时间、易发点位、诉件办理、专项整治等各项数据汇总、分析，以及全局执法车辆、人员轨迹、车载视频画面等。

（二）中队勤务指挥分中心

常态情况下，实行7×15小时（7:00～22:00）运行；防汛防台及其他特殊情况下，实行7×24小时运行。

1. 按时打开本中队指挥大屏，确保各类设备设施正常使用，及时响应局勤务指挥中心指令。

2. 检查督促本中队执法车辆车载视频、队员配备的4G执法记录仪在执勤期间处于正常开启状态。

3. 中队指挥大屏应统一展示本中队人员上岗数、当天巡查问题数、任务处理数、诉件办理等各类数据汇总、分析情况；随时展示车载视频、4G执法记录仪实时画面。

4. 负责本中队日常勤务工作的指挥调度。

5. 完成上级领导交办的其他工作任务。

七、工作流程

在智慧城管系统中增设"勤务指挥"模块，局－中队二级勤务指挥体系通过此模块，网上运行。

（一）日常勤务指挥

1. 指令下达

局勤务指挥中心按照预设模板，下达各项勤务指令，推送至中队指挥长、副指挥长，并即时显示在中队指挥分中心大屏上，明确任务性质、任务描述、地址信息、力量安排、装备需求、完成时限等内容。指令下达应做到"三个一"，即一刻钟内响应、一小时内到场、一天内处置完毕并反馈处置情况（特殊情况下，应在规定时间内处置完毕并反馈）。

2. 中队响应

中队接勤务指令后应立即响应，值班长第一时间通知岗段责任队员赶赴现场；值班长通过车载视频及队员执法终端GPS定位轨迹，实时跟踪了解人员、车辆位置情况。

3. 现场处置

队员应确保携带的4G执法记录仪处于正常开启状态，到达现场后，用对讲机报告局勤务指挥中心"已抵达"，即开展现场处置；现场处置全过程画面由4G执法记录仪实时传输至局勤务指挥中心或中队指挥分中心大屏。

如需本中队力量增援，队员即报中队指挥长安排调配；如需本中队以外城管执法力量增援，由局勤务指挥中心统一指挥调度。

4. 任务回复

确认现场处置完成后，中队指挥分中心值班长回复局勤务指挥中心"已完成"。

队员应通过执法终端做好任务处置登记，计入个人勤务考核得分。

（二）重大任务、重要活动勤务指挥

1. 指令下达

重大任务、重要活动（含全局性集中整治行动），由局主要领导或分管领导进入指挥，统一下达指令。

2. 响应时间

各中队接指令后应立即响应、实时回答，按规定时间到达指定位置。

3. 现场处置

一般情况下，一刻钟内处理完毕、一小时内报结果；情况复杂的，应立案处理。

（三）突发事件勤务指挥

1. 指令下达

发生突发应急事件，由局主要领导或分管领导进入指挥，统一下达指令。

2. 响应时间

各中队接指令后应立即响应，按规定时间到达指定位置。

3. 现场处置

按《局突发事件应急处置预案》（虹城管执〔2017〕8号）执行。

通过车载视频、4G执法记录仪等设备，局指挥中心大屏可展示每个中队重大任务、重要活动、突发应急现场处置画面情况。

如需本中队力量增援，队员即报中队指挥长安排调配；如需本中队以外城管执法力量增援，由局勤务指挥中心统一指挥调度。

4. 任务回复

确认现场处置完成后，中队指挥分中心值班长回复局勤务指挥中心"已完成"。

队员应通过执法终端做好任务处置登记，计入个人勤务考核得分。

（四）中队日常勤务指挥

1. 每天按时开机、人员进入工作岗位。

2. 工作有记录。在虹口"智慧城管APP"增设"勤务指挥"模块，中队应及时记录、汇总日常勤务指挥工作情况。

3. 中队日常勤务指挥按局指挥流程和规范操作。

八、相关制度

局勤务指挥中心负责考核评估各中队勤务指挥分中心运行情况，按照预设权重，设立专项考核，依据智慧城管系统数据，纳入对中队的总体评价及队员个人考核。

（一）早上岗、晚撤岗报告制度

中队指挥分中心人员早上到岗、设备开启后，应在7:15前，通过对讲机向局勤务指挥中心报告，报告词为："局指挥中心，××中队指挥分中心人员及早班队员上岗"；22:00，设备关闭、人员撤岗，也应通过对讲机向局勤务指挥中心报告，报告词为："局指挥中心，××中队指挥分中心人员及中班队员撤岗"。

（二）指挥岗位培训制度

由局后装科、龙进公司负责设备使用培训，确保各中队不少于3人会使用和操作相关设备设施。

（三）运行情况督察考核制度

局勤务指挥中心通过网上抽查、指令机动中队现场督察等方式，对中队使用和运行指挥平台情况实施督察考核，对指挥平台设备不开启、不使用、不会用、无人管，点名无应答、工作无记录等问题，给予考核扣分，每月汇总通报。

（四）固定资产管理制度

将中队指挥分中心设备设施，纳入中队固定资产登记管理，由局后装科负责日常管理和检查。非人为因素发生故障的，应及时向后装科报修；因使用不当、人为因素导致故障或损坏的，由个人承担赔偿责任。

五、建立智能分析预警，让问题发现在萌芽、解决在前端

对接虹口区相关局委办的有效数据，拓展数据平台，充实数据库，做足数据挖掘和分析，实现对城市管理难点热点问题、城市管理指标以及各类城市管理专题的智能分析、预警和处置。

六、建立"OA"网上办公系统，让内部管理更有序、效率再提升

实现了各级文件、领导批示、工作布置、会议室预订等工作在网上一键操作，避免传统文件传阅过程中存在的丢失、泄密等风险隐患，大大提升了办公效率，确保各项工作要求精准传达、落实。

📖 扩展阅读 ┈┈

微视频：《虹口城管》大数据时代下的城市精细化管理

身处资源共享和信息共享的大数据时代，上海虹口城管不断探索智慧城管勤务通在城市精细化管理中的开发与应用……

第四章
党建引领精细化执法

　　近年来，虹口区城管执法局创新基层党建"双化双带"新模式，引领智慧城管系统建设不断提档升级，走出了一条符合执法力量下沉后的城市精细化管理新路径。以支部标准化、个性化建设为着力点，实现党建带领业务、带动队伍的党建工作体系。

第一节 突出基层建设，夯实创新基础

立足标准化建设，牢牢把握从严治队的总基调，将智慧城管系统运用作为锻炼队伍、锤炼党性、展示风采的窗口。通过思想引领、行动引导和能力引入，夯实智慧城管工作基础。

一、思想引领，解决"想不想用"问题

（一）抓好队伍带头人这一"关键少数"

局党组书记统抓队伍思想建设，重点抓好中队带头人这一"关键少数"，在行政例会和政工例会上逢会必讲智慧城管系统，要求把运用智慧城管系统作为日常执法的自觉和必须。在向下分解责任的同时配强班子，推选一批思想素质好、民主作风强、善于带队伍、能够驾驭全局的党员进支委班子。通过选优配强，着力提高干部素质、优化队伍结构、激发干事创业的活力。

（二）抓好党员干部这个"绝大多数"

基层支部在日常标准化建设中，严格落实"三会一课"制度和党支部建设规范。在持续开展"两学一做"学习教育的基础上，围绕智慧城管系统、精细化管理、无违创建等中心工作，开展案例分析和经验分享，实现理想信念教育与解决实际问题相结合，激发党员立足岗位履职的内生动力，发动广大队员凝聚共识，力求形成"和声"。

二、行动引导，解决"实不实用"问题

党有号召，基层有行动。中队领导班子和党员骨干带头使用智慧城管系统，用自己的先锋模范作用促使队员转变思想观念，使一线队员学有榜样、做有样板。不定期地与队员交流谈心，深入听取意见，确保上级布置的工作目标在基层落地。通过骨干力量的"穿针引线"，在潜移默化中让智慧城管系统运转起来、让一线队员操作起来，用绣花功夫做实做细智慧城管。

三、能力引入，解决"会不会用"问题

一是每年以全员轮训的方式组织开展智慧城管系统应知应会专项培训，全面提升队员实务操作的综合能力。二是充分发挥年轻队员接受新事物的优势，通过党员群众先锋结对活动以及新老队员"1+1手把手"现场执法操作，给予老队员帮助与指导。三是定期组织执法一线队员与系统开发人员参与双向通气会，让队员和技术人员共同商讨解决方案。通过交流反馈、答疑解惑、查漏补缺，使智慧城管系统与一线执法需求更匹配、更融合。

第二节　突出多元支撑，发挥辐射作用

立足个性化建设，坚持"党建+项目"的工作理念，将党的工作延伸进项目里，努力做到"一支部、一特色、一品牌"。

一、搭建对外宣传的展台

坚持以持续深入打造虹口区智慧城管系统品牌特色为依托，紧扣依法行政和执法为民，积极推进宣传创新。一是围绕新功能抓宣传。每当有新模块开发完善或系统升级时，主动邀请权威新闻媒体挖掘"虹口经验"、宣传"虹口模式"。央视《法治中国》纪录片选择虹口区智慧城管系统执法场景取景拍摄，取得良好社会反响。《中国建设报》《解放日报》、ICS外语电视台、环球网、新浪网、凤凰资讯网等多家主流媒体争相报道，对智慧城管好评不断。上海新闻综合频道还就《虹口"智慧城管"一门式受理》做了专题报道。此外，局党组自制智慧城管系统宣传微视频，在全市城管执法系统精细化现场会、区政府电子宣传屏等平台播出，展现城管人的新形象。二是围绕亮点抓推广。在"7·15"城管公众开放日，开展执法标准化竞赛活动。向媒体、居民讲解演示智慧城管系统，主动向群众展示新一轮体制机制改革后城管队伍的崭新形象，为群众提供城管体验，让各年龄层次的社区居民参与城管模拟执法，使他们能走近城管执法、了解城管队员、理解城管工作。

二、搭建服务群众的平台

坚持"以人民为中心"的工作理念，一是把"党建+智慧城管"建在街道网格化片区平台上，推动形成"自治—管理—执法"递进式综合治理模式，实现"发现问题有人、部门协同有力、综合治理有效"的综合管理执法新格局。二是把"党建+智慧城管"建在区域化党建引领城市管理专项联席会议平台上，会同市场监管、公安、房地办、绿化和市容管理等部门的基层党组织，以联合开展研讨、联合解决难题、联合服务群众为职能，建立城市管理服务方面急难愁问题的综合解决应对机制。三是把"党建+智慧城管"建在居民区平台上，将执法队员安排到各个居委会城管社区工作室，成为小巷城管干部，每周定期接受社区群众咨询。针对信访投诉集中向社区延伸的新常态，通过党建联建机制，邀请居委会干部和社区居民一起出谋划策，推动党员在岗位行动，在服务群众中发挥正能量。

三、搭建考核激励的擂台

依托"制度+科技"手段，不断完善一线队员工作考核机制。提高以智慧城管系统使用为主要内容的一线队员考核比重，强化结果运用，将"智慧城管"系统使用情况作为各类评优评先晋级的参考条件之一，并与绩效待遇紧密挂钩。通过系统实时生成的岗段签到、问题处理、网上办案、诉求办理等大量基础数据，自动生成队员一天的工作量，形成综合绩效评价，由过去凭主观印象评价变为以客观数据评价，真正建立激励约束机制。

以上海市公务员收入水平为基数，适度提高行政执法类公务员收入水平；完善绩效考核机制，实行"两倾斜"（现场执法、主办人员）、"两挂钩"（办案质量、管理成效）。建立职务晋升积分机制，提高执法人员收入水平，充分调动了队伍整体工作能动性。

四、搭建学习交流的讲台

围绕智慧城管系统的生动实践，注重工作经验提炼推广。住房和城乡建设部城市管理监督局、上海市城管执法局调研推广虹口在智慧城管系统方面的有益探索；60余家本市及外省市城建城管部门，先后组团到虹口调研学习智慧城管信息化工作。正是通过各种渠道的交流借鉴，虹口智慧城管成了更多单位学习的榜样、比拼的目标和赶超的方向。

第三节 突出示范引领，构建"双化双带"

虹口区城管执法局逐步构建起以支部标准化、个性化建设为着力点，实现党建带动业务、带动队伍的"双化双带"工作体系，城管基层党建的内涵和外延更加丰富拓展，党务与业务的融合更加紧密，党建促队建的核心作用发挥更加有力，走出了一条符合力量下沉实际、顺应时代发展要求、回应群众呼声的虹口城管党建新路径。

一、标准化建设筑根基，布好一张网

1. 在标准化规范化上下功夫，明确城管基层党建的"组织路线图"，明确党建工作定位和党建工作标准。

2. 在高标准严要求上下功夫，强化队伍建设和支部建设。坚持政工书记月度例会制度，坚持局领导挂钩帮带基层支部制度，加强党员日常教育管理。

二、个性化建设亮水平，提升一片景

局党组把标准化建设成果转化为打造特色党建的品牌效应，实行项目化运作、特色化创建，形成"一横一纵"的党建工作带，展示城管党员干部围绕中心、服务大局、凝聚群众的正面形象。

1. 横向推开，扩大覆盖面，营造满园春色。以"共同的我们、共同的方向"为发展愿景，联接区域化党建中的你、我、他，扩大力量、汇聚能量，建成了"联建进单位、共建进园区、组团式进社区、嵌入式进商圈、扎根式驻社区"的"五进"党建品牌。

2．纵向延伸，找准结合点，打造精致品牌。以"党组树品牌、支部创特色"为牵引，精心打造党建品牌。"一支部一特色一品牌"分支创建多点开花：北外滩中队将城管社区工作室作为知百姓冷暖的"温度计"、公众建言献策的"议事台"、发现违法行为的"显微镜"，欧阳中队"小巷城管1+4+N"，广中中队"双站双服"，滨江中队"滨先锋"，曲阳中队"五心工程"，嘉兴中队"支部先行+党员带头"，凉城中队"红色力量撬动垃圾分类执法"等品牌，既具有各自特点，又有共性价值，彰显了以人民为中心的鲜明导向，共同引领社会治理。

三、带动业务创佳绩，下好一盘棋

1．以党建引领抓重点，服务大局有力。面对重点工作和重大任务，党的旗帜推动各不同部门横向协调、联动联勤，实现了管理与执法有机衔接，解决了"五指分散不成拳"的问题。局党组将党建工作融入北外滩精细化管理示范区创建、进博会保障、创建文明城区、垃圾分类执法、美丽家园建设等中心工作，使党建工作具体而非抽象、落地而非悬空。

2．以党建引领破难点，提升执法能力。

（1）民心导向，助力啃下拆违"硬骨头"。无违创建中，城管党员骨干善于走好群众路线，会同街道社管办、房管等组成联合约谈组夜以继日、逐门逐户地约谈违建房东。一家家谈无例外、一排排拆无特殊，拆违拆出公平和温度，群众从起初的变被动等待为主动咨询并口口相传。拆违为了群众、发动群众、依靠群众，党员先锋们敢担当、勇作为，大刀阔斧地推倒了以"吊脚楼"、天井搭建及违建鸽棚为代表的许多常年难以拆除的老违建。

（2）问题导向，助力破解执法"老大难"。在一系列高强度高密度的执法工作中，涌现出了一批能战斗、善战斗的先进典型，积累了一些可圈可点、可复制可推广的工作经验。欧阳中队《打好"五式组合拳"攻克拆违"老大难"》的拆违经验荣获上海市"创新社会治理，深化平安建设"十佳示范优秀案例。川北中队认真梳理重复信访件，通过"做扎实、做细致、做透彻"的"三做"工作法，做到案清事明。江湾中队主动介入，采取观念创新、机制创新、执法创新"三创新"工作方法，竭力遏制彩虹湾二期虹口区动迁安置基地普遍存在的破坏承重墙行为。

（3）效能导向，助力书写虹口城管"新传奇"。一是提升城区环境。有序推进生活垃圾分类执法、街面秩序治理、违法户外广告、店铺招牌执法，虹口区街面整治实效连续多年位列全市第一。二是树立精细品牌。凝聚各方资源、多元手段，坚持源头治理、综合治理、系统治理。在连续三届进博会保障中，局党组带领各支部主动跨前，设立党员示范岗和党员应急保障队，通过现场会诊、集体研究，建立整改任务计划和清单，使进博会期间市容面貌始终保持"高颜值"。

四、带动队伍提活力，发出一个音

坚持从队伍建设的角度想党建，把党组织和党员看作是不可替代的优质生产力，从干部队伍"选育管用"四个方面确立了队伍建设的"四梁八柱"，最终实现党建队建双目标相一致、双谋划相补位、双部署相协同的转变。

1. 多渠道择优选拔，不断注入"源头活水"。深入基层摸清城管队伍家底，加强顶层设计，不断提高队伍活力。一是出台《关于进一步加强干部队伍建设的实施意见》，从局领导班子凝聚力、中层干部队伍推动力、一线执法队员执行力等三层面统领队伍建设。二是推出"城才工程"五年实施计划，力争在五年时间内，实现在中层干部中35岁左右的青年干部达到20%的总体目标。通过这几轮的干部调整，局科级实职干部平均年龄比2016年降低了3岁左右，队伍结构日趋合理。三是充实"五大人才库"，建立青年干部、后备干部、专业干部、特长干部（体育、艺术等特长）、党员骨干等干部队伍人才库。

2. 多维度开展培训，不断夯实"执法内功"。局党组把提高执法办案能力、社区服务能力、诉求件处理能力、综合管理能力以及团结协作能力等五大核心能力作为队伍建设的重中之重，把分层分类培训作为补上能力短板的重要途径。将中层干部培训、支部书记实务培训、后备青年干部培训纳入干部培训主体班，有计划组织开展新任领导干部培训、全员培训以及垃圾分类执法、党建实务、廉政教育、信息宣传、公文写作、法制办案、督察培训、安全生产、团队拓展、内勤管理等专题培训，基本做到培训月月有、主题全覆盖。

3. 多岗位实践锻炼，不断用力"墩苗育苗"。一是建立定期轮岗交流制度。坚持人岗相适的原则，分类实施任期轮岗制交流和结构优化型交流。二是建立青年带教制度。对每年新进队员实行支部书记"一对一"带教模式，逐步形成了"阳光育苗""春蕾成长""班组长沙龙"等带教项目。三是挂职锻炼制度。着眼于盘活干部资源，培养复合型干部，有目的地让优秀青年、班长骨干、后备干部等新生力量，向市局、团区委等有关部门输送，进行挂职锻炼。

4. 多方位强化管理，不断凝聚"同频共振"。一是坚持整风肃纪与涵养新风共抓。以市城管执法系统"强基础、转作风、树形象"专项活动为契机，每年组织召开全局系统的作风纪律大会，进一步夯实队伍的纪律意识，促进作风养成。二是坚持文化宣传与典型引领并举。组织"虹口城管青年论坛""7·15城管公众开放日"、队列会操、演讲比赛，讲好城管故事、树立城管形象。三是暖心激励与监督提醒同行。与基层队员面对面谈心，从思想、政治、工作和生活等各个细节进行激励和关怀。同时，将督察工作向基层延伸，中队层面建立"1名支部书记+2名兼职督察员"的中队级督察体系，对执法实效、行为规范和内务管理开展专项督查。

扩展阅读

有温度的城市 可信赖的城管——虹口区城管执法局顺利举行2020年"7·15公众开放日"活动

为贯彻落实习近平总书记"人民城市人民建，人民城市为人民"的重要理念，7月15日上午，虹口区城管执法局顺利举行了主题为"有温度的城市，可信赖的城管"的活动。

第五章

精细化执法虹口模式

第一节 成果及借鉴

上海市虹口区城市管理精细化执法模式的探索和实践，给虹口区市容环境和城市管理带来深刻的变化：一是街面整洁有序，社区宜居舒适。目前，虹口区实现了全区街面基本无流动设摊、跨门营业，基本无夜排档，基本无渣土偷乱倒，基本无活动广告牌占道，基本无"五乱"，基本无占道违法搭建，区域内没有无序设摊集聚点，虹口区的天际线更亮了，道路更整洁了，秩序更有序了。二是市民满意度、幸福感、获得感、安全感逐步提升。市容环境实现了从乱到治，路面实现了由脏到洁，交通实现了由堵到通，市民群众实现了由怨到喜。几年来，市民群众的来电来访数量逐年下降，市民满意率、实际解决率由原来长期处于30%左右，现在一举提升至65%以上。三是各项考核成绩优异。2018年，获得"上海市重点工程实事立功竞赛优秀单位"、"上海市城市管理精细化工作先进单位"、"上海市城市管理精细化执法工作先进集体"等荣誉称号；2018～2019年，连续两年获得市城管执法系统重点工作绩效考核第一名；2018～2020年，虹口区街面城管执法实效连续三年位列全市第一；在上海市城管执法工作社会满意度第三方测评中，连续三年排名市区第一。

虹口区城管执法局通过理念创新、体制创新、机制创新和技术创新，努力实现法治、智治、共治和精治，让虹口区更有序、更干净、更安全，使虹口人民不断提升幸福感、获得感和安全感。上海市虹口区城市管理精细化执法模式具体概括为：

一、以执法规范化展示"法治"新思维

（一）制定执法标准，规范执法行为

行政执法规范化建设任重道远，严格执法、规范执法是社会主义法治理念对行政执

法工作的基本要求，是执法公信力的重要保证，需要新时代城管人抓紧、抓实。通过制定现场执法标准、单兵执法装备标准、住宅小区"一居一档"城管执法信息管理标准等一系列标准性文件，通过执法人员理念和执法程序的规范化，严格规范执法程序，规范行政裁量权行使，提高执法效率和规范化水平，让行政执法工作逐步迈上更加规范化、制度化和科学化的轨道，依法治国实现社会公平正义，保证国家安定和谐。

（二）优化勤务制度，提升执法效能

虹口区城管政执法局将制度建设作为执法规范化的重要内容，先后建立并完善了包括行政执法"三项制度"等在内的十几项精细化执法制度，通过制度落实、落细，严格执行，并逐步巩固提升为常态长效的管理机制，有力推动执法效能提升。

虹口区城管执法局全面实行岗段制时间较早，各街道中队根据道路的不同状况，把本辖区每条道路划分成岗段，每个岗段内含一条或几条路段，每名执法队员都有自己的岗段，并明确早、中、晚各班次不同责任人的责任，做到"有岗、有人、有责、有监督"，岗段就是执法队员的"责任田"，执法队员应用智慧城管系统，通过在警示点、必到点、休整点的巡查签到、查处案件、处置市民诉求等，强化对岗段区域的全覆盖、多频次的动态巡查和实时执法管控，实现了及时发现和快速、高效依法解决市容违章问题的执法工作目标。

二、以"智慧城管"体现"智治"新手段

在"互联网+"与大数据分析应用的大背景下，借助大数据、互联网和物联网等信息技术，以网上办案、网上勤务、网上督察、网上考核、网上诉处、GIS地图指挥平台、智能处理共七大板块为工作方向，开发虹口区智慧城管系统，为精细化执法插上科技的翅膀。通过智能化手段的充分运用与不断探索，全面提升执法队伍管理能效，推动实现城市管理"精治"总体目标。

（一）"创新勤务模式+信息化手段"让行政执法更高效

为进一步加强区域管理的效率和精度，通过创新勤务模式将每一位执法队员落实到自己的责任片区与岗段中，层层细化落实岗段责任，为智慧城管系统的实际运用打下了坚实的基础，实现了执法"精度"的提高。此外，结合虹口实际，探索运用智慧

城管系统实现辖区的动态巡查与实施管控，及时发现和快速高效解决各类市容违章问题，进一步实现了执法"效率"的提高，全面提升了市民群众的获得感与满意度。

（二）"健全激励机制+智能评价体系"让人员考核更科学

通过智慧城管系统，改变了过去凭主观印象评价变为以客观数据评价，真正建立激励约束机制，鼓励干事创业，强化目标管理，突出执法实效，构建完善评价体系，形成多角度的综合智能化考核评价系统，实现公开公正。

（三）"基础数据库+智能化手段"让精细化管理无缝隙

围绕"让城区更有效、更安全、更整洁"的目标，积极运用智慧城管系统构建各类基础数据库，依托物联网技术等智能化手段与街道实现数据共享，并将系统社区综合执法模块与智慧城管系统深度融合，实现执法行为的规范和执法过程的高效，使城市管理更加标准化、智能化、精细化。

三、以社区综合执法探索"共治"新模式

党的十九大报告提出，"推动社会治理重心向基层下移，发挥社会组织作用，实现政府治理和社会调节、居民自治良性互动。"当前越来越多的社会问题和社会矛盾下沉到社区，社区治理已然成为城市治理的"最后一公里"。因此，必须探索构建新的治理体系，纳入政府、公众、社会组织、企业等多元主体，促成全方位、立体化合作治理模式。为进一步实现区域共建共治，根据区委总体部署，虹口区8个街道已全部建立社区综合管理执法体系，由派驻社区城管中队牵头，跨部门组建联合执法管理队伍，建立自律、自治、专业执法、联合执法工作机制。

（一）组建"城管+X"社区综合执法队伍

在街道社区综合管理指挥中心下组建由城管力量为主的社区综合执法队伍。作为街道社区综合执法的牵头力量，城管执法将充分融入这一体系，进一步完善区级"大联动"和社区"小联勤"两个体系。一是盘活社区"小联勤"。不断完善街道城管中队与市容、房办、居委、物业等部门的"小联勤"。各中队下沉街道后，切实融入由街道牵头，城管中队、市场监管局、公安局、房地办、绿化和市容管理局、交警队、

辖区单位等多部门参与的社区综合管理执法平台，充分发挥社区的组织、协调作用，突出管理先行、执法托底的理念，进一步理顺管理和执法的关系，以更加有效的方法（721工作法），逐步解决城市管理中涉及多部门职能而相互推诿的难点问题，实现社区管理与城管执法紧密协作与互动，形成上下联动、左右协调、齐抓共管的城管工作新格局，提高城市精细化管理成效。二是构建区级"大联动"。充分利用区市政市容联席会议平台，发挥城管部门与派出所等16个部门及8个街道的"大联动"作用。综合运用借力信用管理征信平台（房屋注记、资质审查运用情况）、停水停电、行刑衔接、特别是源头治理（违法经营、违法群租等）等措施，提升违法行为成本，彻底铲除违章土壤，有力推动了区域环境综合整治。

（二）形成"社区综合执法+城区大脑+流程再造"新模式

社区大脑即街道社区综合管理指挥中心。由实时智能识别、传感系统（神经元，各类违法行为的实时识别，传送等硬、软件），信息分析处理系统（智能分类、派遣、反馈、保存，研判等），处置终端（问题处置软件）。构成流程再造即发现（智能加人工）—管理闭环管理新流程。先由当事人自行整改（智能通知，前期基础工作做实），限期未整改的由社区自制力量或行业协会督促其整改，当事人拒不改正的，由基层专业执法力量进行处罚，若违章行为涉及其他相关行业，则上报街道社区综合管理指挥平台，协调辖区相关部门联合执法。

四、以"绣花"精神铸就"精治"新成果

俗话说，一分耕耘一分收获。正是虹口区城管执法局始终秉持"以人为本，执法为民"的宗旨，不断创新执法理念，以匠人严谨扎实的态度，下足"绣花"功夫，精心耕耘城管执法这番伟大的事业。创造了"一段三点""三制五化""三步九法""八字诀"等城管执法工作法；总结了"执法目标精细化、执法标准精细化、执法手段精细化、执法职责精细化、执法制度精细化、执法评价精细化"执法全流程制度建设；科学地理顺了城管执法体制，从顶层设计上厘清了执法边界和权责清单，区、街道执法分工明确，边界清晰，既严格执法、规范执法，种好自家"责任田"，又深入街道社区，热情为市民释难解困送服务，使城管执法取得了令人瞩目的新成就，为全国执法同行贡献了累累优秀案例。

第二节 机遇及挑战

国家"十四五"规划和2035年远景目标建设勾画了中国面向未来的宏伟蓝图。上海市及虹口区也制定了"十四五"规划及新一轮精细化三年行动计划，城管工作面对新的机遇，更要准确把握形势发展的新变化、目标任务的新要求和基层队伍的新情况，迎接城管执法面临的新挑战。

一、人民群众对精细化新要求新期盼和精细化手段不足之间的矛盾。虹口区委区政府提出了"高标准管理、高质量发展、高品质生活"的城市建设、经济发展、人民生活等发展目标。人民群众对物质生活的追求，逐步转向更好的营商环境、人居环境、街区环境、生态环境等"四类环境"上来，而城市管理还有很多难题顽症亟待解决，需要进一步创新精细化管理手段和方法。

二、科技赋能专业小平台、小系统和综合大平台、大系统之间融合的矛盾。通过几年的建设和完善，虹口区城管执法局借助互联网、智联网、物联网、大数据、云计算高科技手段开创性建设了智慧城管系统，为精细化执法插上科技的翅膀。随着上海市、虹口区市区两级"一网通办""一网统管"两网建设的深入推进，智慧城管专业小平台、小系统如何摒弃固有本位主义观念，打破技术、信息、数据等壁垒，完全融入综合大平台、大系统，成为大平台、大系统的一部分、子系统，并卓有成效开展工作，成为迫切需要解决的课题，以实现专业向综合、专项向多能、专题向主题靠拢，彻底解决技术、平台、系统兼容性问题。

三、城管执法体制机制深入改革带来条块磨合、行政效率之间的矛盾。 随着城市管理行政执法体制重心下移、力量下沉的深化，由"区属、街管、街用"逐步适应"推进基层整合审批服务执法力量"的要求，做到"放得下、接得住、管得好、有监督"，条块之间进一步理顺关系，不因体制机制改革，而带来推诿、扯皮、缺位的现象，努力做到履职、尽责、补位，进一步提高行政效率和执法效能。

第三节 提升及展望

处在新时代的虹口城管，将围绕虹口区委"美丽街区""美丽家园""美丽城区"建设，全面提升街区、小区、城区市容环境品质，让市民群众拥有"更美的环境""更好的生活""更嗨的心情"。

一、分类分级精细治理，全面提升城市治理能级

虹口区城管执法局将继续秉承"人民城市人民建，人民城市为人民"的城市治理理念，深入推进虹口区"十四五"专项规划——"八类区域"城管执法治理行动，在"精"字上再提升。根据八类不同区域、不同重点，紧紧盯住治理要素，开展全覆盖、全方位的治理行动，实现街面整洁有序、立面美观规范、墙内生态宜居、天际线净化敞亮，以精准精细治理推进虹口辖区品质再升级，把虹口打造成宜居、宜业、宜游的高品质城区。使北外滩功能区域率先成为虹口区城市治理最过得硬的标杆区域；使区政府行政中心区域更加有序、干净、美观、文明，示范带动全区治理体系和治理能力建设水平；将历史文化区域打造成"宜居宜游特色区、精细化管理示范区、优秀文化传承区、历史风貌保护标准区"；力争在旧改区域治理中大力推进旧改征收，为改善百姓居住条件，加快虹口城市更新，推动区域高质量高标准转型贡献城管力量；在居民住宅区域实现"有力削减存量、有效遏制增量、提高小区品质"的整治目标；在商业区域为优化营商环境提供有力的法治保障，不断增强城区商业综合竞争力；促进夜间经济试点区域健康发展，促进消费升级，提升城市活力，不断满足人民对美好生活的需求；在顽疾顽症区域提升精细化管理能级，打造昔日环境脏乱、今日精致美

丽、明日精细管理的治理样板。

二、秉持精细化理念，推动城管执法创新转型发展

虹口区城管执法局开展广泛动员，推动全体城管人深入思考，推动执法工作模式转型，以更好地服务群众需要，为虹口城区发展保驾护航。

（一）**全面深化城管执法体制机制改革。**完成街道执法力量下沉的制度设计，健全区城管执法局统筹协调、指导监督、统一培训、监督检查运作机制；进一步统筹基层执法队员绩效考核、职级晋升、轮岗交流机制，健全执法类公务员管理制度体系，提高执法队伍管理的系统化、制度化、有效性。

（二）**持续创新城管执法勤务模式。**探索"非现场执法"更多应用场景，推动实现"三个转变"，即执法手段从人力密集型向人机交互型转变、从经验判断型向数据分析型转变、从被动处置型向主动发现型转变。

（三）**深入推进城管执法法治建设。**继续完善执法流程标准规范；研究新划转事项权责清单、裁量基准，进一步明确权利清单，健全执法建议书制度。

（四）**健全管理执法协作机制。**坚持管执联动，实施综合执法，在"统"字上做文章。在实施综合执法机制上运行统一的平台，联勤联动、相互支撑、相互赋能。构建"专业执法+综合执法+联合执法"的执法新形态。

三、坚持科技赋能，推进"智慧城管"建设

进一步应用前沿技术推进城管执法从数字化到智能化到智慧化。

（一）**融入"一网统管"，在"通"字上下功夫。**上海市委主要领导多次强调，"两张网"建设是提高城市治理能力现代化水平的"牛鼻子"工作。虹口智慧城管系统与市、区"一网统管"平台的融合贯通，是执法力量下沉、实施综合执法的现实要求，主动融入虹口以市民驿站为基础的35个网格单元，以最早时间、最少层级、最小成本，解决最突出问题、体现最佳效果，与区"一网统管"平台在数据、资源、信息、画面等各方面共通共享，努力实现无门槛、无障碍、无延时。

（二）**升级"智慧城管"，在"智"字上再发力。**依托"智慧城管"信息化手段，一是建立智能分析预警系统，实施数据治理。二是推进"5G+智慧城管"建设。三是

以"十四五"规划为引领，进一步丰富、创新、推动"智慧城管"信息化建设，重点在打造具有城管系统特点的信息化系统体系建设、城管行业特点的标准体系建设，依托评估、考核、评价手段，建设业务监管、行业监管标准，用信息化推动管执水平能级提升。

（三）建设"城管天网"，让城市管理无死角。 一是充分利用AI技术，升级改造现有的执法车辆移动视频、执法记录仪、无人机视频设备，监管物体安装智能传感器、"神经元"等。二是充分利用公安视频网络（二级授权）资源，进行固定布控。同时，引入AR设备，城管执法队员通过佩戴AR设备，巡查过程中自动识别店面等巡查对象二维码，高效获取巡查对象基本信息、历史违法行为等信息。三是充分利用现有静、动态信息资源，实现大数据共享，对城市管理执法难点、热点问题，城市管理执法指标以及各类城市管理执法专题进行智能分析、预警和处置。固定布控和机动布控、智能发现和智能分析相结合的全覆盖、全天候、全过程实时管控，有效提升发现问题和处置问题的及时率和精准率。

（四）规范自由裁量，让执法更加科学公正。 基于先进的人工智能理念与深度学习技术实现裁量标准的智能化制定。通过自然语言处理的语义检索、法律检索等功能，通过自然语言处理，准确归类相似的案件，运用人工智能提高办案效率，有效辅助执法队员快速、高效、准确的进行裁量基准选择。

（五）拓展先进技术，深耕精细化执法。 利用机器视觉辅助巡查发现，实现事件全流程自动处置。利用人脸识别创新管理抓手，实现"三告而罚"；利用大数据分析聚焦重点领域，实现精准执法；利用智能笔录解决询问痛点，提升执法效率；利用电子卷宗智能归档，实现案卷电子化。

新时代呼唤城管新作为，虹口城管人将进一步提升虹口城管科学化、精细化、智能化水平，通过法治、智治、共治、精治，以更加饱满的热情、更加精细的举措、更加扎实的工作，力争走在前列、当好标杆，努力在城市管理精细化上实现更大作为，不断提升城市治理体系和治理能力现代化建设水平！

附　件

附件1

虹口区城市管理行政执法局城管执法
精细化工作三年行动计划（2018—2020）

主要任务：（一）建设和完善执法管理制度和标准；（二）创新和优化执法勤务模式；（三）以智慧城管建设促进城市管理精细化；（四）坚持"补短板"，推进重点领域专项执法。

附件2

上海市虹口区街面环境秩序执法
整治三年行动计划（2017—2019）

工作措施：1. 坚持"八字"措施，严查违法搭建；2. 依托街道平台，体现整体优势；3. 按照"三步九法"，推进综合治理；4. 落实管理责任，切实履行职能；5. 全程督导考评，提高工作效能。

附件3

虹口区提升城管执法区域治理标准"十四五"规划

本专项规划年限为2021—2025年，规划范围涵盖全区23.45平方公里，规划内容包括北外滩功能区域、区政府行政中心区域、历史文化区域、夜间经济区域、商业区域、旧改区域、居民住宅区域、顽疾顽症区域等"八类区域"治理标准。

附件4：典型法制案例

案例一：积极作为勇担当　直面违建敢叫"停"

案后思考：（一）敢作为，勇担当，主动跨前，第一时间"叫停"；（二）重证据，重调查，不偏听偏信，全面分析案情；（三）有需求，建设难，合理合规，坚持问题导向。

案例二：过度装修伤承重　严格执法保平安

案例启示：（一）提前介入，深入排摸；（二）加强宣传，正面引导；（三）及时发现，创新管理。

案例三：擅自破坏小区绿化　城管出动"还绿于民"

案例启示：本案反映的情形，是执法人员在日常执法过程中经常遇到的客观情况，案情虽不复杂，但对执法人员在执法过程中对违法行为的定性具有一定的参考意义。

案例四：为民执法暖人心　不忘初心解民忧

案例分析：本案的承租人系具备法人资格的公司，在使用租赁房屋过程中无法体现居住使用痕迹，虽无改变户内原始设计位置的行为，但实际使用过程中以办公、仓储等行为证明了改变了居住功能的本质。

案例五：非法分割不可取　城管蜀黍来纠正

案件启示：（一）要重视调查过程，核实当事人身份。（二）要恰当使用自由裁量，提升执法精准度。（三）要教育处罚相结合，强化执法规范成效。

案例六：积极作为　坚决遏止房地中介"坑蒙拐骗"

案后思考：本案中由于执法人员第一次通过电话联系该房产公司在网站上的联系人开始，就明确表示没有签订房地产经纪服务合同等相关资料，在后续对该公司负责人的约谈中，再次承认了自身的违法行为，因此即可定性，但不能排除当事人不配合的情况。